江苏当代作家评传丛书
丁帆——主编

周安华 著

陈白尘评传

江苏凤凰文艺出版社

图书在版编目（CIP）数据

陈白尘评传 / 周安华著. --南京：江苏凤凰文艺出版社，2019.11
（江苏当代作家评传丛书）
ISBN 978-7-5594-3820-1

Ⅰ.①陈… Ⅱ.①周… Ⅲ.①陈白尘一评传 Ⅳ.①K825.6

中国版本图书馆CIP数据核字（2019）第115016号

陈白尘评传

周安华 著

出 版 人	张在健
总 策 划	韩松林
特约编审	张王飞
责任编辑	牟盛洁
装帧设计	刘 俊
责任印制	刘 巍
出版发行	江苏凤凰文艺出版社
	南京市中央路165号，邮编：210009
网　　址	http://www.jswenyi.com
印　　刷	苏州越洋印刷有限公司
开　　本	718 mm×1000 mm　1/16
印　　张	21.25
字　　数	266千字
版　　次	2019年11月第1版　2019年11月第1次印刷
书　　号	ISBN 978-7-5594-3820-1
定　　价	68.00元

江苏凤凰文艺版图书凡印刷、装订错误可随时向承印厂调换

"江苏当代作家研究中心"研究丛书
编委会

主　任　王燕文
副主任　徐　宁　范小青　韩松林
委　员　丁　帆　王　尧　王彬彬　朱晓进
　　　　　李敬泽　吴　俊　吴义勤　汪　政
　　　　　张王飞　张红军　施战军　贾梦玮
　　　　　阎晶明

目录

1　第一章　苏北少年陈增鸿（1908—1925）

2　一、"寂寞的童年"

9　二、潇洒"少年行"

17　三、"舞文弄墨"有才华

26　第二章　文坛新人陈白尘（1926—1936）

26　一、在"野鸡大学"里

34　二、"荒郊黑夜里发现了一丝灯光"——田汉先生

46　三、那些漂泊的时光

61　四、监狱里诞生的"作家"

71　五、《金田村》："亭子间"里的奠基作

91　第三章　一个剧作家的黄金时代（1937—1949）

92　一、上海影人剧团入川与《魔窟》

102　二、一桩"流血惨案"和喜剧《乱世男女》

112　三、《大地回春》与中华剧艺社

123　四、重作历史剧《大渡河》

131　五、"岁寒知松柏"——《岁寒图》的创作
140　六、舞台剧代表作——"怒书"《升官图》
151　七、"触电"之后：《幸福狂想曲》《乌鸦与麻雀》

170　第四章　政治和时代的"囚徒"（1949—1976）
170　一、新中国成立初的政治风云与《宋景诗》始末
189　二、担任《人民文学》副主编与"大跃进"时期的喜
　　　　剧创作
202　三、《鲁迅传》："不求创作上有功"
210　四、"山雨欲来风满楼"
222　五、难忘的记忆——"牛棚"往事
232　六、"五七干校"的生活与《牛棚日记》
244　七、聆听春天来临

253　第五章　笔耕不辍的晚年（1977—1994）
254　一、宝刀未老《大风歌》
266　二、《阿Q正传》：最后的杰作
276　三、"化作春泥更护花"
288　四、"执笔到白头"——暮年的散文创作

304　陈白尘创作年表

332　后记

第一章　苏北少年陈增鸿（1908—1925）

清光绪三十四年正月二十九日（公历 1908 年 3 月 1 日），大约寅时，江苏省淮阴县十里长街东头一个小商人家庭的草顶房屋中，传来响亮的婴儿啼哭声。已不算年轻的陈寿年和勤俭持家的妻子徐氏，迎来了自己的第四个孩子，一个男孩，取名陈增鸿，他就是日后享誉剧坛的著名戏剧家陈白尘。他还曾用过陈征鸿、陈幻尘、墨沙等笔名，"陈白尘"是他 1928 年在金屋书店出版小说《漩涡》时开始使用的。

在清河当地，陈家不算殷实之家，日子过得一般，陈寿年是个店员，爱好颇多，字画、彩灯、装裱都颇在行，且生性乐观，好说笑，街坊四邻称呼他"陈大迷马"。"迷马"在淮阴土话中大概是马虎豁达的意思。徐氏虽未正式进过学堂，但也识文断字，偏爱古典小说，口才又极佳，故而一家六口其乐融融，日子过得倒也平顺欢喜。只是家里的"老幺子"似乎并不怎么开心，大哥哥们自有各种乐事，跌跌撞撞的小弟弟不免寂寞。

1928年摄于南国艺术学院（左二为陈增鸿）

一、"寂寞的童年"

一切似乎预示了这个孤单的孩子，日后终究是从书本和舞台而非亲情来寻找乐趣。

据陈白尘回忆，他童年记忆的中心不是十里长街上的过往人群，而是火。有一天晚上，陈家附近"走水"（失火）了，满天红彤彤的，他的大哥背着他跑到沙老医生的诊所避难，街上的景象是那么的紧张恐怖，燃烧着的"火鸽子"漫天飞舞，开道的、紧急的铜锣不住地敲，水龙一架架疾驰而过，担水的、提水的人们满街奔跑……好像末日就要来临，火灾的恐怖印象，陈白尘历时七十余年而未能忘。他还有一个深刻记忆亦是火，亦是夜里的火，虽然这次天空不及上次红，亦没有铜锣声，但远处不断有零星的枪声，幼年的他感觉到了空气中弥漫的紧张氛围，哭着哭着就睡着了。后来才知道那一夜是"光复",是辛亥革命之夜。后来,当"文革"初期他看到满街"红色恐怖万岁"的标语时,又唤起了这两次红色恐怖的记忆。

1911年10月10日,武昌起义爆发,革命风暴很快就席卷了南北,包括淮阴在内的江苏多地陆续"光复",然而,普通人家的生活并未因此而发生根本性变化,辫子虽然没了,衙门依旧还在。出于对革命与不革命两方都不得罪,双亲为陈增鸿理了一个名为"马桶盖"的短发,即头顶剃光一个圆圈,四周留下一圈大约三寸长的头发,这个发型一直留到五岁。因为革命氛围日益紧迫,陈增鸿坚决要求剃除。懵懂年纪的陈增鸿,因着时代的关系,不得不与"革命"结缘了。

在陈增鸿五岁那年,陈家搬迁到清江浦城,并以店铺为营生,其家就安在店铺后面,有三间堂屋、两间厢房,并且是瓦屋。这时的陈增鸿最为寂寞,最小的哥哥比他大八岁,小他六岁的妹妹尚未出世,去读书吧,尚未到入塾读书的年龄。无聊的他在家东翻西找,寻觅些可消遣的物件,有一天他在阁楼上翻出没有顶子的红缨帽、一两个缺胳膊少腿的陶俑……像发现了新大陆一样欣喜。

陈母是陈增鸿接触文学的第一个启蒙老师,每天晨起她开始训子课,讲"古记",譬如《水浒》《三国》《西游记》乃至《红楼梦》,但那时的陈白尘太小还不能领略文学的美,"未免是'对牛弹琴'"[①]。陈母也是陈增鸿的戏剧启蒙老师,陈母在讲"古记"的时候,有时也会讲讲戏剧故事,讲故事前先说番孝顺之道,最后唱几句戏文,其中便有《三教娘子》。"老实说,她既无天赋的歌喉,又

---

① 陈白尘:《寂寞的童年·元宵忆亲》,《陈白尘文集》第六卷,江苏文艺出版社,1997年,第92页。

未从名师学艺，荒腔走板，确实不是味道"①。因此，他对《三娘教子》这出戏一直很反感。

大概在辛亥革命以后不久，上海来了一文明戏班在城内张园演出，二哥见小弟弟寂寞，便带着他去看了文明戏《张文祥刺马》《杨乃武与小白菜》。陈增鸿看不大懂，觉得张文祥杨乃武都不是什么可爱可敬的人物。

陈增鸿心中惦记着的是阁楼上的"宝贝"。有一天，他又偷偷地摸上阁楼，从那本厚厚的大账簿中翻出许许多多一寸多长的小纸人儿，有唐僧师徒们和一群虾兵蟹将，还有一个法海老和尚。更奇怪的是，这些人物的手臂、腿部、腰部和颈部可以活动，可以做出各种各样的动作，陈白尘痴痴地沉迷在这些色彩鲜艳、栩栩如生的小纸人儿中。忽然，陈母大声呼唤："四儿！四儿！你在哪里？"

陈增鸿赶紧抱着这堆小纸人儿走下阁楼，自然引起了陈母的一顿责骂。奈何陈增鸿撒娇放赖，硬是问出了"陈大迷马"的半生奋斗史。原来"陈大迷马"十多岁时在钱铺当学徒，但却经常去隔壁的裱画店偷学手艺，满师后居然当了个裱画匠。

陈增鸿愈发好奇了，问道："他会画画儿么？"

陈母说："破宫扇上的山水人物，不就是他画的么？他呀，也真能干，学什么一学都会！"

"那这些小纸人儿也是我大画的了？"

"自然！"

"做什么用的呀？"

"四儿，你没看见那红缨帽、朝珠跟泥人儿么？"

原来陈父裱字画缺助手，歇业了，开古董店的朋友游说他入

---

① 陈白尘：《寂寞的童年·我的"戏剧发展史"及"外史"》，《陈白尘文集》第六卷，江苏文艺出版社，1997年，第150页。

伙，但他觉得卖假古董缺德，干了半年不干了！于是他去纸扎店偷学手艺，扎起灯来了。

陈增鸿一听，乐了："今年过年请我大扎个'四大爷打面缸'吧！"

陈母傲然地说："你大才不扎那种灯。"

"扎的走马灯吗？"

"扎的走马灯上的人儿。"原来陈父扎的那些小人儿都很大，"纸人儿在一个门洞里跑来跑去兜圈子；这些小纸人儿有几十上百，都站在白纸上打仗。"

"啧啧，真有趣。那现在怎么不做了？"

陈母叹息道："一架灯要卖几石米。你大和你大哥两人只能带上三四架灯，还要坐船到扬州去赶灯节，那里盐商有钱，才能买得起。可如今扬州也不行了！"

陈白尘后来评价道："我父亲虽不是什么工艺美术家，但他一辈子做商人，却也颇有些'艺术家'的风度。"[1] 陈父生性乐观，平易近人，爱说笑，从不发愁，或许陈白尘乐观的心态、对戏剧人物的强烈兴趣是受陈大迷马的影响吧，这也解释了为什么后来陈白尘即便身陷囹圄仍能"笑傲坎坷人生路"，仍能坚持创作，仍能不屈服于逆境。

陈增鸿六岁时，和三哥一起跟从花门楼的万二先生读书，开始"开蒙"认"字方"了。然而万二先生把主要把精力放在三哥这般年龄的大学生身上，对小学生认认"父""母""日""月"之类的"字方"不屑一顾，甚至有时让三哥教教。不久三哥辍学，去学手艺了，陈增鸿学习兴趣索然，趁着无人看管，开始想方设法逃学，

---

[1] 陈白尘：《寂寞的童年·元宵忆亲》，《陈白尘文集》第六卷，江苏文艺出版社，1997年，第95页。

以解手等为借口，上城楼远眺一阵，或者在九曲桥上徘徊徘徊。

每逢过新年，清江浦的人们都可以合法赌博。陈增鸿从六七岁起，就学会了打麻将、推牌九、掷骰子以及打扑克，但是他自称没有赌徒的性格，既不愿意输，也不想大赢，喜欢抢"状元筹"和走"升官图"。所谓"升官图"，是一张方桌大小的图，上边列出清朝官制中大小上百种的官阶，分正途、武功、佐杂三条线路逐步晋升，升到最高一级，即"太师太保"为终点，即告胜利。四方形的四面分别为"德""才""功""赃"，只有"赃"一面朝上才会降职。年岁稍大以后，陈白尘越发地"对官这种东西深恶而痛绝之了，并且立下志愿：此生决不做官！"。但小时候的这段经历对他日后创作代表作《升官图》甚有启发：

在抗日胜利之初，国民党大搞"劫收"之时，我打算写个剧本讽刺这班祸国殃民、贪赃枉法的官僚们，不由得便想起童年玩过的这张"升官图"：这批混蛋不管如何大抢大劫，还不是升官如故么？因此，在写作之前，便为它立下个题目叫《升官图》。这戏，在重庆演出之后，上海跟着上演，上海演出的舞台设计者是漫画家小丁——丁聪兄。他将台口设计为一张钞票，大门设计成一枚"太平通宝"，人们都从钱眼里出入，观众拍案叫绝。但台上还悬有一盏灯笼似的东西，观众如果不知道"升官图"原是一种赌具，便不易理解了。原来那灯笼似的物事，正是赌徒们赌博时转动的捻子放大物。但它写的并非德、才、功、赃四个字，而四面都是一个"赃"字，这是丁聪兄设计中的又一绝，可惜许多批评家很少理解这妙处。[①]

[①] 陈白尘：《寂寞的童年·升官发财过新年》，《陈白尘文集》第六卷，江苏文艺出版社，1997年，第126—127页。

在这期间，陈家先后开办酒店、织袜店等，陈白尘三个哥哥和徐家表兄都跟着陈父织袜、贩袜，生意挺红火。陈父"迷马"了二年，发现儿子陈增鸿学无长进，就为他另择了一位严师——顾老先生。顾老先生年已半百，两撇花白胡须，戴着一副铜边眼镜，头发有些滑稽——前额按照前清遗制剃光了，而后面的辫子剪了，只留有四五寸长的残余。但陈增鸿还是挺敬畏他的。他是以二等伴读的身份跟着顾老先生读书，因为顾老先生是城内大户人家全公馆礼聘来的西席，专教全家大少爷读书。严格的教学倒也使得陈增鸿念书颇有长进，《三字经》《大学》《中庸》《千家诗》这些书读了，《封神》《西游》《水浒》《三国》等闲书也囫囵吞枣地读了，还学了对对联。然而，好景不长，次年年末，顾老先生的教学突然中止，这令陈增鸿感到可惜，不然说不定从五言到七言能对仗工稳。①

年幼时，或许因为年龄小而对舞台和戏剧还不能理解，但经过一年多伴读学习，陈增鸿的知识水平和理解能力逐渐增长。一次偶然的机会，陈增鸿接触了京戏，那是陈父到上海去办货，顺便带他去大舞台看"大戏"，不巧火车上遭遇"铳手"将陈父的钱几乎全偷走了，他心情有些懊丧，但初次看京戏，也算初识了京戏的阵仗。他对旧戏的感觉颇为复杂，一方面不喜欢《七星灯》等徽班演出剧目，觉得它们"丑恶和恐怖"。另一方面又觉得京戏唱腔优美，受小伙伴陈六岳的影响私下里也哼唱，最喜欢哼的一段"点点珠泪往下抛……"。后来他又看过一两次京戏，《大劈棺》《杀子报》，"但看见那女人口含菜刀准备劈棺的凶相，可比看《七星灯》更感到恐怖！"从此，陈增鸿对京戏起了强烈反感，"颇有彻底否定之意"②。

---

① 陈白尘：《寂寞的童年·我的三位老师》，《陈白尘文集》第六卷，江苏文艺出版社，1997年，第97—99页。
② 陈白尘：《寂寞的童年·我的"戏剧发展史"及"外史"》，《陈白尘文集》第六卷，江苏文艺出版社，1997年，第150—153页。

从 10 岁到 14 岁，是陈增鸿最为"叛逆"的时期。这时，他名义上从汪维洲先生习国文，但汪先生的管教不严，上午背一背前天教的书，然后教一段新课，但并不讲解，于是乎，新书日增，旧书照背，除了四书，他还学了《幼学琼林》《秋水轩尺牍》。而下午呢，汪老先生去茶楼品茗、听书去了。于是，陈增鸿有了很多时间逃学，去城里城外游荡。缤纷的社会和多样的民间生活吸引着这个对世界充满好奇的少年——他去看放风筝，去听广场江湖艺人说唱鼓书，去南校场看练兵，去慈云寺看拉洋片，或者去看耍"秃骨驴"，忙得不亦乐乎。陈白尘自诩为"逃学精"，对于"逃学"倒是很"精"明的，"春天，逃去看人家放风筝，是家中人难以发现的；冬天逃到张仙楼，去观赏踢毽竞技，也可以避人耳目"[1]。夏日炎炎或去高大的庙宇找阴凉之处歇脚，或去三舅舅家避难。

最终，呼应着五四新文化的潮流，仿佛命定般的相遇，他对一种全新戏剧产生了浓厚的兴趣。大概在"五四"前后，"逃学精"陈增鸿看到了"向话剧过渡前的文明戏"。演出者是淮阴第六师范的学生，剧目是《巴黎和会》，讲的是中国代表顾维钧在巴黎和会上的斗争，"演顾维钧的是顾敛容同学，他大概是看过早期文明戏中'言论正生'的表演，其驳斥列强的演说，真是义正辞严，激昂慷慨之至！观众为之动容，掌声如雷！而我，更是见所未见，闻所未闻的了。"他还看了反对军阀混战的《春闺梦里人》，对军阀混战有了认识，女主角亦是由顾敛容扮演，惟妙惟肖、凄楚动人。"这两出戏对我的教育，远胜过几年来私塾所读的书。"[2]

之后，他又看了淮阴第六师范的演出，有根据莎士比亚《威尼

---

[1] 陈白尘：《寂寞的童年·金铃子》，《陈白尘文集》第六卷，江苏文艺出版社，1997 年，第 115 页。
[2] 陈白尘：《寂寞的童年·我的"戏剧发展史"及"外史"》，《陈白尘文集》第六卷，江苏文艺出版社，1997 年，第 153—154 页。

斯商人》改编的《半磅肉》，有根据吴趼人同名小说改编的《恨海》，有根据《聊斋》改编的《马介甫》，还有说唐伯虎点秋香的《三笑姻缘》。此后，第六师范的学生再也没有演戏了，他早年看戏的历史也就此中断了。总体而言，陈增鸿看戏的机会是不多的，除了看"鬼戏"——"放焰口"之类，他熬夜为陌生人举哀就是为了听一听首座和尚压轴唱的《叹骷髅》，主题大概是"空即是色，色即是空"。晚年的陈白尘回忆说，"要说我自幼便爱好戏剧，甚或吹牛说，当时便有改革或创作戏剧的大志，那都是欺人之谈。老实说，我之看戏，除却父兄携带以外，都是为了逃学"①。

这种"叛逆"的"自由"，终因父亲发觉后的一顿毒打而终止。有一天，陈增鸿像往常那样踏进了堂屋，母亲的笑容消失了，陈大迷马以未曾有过的厉声，大喝："跪下！"同时扒开了他的长衫，许多缺少关云长的小洋片儿、一两本唱本儿哗啦啦地掉了出来。陈增鸿感觉打在屁股上的竹片子特别地重，他大哭起来，心里盼望着《红楼梦》里的贾母来解救，可惜他从未见过祖父母的面，也幸好父亲不是贾政并未往死里打。

晚年陈白尘回忆起童年时的逃学经历时说道："但我并不对童年时代感到悔恨。相反，倒很留恋：要不然，哪能在小小年纪懂得如许生活？"②

二、潇洒"少年行"

陈增鸿在挨了父亲的一顿"竹笋烧肉"后，也换来了一片新的

---

① 陈白尘：《寂寞的童年·我的"戏剧发展史"及"外史"》，《陈白尘文集》第六卷，江苏文艺出版社，1997年，第154页。
② 陈白尘：《寂寞的童年·街头流浪记》《陈白尘文集》第六卷，江苏文艺出版社，1997年版，第172页。

天地。1920年春天，陈增鸿穿上马褂，带上圆盔缎帽，挟着书包，跟着父亲，到了他第四位老师、"第一位恩师"姜藩卿先生的杏坛所在地，在姜先生门下读私塾，结束了他寂寞的童年时代，开始了他的少年时代。

他跟着父亲推开一扇门进去，只见满厅堂密密麻麻排了四五排书桌，每排有五六个学生，迎面吊着一张巨大的黑板，还有粉笔，一时他有点迷惑了，莫非是进了"洋学堂"？父母一向是反对洋学堂的，他自然也受其感染。待他向香炉后的"大成至圣先师孔子之神位"牌恭恭敬敬地叩了三个头，向姜先生叩了两个头后，才安了心。

父亲走后，姜先生问他："学过历史、地理和算术么？"

陈增鸿瞠目不知所对，于是被安排在丙组学生中。他一看，甲组学生大概十五六到十七八岁，乙组学生大概在十岁以上，丙组则是八九岁以下的小"萝卜头"。这……陈增鸿一时觉得很窘迫，从身材说是"鹤立鸡群"了，从智力上说，真是"耻莫大焉"！而坐在座位上，陈增鸿一时无事，开始打量起姜先生来，"四方脸，紫黑脸膛，浓眉大眼，没有一点书生气味，而他身躯高大，虎背熊腰倒有几分武夫模样。我竟怀疑他是个种田的出身。"陈增鸿果然猜对了，姜先生"果然是位乡巴佬"。[①] 或许是因为他是商人之子缘故，陈白尘自小就学会了仔细观察人，这或许是他日后成为戏剧家的潜质之一。

第一天上课，姜先生给丙组先上数学，先教了陈增鸿阿拉伯数字。陈增鸿一看，这不是和商铺用的"苏州码子"相似么，只不过苏州码的"五"和阿拉伯数字的"八"易于相混而已，至于加减法，他是商人之子，即使是四位数，用心算也比别人笔算还快呢！

---

① 陈白尘：《少年行》，《陈白尘文集》第六卷，江苏文艺出版社，1997年，第176页。

第三天,陈增鸿就能背乘法歌了。那天姜先生出了个题目"清明",让他们缀成句子,陈增鸿提笔就写道:"冬至百六是清明。"两分钟后就交给了姜先生。

姜先生扫了一眼,问道:"你读过《幼学琼林》,可懂这句话么?"

陈增鸿答道:"从冬至到清明,经过七个节气,正好一百零六天。"

姜先生一笑,对他刮目相看,第二天把他升到乙组,并让甲组的同学帮他补习乘除法。陈增鸿对姜先生的印象也为之一变。之前的汪先生虽然没好好教书,但他所教的《幼学琼林》这本书中有关天文、地理、历史以及成语、掌故、生活常识等,确实比《四书》更为有用。升至乙组后,除了照常背《四书》,还学国文、算术、历史、地理等学科。姜先生的私塾,是"改良私塾"的先驱,他心存理想,"以培育人才为己任",还主动要求去学习颇新鲜的注音字母来教学生们,这也是当时闻所未闻的事。陈增鸿开拓了眼界,"从此,我才知道世界有五大洲,大地原来是个圆球,太阳和月亮的关系,日蚀和月蚀的由来;也知道了'英灭缅甸'、'法占安南'、'日据台湾'以及'八国联军'是怎么回事,还知道美国有个华盛顿、法国有个拿破仑、德国有个俾士麦"[①]。至于作文,陈增鸿就更拿手了,这是因为陈增鸿在逃学的时候,读了不少闲书,有《镜花缘》,有《说唐》《征东》《征西》《杨家将》,后来又读了《七侠五义》《三侠五义》《施公案》《彭公案》之类,再后来又买了《捉鬼传》,又偷买了《济公传》。陈增鸿对济公这位专吃狗肉的和尚很有好感,于是又去买了续集,哪知这续集竟仿佛电视连续剧一样,

---

① 陈白尘:《少年行》,《陈白尘文集》第六卷,江苏文艺出版社,1997年,第177页。

出之不休，一连出了几十集，看多了也倒了胃口。在六十年代，名导演郑君里在与陈白尘合作了《乌鸦与麻雀》《宋景诗》后，突发奇想，问陈白尘："《济公传》不能改编电影么？"言下有动员之意。当时郑君里读了正集《济公传》，但没看过京戏舞台上的连台本戏《济公活佛》，觉得十分新奇。而陈白尘早已被"济公"倒了胃口，用话扯开了。"'文革'中我深自庆幸，没搞这部电影，否则我和他又多一桩罪案了。可是君里毕竟还是被整死了，我又颇为后悔不已！"再后来，陈增鸿在小书铺甚至地摊上去寻觅闲书，找不到闲书时，抓些《十二月谈迷》《王婆骂鸡》之类的小唱本，还抓大哥的《戏考》读过①。

因此，凭他两年逃学生活中的见闻，也凭他"从读过的那些乌七八糟小说中获得的修养，下笔虽未及千言，也'庶几乎'了。特别是结尾，我已跳出当时一般惯用的'归时已万家灯火矣'那老套子，这更获得老师的赏识"②。这年年底，他以优异的成绩，从乙组排尾提升到排头，荣任乙组组长了。这时的陈增鸿，对学习愈发有了兴趣，每天第一个到私塾，为老师打开水、买早点，第一个去背书，甚至以能帮老师邮寄汇款单回家为荣，还当了小老师教丙组学生。

跟随姜藩卿先生学习的三年，是陈增鸿视野逐渐开阔、人文知识逐渐丰沛的阶段，由于淮阴地处偏僻之地，"新文化运动"和胡适创办的《新青年》杂志尚未传播到这里，当地并无新文化书刊发售，"民主、科学"的"五四"精神并未对陈增鸿产生直接影响。一个偶然的机会，陈增鸿获得了一部小说，深绿色的封面中间有三

---

① 陈白尘：《寂寞的童年·我的"戏剧发展史"及"外史"》，《陈白尘文集》第六卷，江苏文艺出版社，1997年，第160页。
② 陈白尘：《少年行》，《陈白尘文集》第六卷，江苏文艺出版社，1997年，第177页。

个白底大字"玉梨魂",他如获至宝,虽不怎么懂,但觉得不愧是哀情小说,的的确确"哀"得很!看到广告宣传根据同书改编的日记体的《雪鸿泪史》,他赶紧买来看,大致看懂了,流了不少的泪。从此,"礼拜六"派的作品就进入了他的精神世界了,读起来也是一发不可收了。小书店里《红玫瑰》之类的刊物,陈增鸿常买来看,被广告吸引后,又订了《小说日报》《紫兰花片》,还买了吴沃尧的《二十年目睹之怪现状》《恨海》《九命奇冤》以及张春帆的《九尾龟》等等,一一阅读。陈增鸿一头栽进"新鸳鸯蝴蝶派"里,也是文学环境使然。陈白尘回忆道:"《新青年》这类革命性书刊,甚至三十年代的新文学书店,似乎都有点革命的'洁癖',只注意大城市的革命青年,而漠视中小城市的广大读者。"①

而这"礼拜六派"的势力蔚为可观,江浙一带有不少小团体,甚至连淮阴城南也有个"嘤鸣社"与之通声气,并且他们还大力培养青年作家,吹嘘过几位"神童"级别的作家,其中有一个叫张无铮。直至1935年陈白尘才晓得张无铮是张天翼——他的好友、新文学阵营的作家。不仅如此,他后来发现,三十年代新文学作家曾倾倒于这派的也不少,譬如名导演沈浮,曾取名沈哀鹃,"虽然他体格魁梧,并不'鹃'气,而且他嘻嘻哈哈,也毫无'哀'之色……",②这真是挺有意思的一件事。

天天浸淫在"礼拜六派"的小说里,少年陈增鸿不免有些情窦初开。他有次不自觉地尾随一个拣茶叶的、相貌美好的姑娘,人称"潘人美",随着她到了家门,姑娘突然转脸回头一笑,让他魂消魄散的一刹那,心底生了恐惧,原来这是"界子"(青皮流氓)潘小二的妹妹。果然第二天下午潘小二来学堂外打唿哨,陈增鸿不得不

---

① 陈白尘:《少年行》,《陈白尘文集》第六卷,江苏文艺出版社,1997年,第183页。
② 同上,第198页。

以小解为名去纳了贡，还被警告不得去潘家门口转悠。这"爱情"已被识破了，他也试图解救在恶霸控制下的"佳人"……于是他以"威望"向同学们乞援，说不堪"界子"们的欺负企图反抗，同病相怜者不少，于是组了个"救国十人团"，在一个月夜下，和以潘小二为首的"界子"们大战一场，大概是不分胜负。后来潘小二们再也没来挑战，再也不来勒索贡金了。没多久，姜先生将他升到甲组，过几天，指定他为甲组的组长，即全私塾的大学长，而这场"恋爱"也确确实实地失败了。

两年后，一向"迷马"的"陈大迷马"突然宣布陈增鸿要去学英文。在民国初年，学英文可以考"洋学堂"，还可以进洋行或考海关、电报局和邮政局。陈增鸿不屑于这些职业，自懂得"英灭缅甸、法占安南"后，颇具"排外"思想，也有点迁怒于英文，陈父亦不崇洋。原来是二哥的主意，二哥结交了东门外慈云寺的刘巡官，巡官少爷要学英文，需要一位英文伴读。

陈增鸿特意求教姜先生，姜先生非但表示可以学，应该学，并鼓励他好好学。于是，陈增鸿从姜先生那放学回家，匆匆吃完晚饭，又去东门外慈云寺跟着张巡长学英文，学的是《包尔温读本》。童年逃学时，在慈云寺里玩耍是何等的快乐，如今可别是一番滋味！陈增鸿见到张巡长，觉得他特别可怜，脸上黄皮寡肉，无一般巡警的架势，手下不但没有一个巡警，还包办了一切杂务，连身上的警服都已褪为灰色了。而这学习的场所，是在四大天王宝殿之一角。陈增鸿抬头一看，面对他的正是"北阁天王"的鞋底，天王的身影隐没在昏黄的灯影下，他一想起天王的"狰狞之状"便觉得害怕，"嘴里念的是 A、B、C、D，心里却战战兢兢，准备逃走"。至于张老师的教学，显然不懂教学法，除了跟着念就是跟着写，且他是用毛笔写英文，但懒得磨墨，总是沾点水舔些余墨写，天冷砚台上冻，他以口水书写，因此练习簿上的英文，颇像中国水墨画的远山远水。陈大迷马见了,笑道:"这是土产洋文!"

陈增鸿听说张老师家境困难子女多,张师母又患痨病,对他生了敬意。张老师上课半小时后,眼皮就开始打架,最后倾身桌上睡着了。当张老师睡的时候,陈增鸿也假寐,巡官少爷也不好意思吼张老师,亦不由自主睡了。没多久,陈增鸿的英文伴读生活结束了,高兴之余,他也为这本还没读到一半、可爱的《包尔温读本》而惋惜。

因受了"鸳鸯蝴蝶派"的影响,陈增鸿又对戴二姐"堕入情网",她那乌亮的杏眼似乎总在和他说话,他幻想过各种接近戴二姐的计划,这言情小说中常有的事,在现实中却都不可行。这爱情"并不像言情小说中所写的那么容易获得!我可对鸳鸯蝴蝶派小说产生怀疑了"①。最终"这点崇高的精神恋爱"也不得不终止,因为他辍学了……

实际上,在姜氏私塾读书的第三年,是陈增鸿最为愉快的一年。他对《古文观止》很有兴趣,对《孟子》也逐渐理解了,算术中的"四则难题"也难不倒他了……他最感兴趣、最得心应手的是写作文,不管姜老师出何题,他略加思索,一小时便能写上七八百字甚至上千字,发还的本子上总给圈上几行密圈,评语总是嘉奖或者勉励之词。这时候的陈增鸿虽没有成为"鸳鸯蝴蝶派"作家的想法,但却拥有了个"鸳鸯蝴蝶派"作家的名字。姜老师偶尔有事回家,请朋友经允文来执教鞭。正巧陈增鸿的作文本子写完了,恳求经老师的书法,经老师问道:"你有了字没有?"

陈增鸿想了想,道:"还没有。"

不一会,陈增鸿收到了发还的作文本,上边用浓墨写了三个

---

① 陈白尘:《少年行》,《陈白尘文集》第六卷,江苏文艺出版社,1997年,第196页。

字："陈征鸿。"他欣欣若狂，连声称谢，心想莫非经老师也是"鸳鸯蝴蝶派"的知音？

不料，1923年春节过后，陈父突然勒令陈增鸿辍学，他希望儿子去店铺当学徒。然而小店铺不敢收，大商家又不愿收。眼见着正月将近，陈母埋怨道："既找不到店家，还不如让增鸿上学去！"

陈父叹气道："难啦！先在自家店里呆着！"

由于陈家袜厂经营业绩显著下降，生产日渐萧条。父亲命15岁的陈增鸿去站柜台学做生意，前后大约历时半年时光。端午节前后，姜先生突然请陈增鸿回来谈话，严肃地问："你又不读书，又不出去学徒，待在家里干什么？"

陈增鸿回答不出来，委屈地流下泪来。

姜先生连连跺脚说："你真糊涂呀，糊涂！"

"棒喝"下的陈增鸿醒了，自认糊涂而痛哭失声。

姜先生心软了，说只要陈增鸿愿意上学，他亲自找陈父谈话。第二天，姜先生果然来了，一来就问道："你家增鸿今年为什么不上学？"

陈母高兴起来，说："是呀，我原说再上一年吧，怨他父亲……"

姜先生打断说："不不，我的所有学问都已经教给增鸿了，增鸿可以去读第六师范学校。"

增鸿和陈母都愣住了，陪同姜先生来的中间人郁二奶奶解释道："姜先生说，师范学堂不收钱，还管吃住……"

陈增鸿一听，心花怒放，可陈母似乎还在犹豫，因为她一向反对"洋学堂"。姜先生道："陈大奶奶你放心，增鸿一定考得中！"

陈母一听，说道："那让他考考看吧……"

晚上陈父回来，陈母一五一十、并加油添醋地渲染了一番，陈大迷马也是赞成态度，"考就考嘛！"然而陈增鸿并没有投考第六师范，因为他没有高小毕业的文凭。姜先生的朋友、涟水朱楼中学校长朱轶人主张陈增鸿先考私立成志初级中学。姜先生同意了，又去说服陈父，因食住两项都在家里，学杂费负担不重，陈大迷马同意了。

1923年暑假，陈增鸿投考了成志中学，因英语拖了后腿，只考了第十名。多亏了姜先生，中国现代戏剧史上才有了个陈白尘，陈白尘回忆道："他是在我第一个生活歧途上的指路明灯，扭转我可能堕落为一个奸商的命运。"① 陈增鸿对姜老师一直十分感激敬重，每年春节特意给姜先生叩头拜年。1932年他路过姜先生家却不敢进门，因纪律不允许，那年中秋陈增鸿被捕了，姜先生知道后急得要命，却没法营救，第二年打听到陈被判刑关在镇江，想去探望他这最得意的学生、视如儿子的学生，可惜一病不起了……

三、"舞文弄墨" 有才华

1923年，陈白尘考入著名教育家李更生先生主持的成志初级中学，开启了他真正意义的"新文学""新文化"之旅。成志初级中学其貌不扬，为当地著名绅士闻漱泉的私产，大概是占了举人公馆的一部分。校舍不大，有两排正房改造的教室，教室的后面是一块比足球场小的空地。学校的宿舍是租借西门外普应寺的僧房。李更生在成志中学建筑校舍《募捐启》中说"日横于闹市，暮下榻于禅房"，确实是写实之句。

李校长思想解放，锐意改革，鼓励学生爱国，敢于与学生同台演戏。因原配夫人去世，子女无人照管，他辞去了扬州八中校长，

---

① 陈白尘：《少年行》，《陈白尘文集》第六卷，江苏文艺出版社，1997年，第202—204页。

担任第六师范附属小学的校长兼六师的学监。成志中学是个烂摊子，其前身为"真民英文补习学校"，原校长是个开"学店"的老板，1923年初贸然改为中学后，办学无方、负债累累，只好敦请李更生为他收拾残局。李先生面对这么一个烂摊子，并不推辞，原有债务由朱真民负责清理，他兼任了成志中学校长，不取分文津贴，并募捐建筑校舍。在新校舍建成前，李更生向校董会董事长闻漱泉借用了一块空地当临时操场。而原有的教员，除了朱真民勉强教了一学年之外，只有王绳之先生愿意共患难，他是陈增鸿的级任老师兼教国文。但李校长并不畏难，动员第六师范的教师前来兼课，张煦侯、脱襄午、吴乐天以及淮阴著名学者范昭曾三兄弟都踊跃应聘，暂不支薪。第六师范校长徐公美也来担任了生理卫生课。于是，成志初中的国、英、数、理、化、史、地、音、美、体育各科教师都有了和六师相同的阵容，一批优秀教师加盟，且教学更为活跃。

成志初级中学风气时尚，新学风靡，国文老师如王绳之文言、白话并重，赞同民主，甚至在曹锟贿选总统之际，创作了一出戏剧自饰曹锟，对其进行讽刺。每周一的周会，李校长必定出席讲话，上自国家大事，下至学生的一功一过，随手拈来。"曹锟贿选总统时，他痛斥曹锟的违背宪法和'猪仔议员'的无耻，却声震屋宇；孙中山先生逝世消息传来，他歌颂功绩，沉痛哀悼；'五卅'惨案发生后，他痛切陈辞，声泪俱下。"晚年陈白尘道："这几件大事，都对我起了重大影响，至今不能忘怀。"当时周会必唱《国歌》即《卿云歌》，"卿云烂兮，乱缦缦兮，日月光华，旦复旦兮！"歌词玄妙，乐曲庄严肃穆，起到了培养学生爱国情操的作用。并且李校长还宣布设立模范生制度，组织举行体育运动会、演说竞赛会和辩论会、风筝竞赛会、学生自治会等等，这些对学生们都产生了重大的影响。在这样的氛围中，陈增鸿思想初获解放，沐浴在五四新文化之风中，李校长为人师表，"他的爱国主义精神和提倡白话文、提倡演剧，更对我的一生起了决定性作用。由于前者，我初步走上革命之路；由于后者，我才舞文弄墨起来"①。

在李校长言传身教之下，学生们都勤奋苦读，陈增鸿最为刻苦，第一学期竟然被评定为全校品学兼优的模范生，被免除了学费。这使得他在家中被另眼相待。母亲最为得意："怎么样？小儿子连学费都没花你一文！"

陈大迷马还是淡淡地一笑，说："这几个钱算什么，难得他有这个天分！"

看到儿子如此优异，陈父自是开心不已。这漫不经心的问答，保证他读完了三年初中。陈增鸿十分崇敬李校长，可惜李校长事务繁忙，没时间找学生单独谈话，有次他见李校长在专心阅读《易卜生集》，十分好奇，思忖着李先生是在研究卦书？不可能吧。那"易卜生"究竟是什么？直到几年后他才晓得易卜生是什么。因为淮安第九中学出了问题，江苏省教育厅突然任命李校长为淮安第九中学校长，但他还坚持每星期来成志一两次。可惜1927年春，北伐军节节胜利逼近上海，李校长准备迎接北伐军时，竟然被无赖族侄暗杀了！悲哉！

李更生校长亦是陈白尘心中念念不忘的恩师，如果说姜先生改变了陈增鸿的人生轨迹，李校长则解放了陈增鸿的思想，影响了他的人生道路。

"三年初中，确实使我大开眼界，思想得到一次解放。其中最主要的一点，便是李校长提倡白话文写作。"② 而白话文也可以说是"五四"新文化运动第一次间接地对陈增鸿产生了影响。

---

① 陈白尘：《少年行》，《陈白尘文集》第六卷，江苏文艺出版社，1997年，第210页。
② 同上，第210页。

陈增鸿的国文老师王绳之先生，三十来岁，谈吐风趣不俗，是最受学生欢迎的老师之一。他在课堂上除了讲课，还爱发议论，反对愚忠、愚孝，反对包办婚姻，主张自由恋爱。王先生文白兼教，白话文主要教蔡元培、胡适之的论说问，但没讲过"五四"文学作品。那时，陈增鸿的读书品位已有些变化，喜欢在书店买商务印书馆出版的《小说世界》和"林译小说"之类，但是"林译小说"买得多看得少，自谓不喜欢"林译小说"的风格，"讨厌那种让外国人满口'之乎者也'说中国古人的话，不伦不类"。《小说世界》被称之为"礼拜五派"，虽然没有革命色彩，但不再以言情、哀情之类吸引读者，稍微偏重于社会问题，使用新式标点，也有译稿。因此，他摒弃了"鸳鸯蝴蝶派"而读《小说世界》，"自然算是小小的进步"。此时淮阴的书店已有《胡适文存》《尝试集》及《白话文作法》之类的书出售，陈增鸿亦在书店翻过，虽然没有买，但也受到了《尝试集》的影响。自王绳之先生让学生写作白话文后，陈增鸿有如脱缰的野马，什么都想尝试，他模仿《尝试集》写了几首新诗，内容大概是写些"人力车夫之类痛苦生活和空洞而廉价的同情"，[①] 王老师一律嘉奖之。1924年的春天，陈增鸿将诗作投寄给淮阴唯一的报纸《江北日报》，全部刊出了，此后每投必刊，编者还在"陈增鸿"名字前加上了"成志初中一年级"。师生们对"一年级生"陈增鸿颇多嘉许，刮目相看。

陈增鸿的白话作文更是一发不可收，他模仿《镜花缘》写了篇数千字的小说《另一世界》，《江北日报》竟然连载数日。陈白尘自谓《另一世界》是"取法乎上，仅得乎中"，它受到了《镜花缘》的影响。陈增鸿读《镜花缘》是受到父亲的影响，"在他的口中时

[①] 陈白尘：《少年行》，《陈白尘文集》第六卷，江苏文艺出版社，1997年，第214页。

常说到多九公这些人物,因此也找来读了。这本书中女儿国的故事颇引起我的兴趣。这自然不算第一流的作品,可对我产生过具体作用。"①"在小说里,陈白尘塑造了一个名叫凌云生的'多学之士',因为憎恶现实和怀才不遇,决定离开家园飞到另一个'清静美丽的世界'里去。于是他在凡立沙的带领下,云游了'双言国''别蜀国''奇冤国''而立国',以及'君子国'等等一些千奇百怪的国家。没有料到,在这些'世外桃源'里竟然同样地充满了地球上所有的一切丑陋、虚伪与凶恶"②。

小说《另一世界》的发表在学校师生间广为传播,有些同学怂恿陈增鸿向上海的刊物投稿,陈增鸿心动了,他的心中只有一个《小说世界》,恰巧《小说世界》正在搞征文活动,大概在1924年暑假间他将自己的小说投给商务印书馆了。直到1925年3月,这篇小说才被刊出来,署名为"22号"。这相当于密封的考卷,有待评委们最后评定。迟至9月,名次和姓名终于出来了,列入第四等。

"'精神胜利法'使我得点安慰:有两位大学生作品名次还在我之后,我这初中学生该知足了。"③陈增鸿第一次拿到了稿酬——十元商务印书馆的书券。父母兄弟和朋友们都为他高兴,尤其是陈母逢人便夸,"仿佛中了状元"。陈父也称赞道:"倒是块料子。"父母的称赞为陈增鸿以后的"人生选择——读书、卖文以至参加革命大开绿灯,从不阻拦了"。他用所得书券购买了一套商务印书馆的文学小丛书,用以酬答自己,心中满是欢喜。

1925年10月,第三次直奉战争爆发了,直系军阀孙传芳联合浙、闽、苏、皖、赣五省,组成五省联盟发动讨奉战争。由于奉军

---

① 陈白尘:《寂寞的童年·我的'文学修养'和家训》,《陈白尘文集》第六卷,江苏文艺出版社,1997年,第157—158页。
② 陈虹:《陈白尘评传》,重庆出版社,2001年第2版,第13页。
③ 陈白尘:《少年行》,《陈白尘文集》第六卷,江苏文艺出版社,1997年,第215页。

战线太长,从上海、南京、蚌埠撤退,以保徐州。守徐州的奉军张宗昌发起反攻,一路得手,沿河而下,进攻起了淮阴。而淮扬镇守马玉仁已被孙传芳逼走,继任者郑俊彦节节败退,于是淮阴城被四面包围了。一时,商店关门,学校停课,家家闭户,路无行人。陈增鸿的哥哥们去商会了,嫂子们和妹妹被送去"济生会"收容所了,而他和父母守在家中。陈母用根长长的布条缝成一根裤袋,在夹层塞了三块银元,给陈增鸿讲了许多逃难的常识与诀窍。陈增鸿似乎并不害怕,身缠三块龙洋铺开稿纸,在飞哨而过的子弹声中开始写作了。在"围城"里待了四五天的结果是,张宗昌绕淮阴城而行了,陈增鸿三万余言的小说也完成了。然而这篇小说,他舍不得交给《江北日报》,也不甘心寄给《小说世界》,他从报纸广告中得知上海四马路有家梁溪图书馆正在征稿,总编辑为暨南大学教授曹聚仁,于是他挂号寄去。他称这篇"巨著"为"反战文学",已初步脱离"鸳鸯蝴蝶派"的影响了。两个月后,大约在1926年初,他得到书店复信说稿已收到,正在审阅中。等呀等呀,等到暑假毕业,再无音讯,而陈增鸿的"创作生涯"也暂时中断了。

在文学创作之余,陈增鸿的学校生活是多姿多彩的。踢毽子、放风筝他都相当拿手,还谋划办刊物,并对在姜氏私塾未曾接触过的音乐、美术及戏剧发生了兴趣,可惜他"五音不正",因态度好勉强得了个及格,但陈增鸿不是轻易认输的,他央求父亲从上海买了"大正琴"、小小手风琴和小黑管以及一些乐谱,和同学玩得不亦乐乎。此期,他还演起了戏。王绳之老师执笔写了个讽刺曹锟贿选总统的剧本,他演曹锟,陈增鸿演三弟曹锐,这还闹了个笑话。据传曹锟是布贩子出身,曹锐在台上劝道:"大哥,咱们还是贩大布吧。"曹锟闻言大怒,大骂一顿。陈增鸿说:"好,我睡觉去!"于是他卸了妆,便去台下看戏了。谁知他的戏并没有完,曹锟在台上大呼:"老三!三弟,你哪儿去了?"陈增鸿连忙奔上后台,披上服装，走上台，答道："我不是去睡觉了，又嚷嚷什么？"引起同学们哄堂大笑。其后陈增鸿自编自导了一个独角哑剧《小偷》，演得惟妙惟肖。

陈增鸿第三次演剧是演英语剧，指导老师是英语老师张雅琨（后来更名为张云谷），所演的是莎士比亚的戏剧，陈增鸿被派了一个小角色，孰知陈增鸿在突击英语的同时，却对戏剧有了新的认识。

> 在排演之前，张老师讲了一堂排演的重要性。他主要以洪深先生排戏的事例说明，话剧是一门艺术，而且是很神圣的艺术，不能与文明戏相提并论。一个动作，一句台词，都有无穷的学问。并以洪深先生为例，说他的学问如何之深，他的演技如何之妙，他在排演中又如何之严格，等等。这使我对戏剧艺术之崇高和洪深先生之博学，有了深刻的印象。[1]

年轻的陈增鸿对话剧、对戏剧家洪深产生了深刻印象，也对其后的戏剧人生有了最初的懵懵懂懂。他甚至说，"我自己和别人都以为田汉先生是我第一位戏剧老师，其实我应该算是洪深先生的再传弟子，尽管1928年春我真的也亲听过他两堂课。"[2] 足见英语剧排演对他戏剧观念的影响了。

这一段时间，少年陈增鸿面临着世界观和人生观的把握和选择，也面临人生方向上的把握和选择。他日益受新文化运动的感染，接受了新思想。1925年，孙中山先生仙逝令他悲痛不已，"有如五雷轰顶，使我这个还处于浑浑噩噩之中的青年惊醒了"，大哭

---

[1] 陈白尘：《少年行》，《陈白尘文集》第六卷，江苏文艺出版社，1997年，第220页。
[2] 同上，第220页。

了一场。上海爆发的"五卅惨案"更令他愤怒不已。其时，陈增鸿首次接触了政治运动，成志中学全体学生在淮阴第六师范学校听了来自上海的大学生的演说，群情激愤，陈增鸿涕泪交流，第一次跟着大家喊出"打倒帝国主义"的口号。第二天成志中学举行了全城学生大游行，并决定以上海学生为榜样，到淮阴以北各县宣传和募捐，以实际行动援助上海工人。陈增鸿作为募捐发起人，身着校服，步行不坐车，伙食自理，和四个同学还制定三条纪律："第一，出门上路，一律步行，不准坐车，因为我们认为坐人力车是不人道的。第二，出外只住公房，不住旅馆；伙食自理，不动公款。第三，所到之处，不接受地方任何人招待"。[①] 小伙伴们往返十多天，跑了多个县城集镇，广泛宣传，虽然只募得七十余块，但获得了李校长嘉许，自身也更深地认识了社会。

1926年夏，陈增鸿初中毕业了，在升学问题上不免踌躇起来。家道逐渐衰落，这一带商店也日趋衰败了，陈父也看到了这个问题。陇海路通车，客商不再来淮阴，加上军阀混战天灾人祸，商业愈发衰退，三哥怪罪于二哥的嫖赌逍遥遂夺了权，但三哥是否会走二哥的老路呢？陈增鸿又想到"陈大迷马"年近花甲，三年高中毕业后，家庭的经济能力还能支持他上大学吗？父亲还有多少发言权呢？……1934年，他在读了茅盾的《林家铺子》后，有感于自家店铺的倒闭破产，写了个多幕剧《除夕》，可以"说正是陈家没落的写照"。

然而这时的陈增鸿已不是姜氏私塾时期的陈增鸿了，在接受了新思想的影响后，回到旧式家庭、接受包办婚姻之类已是不可能了。他怎肯轻易地放弃自己的学业，怎肯轻易地抛弃自己的文学梦

[①] 陈白尘：《少年行》，《陈白尘文集》第六卷，江苏文艺出版社，1997年，第224页。

呢？与此同时，陈增鸿是"陈大迷马"的儿子，他不可能像"鸳鸯蝴蝶派"小说中的主人公那样自怨自艾，他是乐观的，他是有朝气的革命少年，他决定走一条与家庭不同的路，决定不再按部就班地读高中了，趁着父亲还有点"实权"的时候，直接考大学或者专科，只要熬上三年，他就可以自立，"摆脱这封建家庭的牢笼"①了。

这一时期，无论是模仿《尝试集》所写的新诗，抑或是模仿《镜花缘》所作的小说《另一世界》，尽管获得了掌声和奖励，但此时的陈增鸿还处于模仿阶段，缺少对文学的独特把握，尚未能完全脱离"新鸳鸯蝴蝶派"的影响。董健评述说："二十年代，陈白尘在思想上天真、热情，充满追求光明的活力，在艺术上处于半是习作半是模仿的稚嫩状态。"②这是陈白尘创作初期的特点。

---

① 陈白尘：《少年行》，《陈白尘文集》第六卷，江苏文艺出版社，1997年，第236页。
② 董健：《陈白尘创作历程简论》，《陈白尘写作生涯》，百花文艺出版社，1986年，第274页。

第二章 文坛新人陈白尘（1926—1936）

1926年夏，18岁的陈增鸿从成志初级中学毕业，社会给他的"成人礼"却并不鲜亮：家中的袜厂每况愈下，经济捉襟见肘，父亲准备歇业了，意气不再。陈白尘自知由高中按部就班升入大学读书，已全无可能。于是，他决定走一条捷径，寻找上海的不需要高中文凭的"野鸡大学"，"所谓的'野鸡'大学，也就是用广告吹嘘、说得天花乱坠而其实名不副实，以赚钱为目的的'学店'而已。"①

一、在"野鸡大学"里

对陈增鸿而言，他寻找到的"野鸡大学"就是"上海文科专科学校"。当时其他专科和大学的报名期已经迫近截止日或者过期了，而这所"上海文科专科学校"可以随到随考。"上海文科专科学校"位于英租界新闸路北侧的成都路上，虽不是正规大学，却也有些人

---

① 陈白尘：《少年行》，《陈白尘文集》第六卷，江苏文艺出版社，1997年，第238页。

物——校长汤济沧是文字学家,教员胡寄尘是新改版的《小说世

陈白尘的部分作品

界》的主编,闻野鹤是"礼拜六派"作家,教员滕固是创造社的作家,教员蒋梅笙是国学家,郭步陶、黄中也都是正经学者。对于这样的阵容,陈增鸿心里是相当满意的。他立刻写信报了名,并索性在开学前三四天去考试,考取了就入学,考不取就拉倒,他准备"破釜沉舟、背水一战了"。陈父担心小儿子受骗,陪同他去上海考试,"他是'老上海',路途熟,门槛精,不会上当受骗"①。父子俩下榻于上海民国路的泰安栈,找到学校后,"一个红鼻子的教务员"出面接待,拿出一份考卷要陈增鸿当场写了一篇作文,他自己则陪着陈父在外间闲谈。"回旅馆的路上,我父亲对于那红鼻子的印象很好,说他能体谅远道而来学生的痛苦。我可纳闷了:当年我考成志初中时候是那么严肃认真,而考一个专科学校,怎能只考一

---

① 陈白尘:《少年行》,《陈白尘文集》第六卷,江苏文艺出版社,1997年,第236—237页。

篇作文就算了？再说，那位红鼻子起码算个教务员吧，怎么像个商人那样和气？我联想到'和气生财'这句当时商店的格言来，便顿然领悟到这所学校果然是名不虚传的'学店'了。而且我预感到用不着等到后天，就已知道我一定会被录取。"尽管感觉到这所"野鸡大学"不甚正规，但陈增鸿自觉已无别路了，即便是成为"汤老板所嘲笑的一个'阿木林'"，也只能勇往直前地踏进上海滩了。进了上海滩后，才知道上海还有一所"野鸡大学"可以考取，那就是上海大学，"它才是革命青年应该去的地方"①，但后悔已经迟矣！

"上海文科专科学校"不大，进了铺面大门后，中间是个不太亮的小天井，后边有座四合头的楼房，两个教室有十几间房屋，到处刷着酱红色的油漆，"显得阴沉而灰黯，令人不快得很"②。这次升学，陈增鸿已没有了去成志中学读书的欣喜。

在入学后，陈增鸿即改名为陈征鸿，希望能焕然一新，有个新的开端。

入学后不久，一向敏锐的陈征鸿发现校长汤济沧号称是位学者，其实是位政客，他付给教授们的报酬大概不高，因此，教授们教课并不十分踊跃。闻野鹤不常来。蒋梅笙不太重视这所学校，上课次数很少。上课最多的是《新闻报》的一位高级职员郭步陶先生，教授《史记》，教学法不十分高明，但教书的态度极为严肃认真，尤其是用四川口音读《项羽本纪》，双目微闭，一手持书，一手扶着教桌，最后一个音拖得很长很长，"有如男低音歌唱家送出最后一个低音音符那样地令人陶醉"，极富韵味，别有风采。至于让陈征鸿为之倾倒的胡寄尘先生，"教书却并不高明"，正题不多，闲话不少，令他极为失望。滕固先生自称"唯美派"，短篇小说

---

① 陈白尘：《少年行》，《陈白尘文集》第六卷，江苏文艺出版社，1997年，第237页。
② 同上，第239页。

《迷宫》印刷得极为别致，所授课程为《小说作法》，但却不修边幅。第二学期请他朋友黄中先生来代课，一口宝山土话，陈征鸿大约能听懂十之二三，但却与黄先生长期保持着师生友谊。汤校长上课自然是最勤奋的，教文字学，讲《说文解字》。

陈征鸿通过这所"野鸡大学"去观察上海，上海自然也给这个苏北青年留下了不佳的印象。本来以为上海是繁华大都市，但这所"野鸡大学"所在的地方着实有些荒凉，晚上行人稀少，住校的同学们都不大敢单独出门，尤其听到附近有"背娘舅"式的抢劫犯出没。两个月后，待环境熟悉了些，陈征鸿晚上也敢大着胆子和同学们去市中心看看电影或者逛逛马路了。偏偏所去的一带是"野鸡"的集中之地，他们这些青年学生偏偏又是"野鸡"和老鸨们喜欢的猎物，每次路过，相当于"一场战斗"。上海的"野鸡"给他留下可怕的印象，上海无孔不入的帮会实力也让他十分厌恶。

但是上海还有它的另一面——新思想、新文化，它们吸引着陈征鸿留了下来。他发现四马路是"野鸡"出没的主要场所，但又是新文化传播所、大小出版商的集中地。他对四马路、对上海的感情是矛盾的，既讨厌又热爱，他渴望走进四马路新文化的圈子里。

陈征鸿一直惦记着他那篇"反战文学"的下落。在一个礼拜天，他去四马路梁溪图书馆去追问书稿的下落，专程去暨南大学曹聚仁教授的家中拜访。曹夫人在家，热情地拿了一盘广东月饼来招待，临近中午时，曹教授回来了。陈征鸿说明来意后，曹教授提议出去吃饭。他跟着曹教授走到暨南大学校门旁的一家小饭馆，曹教授叫了两客蛋炒饭。陈征鸿忍不住开口："曹先生，我那篇稿子……"

"你先吃饭。"他微笑着说。

陈征鸿一边吃饭，一边问："曹先生，我的稿子您看了么？"

"吃完饭再说，"他点头微笑，并说："我自然看到了……写得还不错的。"

陈征鸿不免狐疑起来,三口两口"叉"完了那盘蛋炒饭。原来,梁溪图书馆编辑部遭遇了一场大火,损失惨重,陈征鸿的这篇"巨著"未能幸免,在大火中化为灰烬。面对着曹教授的诚挚道歉,他痛惜得说不出话来,莫非自己又遭遇了"野鸡"书店?

在"上海文科专科学校"这所"野鸡大学"里,陈征鸿真正接触到了新文学。第一个学期,他就开始阅读新文学作品,每逢周日必去四马路。他读了鲁迅和郭沫若的作品,但更喜欢读郁达夫的《沉沦》《南迁》《茫茫夜》,尤爱读他的《日记九种》,甚至约上同学去酱园弄3路电车站去邂逅郁达夫先生,缠住他问东问西,问他和王映霞女士何时结婚,俨然是一个地地道道的"郁达夫迷"。陈白尘自我调侃道:"我在上海滩上就是如此这般混上文学之路的,也很'野鸡'!"①

陈征鸿几乎是用所有感官尽情呼吸着大上海的艺术文化气息,感受着新生活的滋味。他立志搞文学,在"文专"内寻求志同道合的同学,和吴楷、张公观等创办了文学社团"萍社",取萍水相逢之意,并凑钱出版油印刊物《萍》,刊名颇有几分"鸳鸯蝴蝶派"的味道,但就文学倾向而言,其中既无"鸳鸯",也无"蝴蝶"。陈征鸿自任主编,约稿、定稿、刻写钢板、油印、装订都是他亲力亲为。一个月后,一本十六开的油印刊物展现在社员们面前,陈征鸿实现了编印刊物的梦想。"确确实实感到如饮醇酒、如坐春风般的那么一种自我陶醉。这比《小说世界》刊登我《另一世界》之时更为得意;因为这本刊物自头至尾都是我自己一手亲自创造的"。②这里面大约刊登了十来篇作品,有小说、诗歌和散文,其中有一篇小说《汽车里的眼睛》,内容大概是讽刺坐汽车阶级的。而陈征鸿

---

① 陈白尘:《少年行》,《陈白尘文集》第六卷,江苏文艺出版社,1997年,第245页。
② 同上,第246页。

在学习创作和创办刊物期间，也向胡寄尘先生请教。胡先生讲课虽然喜欢讲闲话，但挺关心他们的文学活动，要去了他们的刊物，还选了陈征鸿的两篇小说《林中》《微笑》以"青年习作"之名发表在他主编的《小说世界》上，"大概就是他提拔我辈青年作者的结果吧"。这两篇作品分别发表于《小说世界》1927年第16卷第13期和1928年第17卷第2期。但"萍是没有根的"，革命风暴一来，《萍》这个刊物出了两期后就停刊了，"萍社真如无根之草一样被吹散了"[1]。《萍》在1928年又出过铅印本，经销处为新月书店，总算纳入新文学的范畴了。《微笑》这篇小说脱胎于他对现实的思考，以虚实结合的创作手法来表现现实，并对其进行批判讽刺。《微笑》的创作在思想上已超越初中生阶段的《另一世界》，体现出陈白尘努力摆脱旧文学影响的努力。《萍》时期几篇习作的成功，使陈征鸿受到了很大的鼓舞，对文学有了更进一步的期待和向往。

陈征鸿在接触新文学时，也看了"美国电影之父"格里菲斯导演的《赖婚》等不少电影，对风靡一时的女明星丽莲·吉许崇拜不已。同时，他生平第一次看到真正的话剧——上海戏剧社演出的由洪深改编并导演的《第二梦》，顿时沉浸在美妙的艺术享受中。他从成都路赶到南市职教社的礼堂去看戏，戏已经开幕了，场子里寂静无声。他赧然地找到了自己的座位，邻座报之以白眼，洪深先生"声音洪亮，吐字清楚；动作爽利，不火不温"[2]。没想到戏剧艺术如此"严肃高超"，它的艺术魅力大大震撼了陈征鸿。

此时，革命风暴来了。北伐节节胜利，革命形势一片大好，陈征鸿对政治风向的变化十分敏感，北伐军的迅速推进，使他备受鼓舞。而"文专"汤校长自称是国民党员，学校也是国民党办的，

---

[1] 陈白尘：《少年行》，《陈白尘文集》第六卷，江苏文艺出版社，1997年，第246—247页。

[2] 同上，第266页。

"而这学校里果然有国民党的组织,一个街道的区分部就设在这儿!"① 同学们谈革命、谈北伐胜利也是无所顾忌的。陈征鸿对此很感兴趣,每每参加讨论。舍友吴楷是公开的国民党员,见陈征鸿对孙中山先生十分敬仰,介绍他加入了国民党左派组织,经常去听侯绍裘、杨贤江、恽代英等人的报告,废寝忘食。不久,"文专"的区分部大发展,除该校学生外,附近街道上的党员也编入该分部。1927年初,区分部改组,陈征鸿被推举为"文专"区分部的常务干事,参加国民党上海市党部培训班。至二三月间,形势更为紧张了,黄浦江中的军舰云集,公共租界和法租界更是剑拔弩张。"文专"学生会成立,陈征鸿被选为主席。而此时的陈征鸿已经完全投身于革命的洪流之中,出席市党部、区党部的会,主持区分部的会,参加上海学联的会,抓学生会的工作,忙得废寝忘食却又十分兴奋。

革命风暴愈益强烈,文学空气则日益消沉。关于文学与革命的关系,陈征鸿如此坦言道:"我是一生想搞文学的,……大时代的风暴卷来了,我也就投进革命风暴里;风暴退去了,我被遗弃下来,没有法,又弄弄文学了。"②

谁知发生了"四·一二"事变。毫无思想准备的陈征鸿去听杨杏佛的报告,却发现主讲人被换成国民党右派派来接收上海市党部的陈群,大礼堂外面有三三两两持枪的士兵。陈征鸿与其他听课人,被严厉训斥了一顿,又被非正式禁闭了四小时,待登记后才获释。但一向观察仔细的陈征鸿发现登记人在政治上很外行,遂以假姓、假名、假地址等糊弄过去,大摇大摆地走出了门,一路小跑到西藏路的区党部去了解情况,不料党部楼上满地都是纸张,工作人员一

---

① 陈白尘:《少年行》,《陈白尘文集》第六卷,江苏文艺出版社,1997年,第240页。
② 同上,第245页。

边急匆匆地装运木箱,一边焦躁地说:"你还不快走!这儿马上也危险了!蒋介石搞'清党'了,你还不知道?……"

陈征鸿这才明白局势已变得很严峻,一时没了主意,他"像失去母亲的孩子,惶惶然回到'文专'",当晚和另几名干事召开党员大会,慷慨激昂发言,宣布脱离被右派占领的上海市党部,转而拥护武汉党中央,并且领着大家高呼"打倒蒋介石""拥护武汉政府"等口号。但这并没有使"文专"国民党区分部的境况有所好转,他们"似失去母亲的孤儿","或者说像个断了线的风筝",孤立无援。陈征鸿召开了区分部最后一次党员大会,这次只剩低沉而悲壮的宣誓了:"我们忠于孙总理的遗嘱!""我们坚持三大政策!"最后全体一致决定暂停活动。不久以后,国民党上海市党部进行党员登记,"文专"区分部的干事们决定置之不理,陈征鸿一把火烧掉了自己的党证。[①]

"四·一二"事变加速了各派政治力量的分化。"文专"校长汤济沧突然官运亨通,出任了国民党上海市党部委员,他的右派身份大白于天下,其政治立场不言而喻。汤校长不再吹嘘学校的远景,却吹风说这学校将要停办了,要学生们自寻出路。同学们愤怒了,闹风潮要求学校当局撤销停办之议。作为学生会首席代表,陈征鸿与汤校长展开斗争,但汤校长并不应战,一会说"学校亏损严重,无力支持",一会百般诉苦:"一个空头委员能管什么用呢",乃至哀求。几个代表拍桌打板凳一番,虽然吓得汤济沧战战兢兢,但也无济于事。学生们无可奈何,只得退一步要求汤校长负责向上海各大学交涉,允许学生转学。汤校长一听,立马满面笑容:"同学们转学,是我的责任。我一定发给大家转学证书。"

[①] 陈白尘:《少年行》,《陈白尘文集》第六卷,江苏文艺出版社,1997年,第253—254页。

然而，陈征鸿并未中计，不急不慢地言道："不仅要你发转学证书，而且要你负责向上海各私立大学去办交涉，允许同学们转学！"

汤校长立马装死："我有责任发给转学证书，但确实无力去办交涉。"①

双方僵持不下。在代表们逼问下，汤校长吐露了实情，原来"文专"没有备案，别的大学是不会承认"文专"的。陈征鸿恍然大悟，原来"'文专'是'野鸡'大学中最'野鸡'的了"，但显然已没有退路，只能去试一试转学事宜。大家决定由几名代表陪同汤校长找私立大学交涉。不料当日下午，校长汤济沧的儿子受人唆使，在教室黑板上书写了大字标语，并在"陈征鸿"的姓名之上加上了"打倒共产党"五个字。陈征鸿见状哈哈大笑，认为汤校长已经是黔驴技穷了。好友吴楷却板着脸将他拉回宿舍，告诉他处境很危险，让他赶紧离开学校，原来几个干事发现学校门口有几个不三不四的人频频向学校里窥探……陈征鸿在同学的相助下，趁黑化妆去火车站回淮阴避难，行李由其他同学先送往火车站，躲过了一劫。

而后，上海文科专科学校宣告停办，陈征鸿革命的幻梦也结束了。

二、"荒郊黑夜里发现了一丝灯光" —— 田汉先生

1927年8月，不得已回到家乡淮阴的陈征鸿，情绪甚是消沉："1927年大革命的巨浪将我裹卷进去，革命退潮了，又将我摔在荒凉的海滩下，有如被弃婴儿，举目无亲。"此时国民党左派已经不

---

① 陈白尘：《少年行》，《陈白尘文集》第六卷，江苏文艺出版社，1997年，第256页。

复存在，宁汉合流，他彷徨亍行，不知往何处去。"和当时大多数青年一样，在悲观失望、甚至绝望的心情下，总想找个栖息灵魂之所。我，便钻进象牙之塔内，将养这受伤的灵魂。"①

于是他又像一年前一样，在暑期招生的广告里寻找出路。"田汉"这个词吸引了他，他听过田汉的大名。田汉在1926年创办了"南国电影剧社"，拍摄了电影《到民间去》。陈征鸿初中毕业之前，听姜氏私塾的同学、大夏大学学生朱立本介绍过田汉，说其拍摄的《到民间去》如何地美妙，印象极为深刻。再一看田汉乃"上海艺术大学的文学科主任"，"恰好似荒郊黑夜里发现了一丝灯光，便向之扑去"②。这是因为，第一，上海艺术大学也是一所私立学校。第二，虽然他未曾读过田汉的作品，也完全不了解田汉的戏剧创作与实践理念，但知道田汉是位新文学家，他迫切地想重拾小说写作，迫切地希望摆脱"鸳鸯蝴蝶派"的残余影响，亦迫切地想投身于新文学阵营。第三，时间紧迫，已无后路。于是，善于抓住机遇的陈征鸿赶紧向上海艺术大学进发了，转学手续十分顺利。

上海艺术大学位于法租界善钟路（今常熟路）东侧第87号，是一栋不大、但挺漂亮的花园洋房，屋外有草坪，室内则有光线充足且有女模特的画室，有练琴的琴室，有一大间教室，有容纳百人的大厅……楼上下有几间卧室作为女生宿舍，男生的寄宿处则在善钟路南头路西的几间弄堂房子。陈征鸿对这座洋楼十分满意，感觉从土里土气的"文专"一脚踏进了"艺术殿堂"。唯一可惜的是，这"艺大"也是所私立大学，会不会又是一所"野鸡大学"呢？但陈征鸿已顾不得那么多了，他把所有希望寄托在田汉的身上。

其实，"上海艺术大学"和"东方艺术专门学校"在1925年就

---

① 陈白尘：《少年行》，《陈白尘文集》第六卷，江苏文艺出版社，1997年，第258页。
② 同上，第258页。

合并了，初期校长为吴稚晖，后为周勤豪，该校汇聚了丰子恺、潘天寿、刘质平、姜丹书、陈望道、田汉、冯乃超、郑伯奇、张资平等美术、音乐、美学、文学方面的教师，以培养艺术师资为主，庞杂而喧闹。作为继任校长，周勤豪擅长油画，但不善主政理财。1927年暑假前，周勤豪因学校负债累累而潜逃了。"在1927年暑假招生时，学校由一个校务委员会负责，在广告上并说要添招一班文学科，科主任是田汉先生（请允许我袭用当时大家对他的称谓）。据田汉同志自己后来说，他那时是刚从'反革命的南京政府碰壁回来，沉入非常幻灭之中'，觉悟到'艺术运动是应该由民间硬干起来'的，而且'非切实训练些人不可'，便欣然接受了上海艺大的邀聘。但他没想到是上了周勤豪的圈套，开学不到两个月，学校闹起经济恐慌，办不下去了。掌握学校经济实权的那班周勤豪留下的私党们，把本学期收入弥补旧债并充塞了私囊，反向校务委员会伸手来要伙食费。学生们愤怒了，闹了一阵风潮，把周勤豪私党驱逐出学校大门。但经济恐慌并不能因此消除，校委会解体了，学校陷入无政府状态。这时候和同学们始终站在一起的是田汉先生，他成了众望所归的人物。当同学中有人提议自己选举一位校长来维持学校的时候，全部选票上都写着同样的一个姓名：田汉。"[1]陈白尘认为从周勤豪办学目的看，"艺大"是"野鸡大学"。而自田汉当校长开始，田汉未以学校谋丝毫之利，且为周勤豪担负债务，不应当视之为"野鸡大学"。

"艺大"的老师阵容亦不同于"文专"：文科的台柱子自然是田汉。赵景深教希腊神话，善于讲故事，还连带着表演，很受学生欢迎。陈子展教中国古典文学，但由于湖南土话口音重，十之八九听

---

[1] 陈白尘：《从鱼龙会到南国艺术学院》，《中国话剧运动五十年史料集》第2辑，中国戏剧出版社，1959年版，第11—12页。

不懂。出过《艺术三家言》的张若谷教的是法语。"'艺大'的讲授方法是启发式的，学习空气很浓厚，学生心情很愉快，因之大家都有所进步，'艺大'当时并未专设戏剧专业课，只是在文学系中安排有戏剧（话剧）课程，戏剧史课中也谈到元曲、明杂剧及传奇、昆曲等。话剧作为文学系的一门课程，大致只谈到日本和中国一些话剧派别及其代表人物和代表剧作等。"[1]

陈征鸿终于和他仰慕的田汉相遇了，开始了他人生的新征程，他第一次上田汉的课就喜欢上了田汉的教学风格："他并不是道貌岸然的学者，也不是绅士式的教授，不客气说，是和我们相仿佛的毛头小伙子！……他那时不戴帽子……蓬松着的头发歪在一边；身穿浅咖啡色西装上衣，下身却穿条同色的马裤；脚上颇为奇特地蹬着一双长统马靴。他担任的课程说不清，可能是文学史或文学概念，因为记得我们都买了一部郑振铎先生著的《文学大纲》。他上课不带课本、讲义，也不点名，一上课便口若悬河讲开了。他讲话时并不注视学生，却对天花板翻着眼在思考。他讲话时时走题，他可以从文学的起源开始，牵连到历史，从历史又扯到哲学，他对培根的哲学很有兴趣，但话题一转又说到莎士比亚，再转而到易卜生或梅特林格……但是我们学生，包括绘画、音乐科的学生都喜欢听他这种'十八扯'式的讲课，从他渊博的学识里各取所需"[2]。田汉确实有一种魅力，"像冬天的太阳"，"更好似黑夜里的篝火"，成了学校的精神领袖，他说什么学生就信什么，他想干什么，学生就跟着他干什么，像一块磁石吸引了学生们。而陈征鸿与田汉的师生关系非常密切，他常常跟在田汉左右，深受田汉喜爱。当时艺大老

---

[1] 周伯勋：《我了解的上海艺术大学（1929春—秋）》，阎折梧：《中国现代话剧教育史稿》，华东师范大学出版社，1986年版，第78—79页。
[2] 陈白尘：《少年行》，《陈白尘文集》第六卷，江苏文艺出版社，1997年版，第260页。

师和学生年龄差距并不大,有共同的理想,青年学生们更认准田汉为自己的导师,田汉也乐意与青年学生们互动互助。由此,上海艺术大学文科在田汉引导下,逐渐变成了戏剧科或戏剧电影科。也可以说,"艺大"时期就已经初步形成了南国社的一部分班底。

"艺大"时期,学校的戏剧活动最初是以"余兴"节目出现的,这也是一般大学常见的做法。但田汉为扩大社会影响,创造了一种特殊的教育形式,即每周举办"周末茶话会",力邀上海文艺界名流出席,郁达夫、徐志摩、陆小曼、徐悲鸿、洪深、欧阳予倩、唐槐秋、朱穰丞、周信芳及"艺大"的黎锦晖、赵景深、陈子展等都曾前来捧场。名流们从聊天中引出题目,各抒己见,意见相左就争论起来,真有"百家争鸣"的味道。学生们围坐着听,虽不参与论战,但收获远甚于课堂教学。

座谈会之余,由学生表演一二短剧作为余兴,所演都是田汉旧作《咖啡店之一夜》以及未定稿的《生之意志》《战栗》《画家与其妹妹》《古潭的声音》《公园之夜》等,翻译剧有菊池宽的《父归》等。

"茶话会"让陈征鸿大开了眼界。然而,陈征鸿投奔田汉,本是想学习小说创作的。入校之后,他也写了短篇小说《吴二鬼子》请田汉批阅。田汉看了,说:"征鸿啊,你写得还好,但有模仿痕迹,不足取。"

陈征鸿一听,被击中要害了,这确实是受《阿Q正传》影响而作的,但又有点不服气:"我再写一篇。"

田汉却说:"征鸿啊,你外形很好,可以演一些性格善良的人物。"

但陈征鸿觉得他的兴趣依然在写小说上,对于演戏始终没有兴趣。不过,一想,读初中的时候也演过几次有点类似于文明戏的戏,不妨试试真正的新演剧吧。第一次陈征鸿在《咖啡店之一夜》

中演了个大学生,后来又在《父归》中演弟弟,又在影片《断笛余音》演了主角的朋友——一个代表善的人物……

晚年的陈白尘回忆起这一阶段,自我调侃道:"我在舞台上正和现实生活中一样,只能做个配角,而且都没有演好。"① 究竟是因为善良的人不能做主角呢,还是因为陈征鸿的演技不行呢,陈白尘以为自己恐怕是后者。

第一次排戏十分紧张,因为陈征鸿受洪深导演的《第二梦》影响,认为戏剧是"极端严肃、极端崇高的艺术"。然而田汉的排戏方式又大大出乎陈征鸿的意料,不但兼收并蓄演员们的南腔北调,而且排戏只走个大位置,对于配角该如何演戏,田汉几乎不管,任其自由发挥,只要求演员们用感情打动观众。陈征鸿在《咖啡店之一夜》中不敢看台下,把该说的台词说完了,就默默地喝起那想象中的咖啡,虽然此时的他还没有喝过真正的咖啡。但田汉表扬了陈征鸿,认为他的表演很尽职。第二次陈征鸿是演《父归》中的弟弟,主角陈凝秋演父亲简直绝了,陈凝秋把这个少年荒唐、闯荡江湖而年老力衰、落魄归来,企图回归妻儿家庭的人物的复杂心情演得入情入理,感人至深。徐悲鸿对陈凝秋的演技推崇备至,附带地也对陈征鸿有了句嘉奖。得到艺术大师徐悲鸿的肯定,对陈征鸿来说是极大的鼓舞。

自当校长后,田汉第二次做起了"白日梦",开拍电影《断笛余音》。在开拍之前,他就定下了演员,有唐槐秋、易素、唐琳、叶鼎洛等,影片中还能看到作家蒋光赤、诗人李金发以及俄国作家皮涅克和他女友的形象。这些演员中也有陈征鸿。影片以严工上先生的儿子严与今失恋投河自杀为题材,张慧灵演主角——自杀的青

---

① 陈白尘:《少年行》,《陈白尘文集》第六卷,江苏文艺出版社,1997年版,第265页。

年音乐家,陈征鸿演他的一个朋友——代表善,周存宪演他的另一个朋友——代表恶。《断笛余音》既没有老板,也没有投资者,凭几个穷艺术家的热情就开拍了,没有摄影棚,也没有水银灯,也没有服装道具,甚至还没有写好电影剧本——田汉一贯的作风是边编边导边演。于是他们在"艺大"的画室、教室、宿舍、走廊、草坪等地取景,利用自然光,再不然就用马粪纸糊上锡纸作反光镜,至于服装就用自己现成的。他们去苏州虎丘寺和寒山寺等拍摄外景,为节省时间,辛汉文在列车上为他们化妆,下车后一群脸上涂得光怪陆离的人招摇过市,颇引人注意。陈征鸿一路而来,目不敢斜视,只敢盯着人力车夫的背部。

电影拍完之时,天色向晚,大家刚至下榻的苏州青年会,疲倦至极,田汉突然宣布:"今晚有演出。"原来往来苏州的路费与旅馆费都由别人支付,交换条件就是要演一出戏,然而台柱子陈凝秋没来,拿手好戏《父归》演不成了,怎么办呢?

田汉断然说道:"演一出新戏!"

"什么新戏?"

"我正在想。"

田汉让两位画科学生带着画架画板来,又让陈征鸿和欧笑凤也扮演画科学生,四个人排了一小场过场戏。而后老画家唐槐秋上场,卖花女唐叔明叫唤着卖花上场,从询问身世到父女相认、抱头痛哭结束。田汉说明大意,演员上台自由创造,这种做法类似于文明戏的幕表戏。父女相认时,唐槐秋和唐叔明涕泪横流,台下观众亦连连擦泪,这就是田汉的早期名剧之一《苏州夜话》。

大约在1927年的秋冬之际,田汉突然召唤张慧灵、唐叔明、陈征鸿和周存宪,二话不说将他们塞进一辆出租汽车,到了车上,才说要去演戏,他将腹稿讲给他们听,并指定陈征鸿演哥哥,张慧灵演弟弟,唐叔明演妹妹,周存宪反串母亲。陈征鸿特别高兴,终于有一次能演主角，或者说是能和张慧灵一起演主角。兴奋之余，一帮人想起问田汉哪里演出，这时汽车恰好已经开到了普育堂，田汉指着持枪士兵说："在这里。"大家困惑了，"到国民党的军队演反战的戏？"田汉哈哈一笑："这不好玩儿么？"结果这次演出深得将士们共鸣，很受欢迎。

这种即兴戏剧演出，到了1927年的冬季变成了"艺术鱼龙会"，为期一周，连星期天日场一共演出八场。所谓"鱼龙会"，是借汉代百戏中由人装扮成巨龙与巨鱼的假形舞蹈，名为"鱼龙蔓延"的说法引申而来的，是指参加演出的有鱼（指戏剧科学生）有龙（指著名艺术家周信芳、欧阳予倩），故名"鱼龙会"。从经济意义上说，此举是因为"艺大"的房租欠了三个月，共九百两纹银，希望能凭演出摆脱困境，票价定为大洋一元；从艺术意义上说，这是历次"余兴"的检阅；从南国社历史发展来说，这可以视之为南国社第一次公演，主要有演过的剧，如《生之意志》《画家与其妹妹》《父归》《未完成的杰作》《苏州夜话》《江村小景》，新创作的剧有田汉的《名优之死》和欧阳予倩改编的《潘金莲》。

上海文艺界朋友和新闻记者们为他们鼓吹，评价最高的当属《名优之死》和《潘金莲》，后来《潘金莲》又在天蟾舞台公演了一次。不过，以"鱼龙会"的演出收入来解除"上海艺大"经济困境这一设想落空了，门票收入与演出支出大致相抵，或者稍有亏欠。而"上海艺大"光所欠房租就已达一千二百五十元，但乐天派的田汉依然乐观，认为将《潘金莲》搬到大剧院搞几场满座演出必然能够还债。但陈征鸿是个务实之人，认为学校开支过大，除了"开源"，更应该"节流"，他建议寒假期间租便宜的校舍，如此在房租、水电费等上就可以节约千元。校委会赞成了陈征鸿的意见，而后他和陈明中四处去找新校舍。1928年1月间，上海艺术大学迁至"拉丁区"——环境极差的西爱咸斯路（今永嘉路）371号，一共五幢还带个过街楼，房租才五十块，搬到新校舍后，陈征鸿和陈明中负责看管校产，譬如教具、桌椅、床铺等。本来打算春天开学后搬回来，结果搬家后没多久，法租界的巡捕来了，躲起来的校长周勤豪和帮手"大个子"也来了，"大个子"掏出公文，说他们私自搬走"上海艺大"的财产是非法的，应该由负责人收回。工人们一哄而上，陈征鸿和陈明中眼睁睁地见他们抢劫一空，呼啸而去。公举的校长田汉闻此情况，既愤怒又无可奈何，当晚（1928年1月18日）召开全体大会，宣布辞去"上海艺大"校长职务，同时宣布成立南国艺术学院。而南国艺术学院属于南国社事业之一部分，是"南国社"精神的承载，由徐悲鸿、欧阳予倩、田汉担任西画、戏剧、文学三科的主任，办事人则是陈征鸿、陈明中、田洪。田汉亲自拟写了《申报》上的广告："凡愿参加吾等在野的艺术运动者，集到兰旗下来！""兰旗"则是"南国"的象征。大家齐心协力搞起了建设，把一间屋子改成画室，又将"统厢房"楼改造成一个小舞台，田洪天天奔旧货店购来各种校具。办学经费部分来自学生的学杂费，部分是田汉编辑《中央日报》文艺副刊《摩登》的报酬——每月三百元大洋。3月24日，南国艺术学院举行开学典礼，田汉在致辞中说："本学院是无产青年所建设的研究艺术的机关。"开学时，学生不到六十人，原"艺大"学生和新招学生各占一半。于是乎，荒凉的西爱咸斯路上突然多了一群生气勃勃的青年男女学生，他们"大都袋中无钱，却怡然自得，作艺术家状"[1]。

在文学科和戏剧科担任教学工作的还有徐志摩、王礼锡、洪深、孙师毅、陈子展、黄芝岗、朱穰丞、芳信和叶鼎洛等先生。洪深教的是《戏剧概论》之类，欧阳予倩教的是《戏剧史》，田汉讲

---

[1] 陈白尘：《少年行》，《陈白尘文集》第六卷，江苏文艺出版社，1997年版，第287页。

过培根的哲学和《元曲选》等。田汉最喜露天上课，在石库门前空地上席地而坐，一讲几个小时，无所谓上课下课。在南国艺术学院，他们也将看电影视之为上课，除了观摩电影《情天血泪》外，还观摩了根据易卜生剧本改编的电影《傀儡家庭》、反苏电影《党人魂》等。

陈征鸿依然坚持读文学科。他半工半读，先负责报名工作，后又承担了事务处的工作，还兼会计、文书、负责刻写钢板、油印教材等。该院招生，第一个来报名的是郑君里，报考戏剧科，讲的是带广东味的普通话，陈征鸿颇不以为然，但还是让他报名了，为确保生源，他使了一个小心眼，悄悄地拨开了面前的第一本收据本，在第二本收据本上填写，于是郑君里成了 51 号。事后，陈征鸿自觉好笑，这一行为颇有点"野鸡大学"的味道。郑君里不知陈征鸿的身份，见其做事老练对其毕恭毕敬，甚至还鞠躬敬礼，多年后，两人重提旧事，抚掌大笑，郑君里恨不得收回鞠的那一躬。

陈征鸿一边忙于学校的各种事务，一边忙于学习，对戏剧的热情略为高涨了些，其时田汉编的《摩登》因发表了一篇影射宋美龄和蒋介石的小说被停刊，此事让陈征鸿想起了他的平生志愿，想起了在"文专"编的油印刊物《萍》，志在写作的陈征鸿从里边挑选了几篇旧作，又赶写了两篇新作，编成了一册《萍》。他认识在新月书店门市部工作的谢岳章（后来也参加过南国社活动），谢表示可以放在新月书店代售，于是他找到"华丰铸字印刷所"去付印出版了。这是属于陈征鸿的个人杂志，颇有仿效周瘦鹃的个人杂志《紫兰花片》、田汉和易淑瑜的《南国半月刊》的作风。他在这一期中使用了"陈幻尘"这一笔名。晚年的陈白尘笑道："用这笔名并非因我有什么出世之想，而是因为我住过善钟路 87 号，这个幻字是有代表87号之意。"① 陈征鸿认为《萍》可以被视之为其在南国艺术学院的"毕业论文"。而在这一期杂志中赫然出现田汉和闻一多的大作。田汉在信中表达了希冀，"你们都在人生的首途，都有一种很热烈的追求心，追求着真，追求着美，追求着名誉，追求着爱，集合几个意趣相投的朋友在一种艰苦的环境里努力地建设你们所追求的梦——你们的《萍》，天寒无火不能停止你们那不知道劳倦的手，灯暗无光不能遮你们那燃烧着希望的眼，均匀的、冷静的钟摆的声音和着你们那紧张的共通的呼吸——这是多么一种可羡的景象呢？"② 而闻一多的《关于写诗》，是有关作诗问题给左明的复函，该期的文章还有陈幻尘的《他的归宿》、赵铭彝的《寿礼》、陈凝秋的《一朵小花》、左明的《你可还是爱我》等。

南国艺术学院是真正"艺术的学院"，最有名的活动是1928年的"西征公演"。"西征"时期是南国艺术学院历史上最为辉煌的时期，这是一场"私学向官学的示威"，即私学南国艺术学院向官学西湖艺术学院示威。田汉为壮军容，下令男生统一穿西装打蓝色领带，女生统一系上米色纱围巾，队伍有组织有纪律，但也沿途欣赏风景拍照奏乐，怡然自得，"西征公演"取得成功，成为南国艺术学院历史上精彩的篇章。到达西湖的次日，4月12日他们便正式示威了。这天全体游湖，同学们操桨竞渡。傍晚，田汉拿出张曙记录的电影《党人魂》中的配音《伏尔加船夫曲》简谱，填了新词，成了《棹歌》。由吴作人、张曙操琴，同学们都引吭高歌：

"划……划，划……划，绿波春水走龙蛇，

问西湖毕竟属谁家，问西湖毕竟属谁家？

---

① 陈白尘：《少年行》，《陈白尘文集》第六卷，江苏文艺出版社，1997年版，第294页。
② 田汉：《致陈白尘、陈明中》，《田汉全集》第20卷，陈刚、季定洲编，花山文艺出版社，2000年版，第44页。

南国风光，新兴机运，等闲莫使夕阳斜！"

之后，画科同学写生，剧科同学排戏，文科同学写文章向杭州各报投稿，并编内部油印刊物《南国西征日报》。陈征鸿也忙得不亦乐乎，管学院的账目兼旅行团的账目，且还要排戏。17日晚上他们在湖滨运动场讲演厅演了《父归》《苏州夜话》《湖上的悲剧》以及英国菲利浦斯的《未完成的杰作》。

好景不长，"西征"之后，学校面临财源枯竭、人员等各方面的现实困境。《摩登》停刊后，每月少了三百元的收入。且田汉为人慷慨，开办之初就收了一批免除费用的穷苦学生，譬如陈凝秋、左明、赵铭彝、唐叔明、陈明中和陈征鸿等，有半工半读者，又有拖欠学杂费和伙食费者，学校各方面开支举步维艰。不久之后的暑假，南国艺术学院宣告停办了。赵铭彝说道："'南国艺术学院'有一个特点，就是师生关系极为平等，像朋友一样，有着深厚的感情。不仅田先生每天和学生在一起，即如陈子展等教师，也和学生同住在一个宿舍里。学院旅行杭州，住在李公祠，田先生和学生一起睡地铺，吃大锅饭，一同划船、画画；在西湖演戏，师生共同创造，共同享受胜利的欢乐；对待环境的压迫，大家表示了团结的意志进行斗争。所以田先生时常说，'南国无以为宝，惟团结苦斗之士以为宝'。这种精神，一直传到后来南国社的整个戏剧运动时期。"①

五六月之交，陈征鸿因与樵梨云（号白华）小姐恋爱的缘故离开了学校，这位期望成为"亭子间作家"的青年，追求爱情与文学理想去了。瞿史公在《剧坛外史》中分析道："他因为樵梨云（号白华）小姐的缘故，忍痛地别了学院，离开了南国温暖馨香的怀抱，天南地北的度他流浪生活去了。梨云原是南国艺术学院的女

---

① 赵铭彝：《南国艺术学院概貌》（1928.2—8），阎折梧编：《中国现代话剧教育史稿》，华东师范大学出版社，1986年版，第74—75页。

生，白尘因为爱她，很严厉的受到地位之争的同事们的攻击，同时又不能得到田氏的谅解，更因怕学院为他受到动摇，所以，他带了不足维持十天的生活费，便怀了一颗创伤的心，走了——离别了南国。"①

在此之后，陈征鸿与"南国社"仍有些许联系。陈白尘自认为无论是在"艺大"时期，还是在南国艺术学院时代，他都是个配角，"跑龙套和打杂的"，未曾有过献身戏剧事业的宏愿，更未曾想过要去做一个戏剧家。不料十年后，陈征鸿却以专写剧本为生，再后来连小说都忘了该如何写，这是他始料未及的，因为他从来没有上过编剧法的课程。"追源究始，我之走上戏剧创作之路，还是因为在田汉先生熏陶之下，演过几个配角之故吧？"② 其实，跟随田汉演出戏剧的经历，冥冥中对陈征鸿后来的戏剧创作理念有不小的影响，后来的陈白尘关注和热爱舞台演出，极力从舞台中去感受领悟戏剧创作的真谛，把握戏剧人物饱满的情感，与此是有关系的。暮年回忆这一段往事时，他写道："后来年事稍长，才悟出我演的那些配角，正是一门戏剧入门课，而参与《苏州夜话》和《江村小景》的两次演出，则应该说是我从田老那里学到的'编剧法'了。这大概就是'身教'的一种方式。"③

三、那些漂泊的时光

1928年的初夏，陈征鸿带着女同学樵梨云离开了南国艺术学院，奔赴杭州，同居于紫霞洞。在"西征"时期，陈征鸿陷入了恋

---

① 瞿史公：《剧坛外史》，艺社，1940年版，第48页。
② 陈白尘：《少年行》，《陈白尘文集》第六卷，江苏文艺出版社，1997年版，第265页。
③ 陈白尘：《田老轶事三则》，郑兆欣主编：《神州一代戏剧魂——忆田汉》，岳麓书社出版，1998年，第281页。

爱之中,谁料这是一个三角恋爱,回上海后问题爆发了,经过一月余的争斗,陈征鸿胜利了,但在老同学左明的劝说之下,陈征鸿退了学。离开南国艺术学院,就意味着失了业。这时的陈征鸿尚沉浸在爱情的喜悦之中,他在"艺大"和"南国艺术学院"的熏陶之下,受到了波西米亚精神的感染,在纯洁的爱情面前,即便是餐风饮露也是愿意的。

紫霞洞的和尚允许按月结账。未雨绸缪的陈征鸿为满月后的饭房钱发愁,只好向歇业了的父亲要钱,并编了一个大谎,说吐血的毛病又犯了,已去杭州休养,望速速汇钱治病。这个谎言吓坏了陈母,肺痨病已经夺走了三位儿媳的性命,她督促丈夫携款前往杭州。陈父到了紫霞洞,明白了一切,也不问病情,直接让他的未来儿媳陪着逛西湖,三天后留下了一百块大洋让儿子"养病",悄然返回淮阴。

陈征鸿决心卖文为生。根据他的恋爱经验和道听途说的故事,模仿郁达夫的风格,他构思了一部长篇小说(当时七八万字的中篇便称长篇了)《漩涡》。起初进度比较慢,第一个月只写了三四万字,因紫霞洞的食宿昂贵,不久他们回到了上海,为了节省房租迁居了三次,最后在南国艺术学院旧址附近——西爱咸斯路找了一间房住了下来。而陈征鸿也终于完成了《漩涡》的写作,他四处为自己的小说寻找出路。此时,陈征鸿已看不上属于"鸳鸯蝴蝶派"阵地的世界书局、大东书局,但商务印书馆之类又高不可攀。在"文专"教他"小说作法"的黄中先生伸手帮助了他,黄中当时担任金屋书店的经理,于是陈征鸿将《漩涡》给了金屋书店。金屋书店是唯美主义作家邵洵美创办的,铺面是在昂贵的静安寺路,用黑色和金色装潢门面,颇具特色,该书店所出版的王尔德小说《道雷格连的画像》正是陈征鸿所喜欢的小说。《漩涡》被金屋书店出版,陈征鸿喜出望外。不过金屋书店要待书出版后才能一次付清稿费,黄中倒也仗义，私人先给陈征鸿借了二十块大洋。但穷困潦倒的陈征鸿在书出版前，又向黄中十元、二十元地商借了几次。

黄中见陈征鸿实在困苦，就建议他再写一部长篇小说，帮他另行介绍书店出版，避免书商剥削。于是陈征鸿在楼上闭门造车，写出了第二部恋爱小说，黄中给它起了个富有诱惑力的书名，叫《一个狂浪的女子》。该书利用金屋书店的关系付印，却挂上"芳草书店"的招牌出版。等这本书赚钱后，1929年春天黄中正式在四马路挂上了"芳草书店"的招牌。待第二部小说交稿后，《漩涡》也出版了，金屋书店按照约定付了一百块大洋，陈白尘还了黄中的借款后，就所剩无几了。

《漩涡》第一次署名为"陈白尘"。陈征鸿已经不愿意使用有着"鸳鸯蝴蝶"味道的"陈征鸿"了，在出版前他用了上海艺大时期《萍》上的笔名"陈幻尘"，黄中先生以为不妥，拿起笔将"幻"改为了"白"。陈征鸿默认了这个新笔名，也不曾问其所取何义。不过老朋友们仍然称呼他为"陈征鸿"。

因第二本小说还未出版，陈白尘只能向黄中要求预支稿费。"于是十块八块地借，继而三块五块地拿，再后来一块两块地讨了。"① 陈白尘除管两个人的肚子外，还增加了一位家庭成员——猫，每日必买两三个铜板的牛肉末。这样"零敲碎打借的钱"，让陈白尘想起"礼拜六派"文人喜自谦的"文丐"，而他此时倒是一个不折不扣的"文丐"了。一算账，他发现《一个狂浪的女子》的稿费已经预支完毕……黄中或许是出于同情，或者是因为要成立"芳草书店"，突然约陈白尘写个三万来字的中篇小说，预付稿费二十元，但三五天之内必须交稿。在饥饿的驱动下，他两天内就交了

---

① 陈白尘：《漂泊年年》，《陈白尘文集》第六卷，江苏文艺出版社，1997年版，第307页。

稿，这就是中篇小说《歧路》。1929 年元旦，陈白尘还清了房租、水电费以及米店的赊账等，还剩下五块多。他俩烧了一碗牛肉，又花一百八十文买了只猪耳朵下酒，猫咪也饱食了一顿。酒足饭饱之余，陈白尘觉得前途茫茫，忧心忡忡，"我能像机器一样不断地写下去么？而我究竟又能写出些什么东西给读者呢？"①于是，他在《歧路》的扉页上引用了胡行之的两句诗："哪一条是正路呢？盲子在歧路中彷徨。"

经过半年多的"文乞"生活，陈白尘对前途进行了深思，他第一次写了不以稿费为目的的短篇小说《孤寂的楼上》。"故事是半自叙体的，有自己的生活，但更多的是虚构。男主人公是尚未成名的青年作家，女主人公则是被他救出火坑的演员。他们相爱，但他们无以为生。投给书店的文稿被退了，出去售卖旧大衣衣领又无人问津。他想自杀，他想抢劫，但没有勇气。他颓然回到自己的小楼上，而女主人已经悄然出走了……男青年可说是自况，女青年则变了形；退稿是虚构的，是用曹聚仁先生丢失我的稿子那件事生发出来的；出走自然也是虚构，这或许是出于我的推理，或者说是出于预感，因为两年以后，这预感确实成为事实了。"②

又过了一个来月饥寒交迫的日子，陈白尘感觉走投无路了，家里能当的都当了，除了一支钢笔，他也没有勇气去找黄中了。但黄中没有忘记陈白尘，他让陈去找自己的朋友——也是陈白尘"文专"的老师滕固先生。陈白尘去浙江路上的孟渊旅馆拜见了滕先生，滕先生和两年前大不一样了，西装笔挺，原来滕已任国民党江苏省党部宣传部部长了。滕先生邀请他到南京国民党江苏省党部宣传部任干事，并说是改组派，但陈白尘没有表态。第二天，黄中才

---

① 陈白尘：《漂泊年年》，《陈白尘文集》第六卷，江苏文艺出版社，1997 年版，第 309 页。
② 同上，第 310 页。

将谜底兜出。原来芳草书屋就靠滕固、陈白尘和其他几个作家支撑。滕固很忙、无暇执笔，陈白尘衣食无着、无法写作。若陈白尘在滕固手下谋饭吃，就可以安心地为芳草书店制造稿件，还可以给滕固代笔写小说。这让陈白尘多少有些喜出望外，他立即赴宁就职，临行前黄中见陈白尘衣着单薄，送了一件旧棉袍以壮行色。不久陈征鸿又随江苏省党部迁至镇江。这时，他在党部用的名字仍是"陈征鸿"，一月八十块大洋。暂栖客栈时，与他共患难已久的猫却突然挣脱绳索逃跑了，陈征鸿有些伤心。

至镇江后，滕固找他谈了代笔小说《睡莲》的梗概，以睡莲比拟书中女主人公之美，滕固还特意画了睡莲图给其看。这篇小说最终也写成了，滕固也点了头，寄给了芳草书店出版。陈白尘也为芳草书屋写了第三部长篇小说《罪恶的花》，大概六七万字。又编了一本短篇小说集子《风雨之夜》，收录了《孤寂的楼上》和1928年以前的旧作，由大东书局出版。他还受泰东图书局的邀请，写了一部题为《归来》的长篇小说。不过当拿到八十块大洋一月的工资时，陈白尘的创作欲望便逐渐减退了。1929年五六月间，他用元曲《墙头马上》片段改编成一个独幕剧，发表在《前锋》杂志上。

1928年夏天起，他大约写了四十万字。这一时期，陈白尘的小说创作虽然摆脱不了"鸳鸯蝴蝶派"和郁达夫的影响，有点"饥不择食"，但这些小说正是陈白尘一步一步迈向文坛、剧坛的见证。暮年的陈白尘对这些作品选择性忽视，回忆起这段往事，他颇感无奈和悔恨："我怎么会生编硬造出那许多东西？自己在无病呻吟，又把青年读者引向哪里去？我是不是因饥饿而发狂了？我不想再写下去了。"[①]

[①] 陈白尘：《漂泊年年》，《陈白尘文集》第六卷，江苏文艺出版社，1997年版，第315页。

不久，陈征鸿动了离开江苏省党部的念头，一是改组派要拉他入党，二是滕固调走了。恰在此时，他接到了南国社的通知，七月初将赴宁公演，经过镇江时希望陈白尘加入他们。在《告南国新旧同志书》的号召与影响下，陈白尘怦然心动了，因为他对自己的无病呻吟之作厌恶了。新宣传部部长葛建时也允了假。之前在上海最为穷窘的时候，他听说南国社将在上海南市梨园公所举行公演，十分想去，去了自然会有碗饭吃，但衡量再三，一觉无演剧才能成不了演员，二不想增加田汉的负担，但他还是去拜见了几次田老太太。

1929年7月，陈征鸿重燃了戏剧热情，跟随南国社从镇江赴南京举行第二期公演。他感觉南国社已不同往昔，此时的南国社处于新旧转变期，除了演出田汉的旧作《南归》《湖上的悲剧》外，还有新作《火之跳舞》《第五号病室》和《孙中山之死》以及王尔德的名剧《莎乐美》。《孙中山之死》未能通过国民党南京市党部的审查，戴季陶出面圆场，宴请南国社全体成员，并引发了一场争论。宴会上，田汉、洪深与戴季陶展开了艺术与政治关系的大论战：戴季陶说艺术要服从于政治。田汉、洪深引经据典地证明，艺术是不能服从于政治的，"艺术与政治有时是朋友，有时则是敌人"。田汉又道："我们演戏的人将真的东西给观众看，把社会的真的症结、民众的真的要求与苦闷显示出来，观众自然要喝彩。但政治家也敢于这样做么？所以艺术不能服从于政治，而应该相反。"[①]

这场大论战对其时在座的陈白尘触动很大，他完全接受了田汉的思想，"艺术应该是为民众叫喊的"。他甚是惭愧，反思自1928年以来在生计压力之下所写的一些无关痛痒的"无聊之作"，决定

---

① 陈白尘：《漂泊年年》，《陈白尘文集》第六卷，江苏文艺出版社，1997年版，第319页。

暂且搁笔，并要从思想上清算之，他还打算离开江苏省党部而回归南国社，但待仔细思考后，又有点犹豫了。年初因为自觉无演剧才能而不回归南国社，现在的南国社已进入鼎盛时期，阵容无比强大，女演员有俞珊、吴似鸿、王素等，男演员有洪深、万籁天、陈凝秋、左明、张慧灵、金焰、郑君里等等。陈白尘对于演剧缺了几分自信，只能当当"龙套"。有件小事更是影响了他返回南国社的决心，他向来擅长会计事务，但这次却出了点小纰漏——卖票时收到一张假十元钞票，倒贴了九块钱。当南国社全体离宁赴无锡演出时，他在镇江下了车。待得知南国社在无锡演出了标志着田汉转向的《一致》，回上海又演了新作《垃圾桶》后，陈白尘心生懊悔，恨不得立刻奔向上海。

八九月间，葛建时出于宣传需要，邀请南国社成员赵铭彝、左明等到镇江筹办剧社，于是身在镇江的陈白尘和他们一起组织了"江苏民众剧社"，公开招收社员。陈白尘有些疑虑，左明劝道："利用葛建时的社会地位，办我们的戏剧运动，有何不可？况且和葛建时有言在先，这个剧社是独立的，和江苏省党部宣传部并无瓜葛。"陈白尘遂放心了。"江苏民众剧社"社员大部分是镇江各社团的青年人，宣传部只有陈白尘、葛建时、王进珊参加，活动地点设在伯先公园。左明成了男角的台柱子，女角的台柱子是罗珊，由左明从上海带来。该社所演剧目大多是从南国社搬过来的，如《父归》《苏州夜话》《南归》《垃圾桶》等，从这个意义上说，"江苏民众剧社"扩大了南国社的影响。不料十月，风云变幻，国民党突然大肆逮捕"改组派"成员。好友阎折梧慌慌张张跑到陈白尘家里，说起搜捕情形添油加醋，劝他马上逃走。继而赵铭彝又来，说葛建时昨夜已被捕，连借住他家的左明也被捕走了，劝他避避风头。陈白尘赶忙化了妆，扮成商人模样，买了张二等座位票奔向了上海，藏在上海宝山路上的黄中家，算又躲过了一劫。黄中自然希望陈白尘为芳草书店再写点小说，但陈白尘连连称，以后洗手不干了。

陈白尘戏剧之心不死,渴望回归南国社。但左明、赵铭彝却劝道,"南国社内部有分裂之象,先等一等"。原来一些社员希望田汉在《一致》之后率领大家彻底左转,但田汉却有些犹豫。赵铭彝和左明的镇江之行,其实是分裂现象的一种表现,且两人有脱离南国社,另立摩登社之意。摩登社是独立于南国的,但与南国社有渊源关系,核心人物为左明和赵铭彝,参加发起的都是南国社的少壮分子,有郑君里、陈万里、吴湄、陈明中、许德佑、姜敬舆、林千叶和陈白尘。但实际演员只有左明、吴湄和郑君里,还有陈白尘。他们选了四个翻译的独幕剧,每个剧只有三个角色,于是搞平均主义:各演三出戏,各担任三个角色。选择的剧目有《乞丐与国王》《梁上君子》等,都是南国社未曾演出的,他们试图摆脱南国社的影响。摩登社第一期公演,就打出"学校剧运动"的口号,深入各大学去演出,促进学校剧团的演剧活动。赵铭彝这么说道:

"我们不走南国社的老路,也不可能跟艺术剧社走普罗戏剧的路,走哪条路呢?我们和青年学生比较接近,而且青年学生也是一种力量,戏剧是文化工作,学生正好是文化工作的对象,如果我们能在学生中站得住,我们的戏剧工作就大有可为。由于过去在南国社时期我们和一些大中学校有些联系,决定利用这些现成的关系开展工作,明确提出'学校戏剧运动'的口号,并对这个口号作了若干解释,认为搞戏剧运动要从一部分一方面逐步展开,学校这块园地,是最好的起点,由学校而推及社会以至工农大众,这样可以使戏剧运动先获得一定的基础;搞戏剧运动的人才也会多起来。大家意见取得一致后,又商定通过社员陈万里和《民国日报》的私人关系,在该报副刊上连接出了两期学校戏剧运动的专号,大力宣传这一口号。我们的主张引起了戏剧界和社会上的注意。例如艺术剧社在他们的工作计划中,也把学生演剧工作列进去了。接着,良友图书公司出版的《中国学生》杂志,也向摩登社征求稿件和图片,准备出版一期学生演剧特刊。"①

摩登社第一炮选在了学生演剧水平颇高的复旦大学,幸而演出获得了成功。随后,他们组织成员赴上海大夏大学、光华大学和交通大学巡演,所演剧目《乞丐与国王》《梁上君子》《爱与妒》等,由左明、郑君里、吴湄和陈白尘分担,每人各演三剧。1930年春,艺术剧社与摩登剧社联合行动,以摩登社名义赴南通演出。不久之后,田汉先生发表了《我们的自己批判》,表示"转向",希望"培养能与时代共痛痒而又有定见实学的艺术运动人才以为新时代之先驱"。②

陈白尘未曾参加南通公演,而是漂泊去了日本。因为摩登社演出虽然成功,但无法解决同人的生活问题,陈白尘在镇江的一点积蓄,也用光了。正是天无绝人之路,"文专"的同学张公观从日本来信,说即将担任东京华侨小学的校长,问他愿不愿去教书。陈白尘喜出望外,立刻回复愿去。摩登社同人要他去日本多考察话剧事业,陈白尘也打算半工半读,深入学习戏剧。他买了一本日语教材《日语读本》,又向黄中借了三十块,正值寒冬腊月,陈万里把身上的皮袍当了十块给陈白尘当路费,如此凑凑,终于凑了五十元,买了两张轮船联票后,所剩无几了。

和樵梨云的长期相处使得陈白尘必须顾及生活,无法全身心地致力于话剧活动,在摩登社加入中国左翼剧团联盟之前,陈白尘因生活拮据离开了"摩登社"。1930年1月27日,22岁的陈白尘和樵梨云坐船去了日本。幸好黄中在上船前叮嘱陈白尘要在船上多结交日本的华侨朋友,路上才有人照顾,在神户下船后,多亏船上结识的曾华侨的帮助,才得以顺利到达东京。

---

① 赵铭彝:《涓流归大海——我投身戏剧运动的回忆点滴》,《涓流归大海》屈南松、曹树钧编,中国戏剧出版社,2004年版,第234页。
② 田汉:《我们自己的批判》,《南国月刊》,1930年第2卷1期。

然而，聘事有变，华侨小学闹风潮，原来的校长不肯让位，张公观无法赴任。陈白尘被同学介绍到东京华商商会任秘书，除了草拟报告或通知外，兼管刻钢板和油印。后因与会长郑某意见不合，被以"思想左倾"为由解聘遣返。原因是一些华侨小商人受到欺负后，常来商会哭诉，陈白尘主张声援并常常请示郑会长，但郑十分冷淡，以"在人檐下过，怎得不低头"之语搪塞之，为此两人常发生语言上的冲突，一个月后，张公观说日本警视厅找过郑会长，怀疑其为共产党，但郑会长已不愿做政治担保人。幸好张副会长同情陈白尘，答应由商会出两人的路费，并送了两个月工资。

1930年6月间，陈白尘又回到了上海。就这样，阴差阳错中，渴望新文学的陈白尘错过了国内轰轰烈烈的左翼文学运动。被遣返归国后，他租住在黄中家隔壁，两个月以后，口袋又空空了，黄中问他愿不愿意去芳草书店管账，并兼做吉羊楼笺纸店店员，由于不愿意成为一名"奸商"，陈白尘在工作两月后离职，迁居到法租界甘世东路专事写作。

这时，大东书局见世界书局出版了《元曲选》，销路不错，便想出一本篇幅小而售价低廉的元曲精选本。由凌善清介绍，陈白尘接了这个活，从其中选了十种，定名为《元曲十种》，按照现代剧的格式、新式标点编，并写了篇《元曲概论》的文章冠于书前，获得了稿费一百元。他署名为陈斐，因看到窗外辣斐德路上的行人来来往往，遂从路名里取一个"斐"字。不过这《元曲十种》最终没有能够出版。

回想起走过的文学之路，陈斐不免有点怅然。他算新文学作家吗？他的文学功绩在哪里？于是他决定在沿袭"五四"传统的刊物上发表作品，以此进阶为新文学作家。

大概是在1930年的秋冬之际，陈白尘又开始创作了。他写了一个独幕剧《汾河湾》、一个短篇小说《重逢之夜》。有一天，陈白尘被一个朋友拉去看了京剧《汾河湾》，他被剧中的情节气得肚皮痛，于是写了一个翻案剧，通过薛仁贵对薛丁山的怀疑，企图表现父辈对下辈的嫉妒和迫害，最后薛仁贵杀死了自己的儿子薛丁山。而《汾河湾》的写作则是受到了欧阳予倩的影响：

"写戏，开头并非学田汉，《汾河湾》倒是受了欧阳予倩先生《潘金莲》的影响。模仿，大概是难免的，小孩子学步学语，总是向大人模仿的，并无可耻之处。"[①]

小说《重逢之夜》仍是一个恋爱故事，但他用了"崭新的手法"对这种恋爱予以否定。一对两年前的恋人意外重逢了，女主人公已成为他人之妻。作者批判了"道德"和"贞操"的观念，热情地歌颂了"爱情"的真挚。他写道："结婚是个假面具……在多次的恋爱当中有一个幸而戴上了假面具，于是便成为官厅认可的正式婚姻；不幸而未戴上这假面具的，便成为不名誉的勾当了！可是恋爱的本身又何尝不是一样的！""到那时候，一个人的爱人愈多，或者很多的人去爱一个人，都是最光荣的事，最被人羡慕尊崇的事！就像以前去尊崇一个节女贞妇一样！"陈白尘将这两个作品投寄给《小说月报》，1931年相继发表于《小说月报》，其中剧本《汾河湾》还被收入戏剧改进出版社出版的《戏剧甲集》。

但当时的陈白尘等不及作品发表，他去找初中的挚友周效灵，在他那认识了涡阳人张君，听闻他在失业中，慨然介绍他去安徽涡阳教书，不巧涡阳乡村师范教员已满，遂介绍其去涡阳"地方自治研究所"教书。陈白尘有些喜出望外，特意去商务印书馆买了一套地方自治的小丛书，又为樵梨云觅了个小学教师席位。临行前张君建议陈白尘带一张大学文凭。陈白尘买了一张空白的文凭请田汉填

[①] 陈白尘：《从我怎样开始写戏说起》，《陈白尘文集》第八卷，江苏文艺出版社，1997年版，第391—392页。

写,田汉哈哈大笑:"关了门的南国艺术学院文凭还能糊弄人吗?"不过,他还是在"院长"一栏签了名,盖了学院的旧图章后,说道:"这是南国艺术学院唯一的一张文凭啊!"拿到文凭后,陈白尘带着樵梨云离开了上海,奔向了新的生活地。

1930年尾或者1931年初,陈白尘来到安徽皖北的涡阳教书,抵达目的地后,他大失所望。"这是苏、皖北部那种习见的小县城,四座城门围了一个城圈,城里有三两条街道,都是泥土或石板路面;路旁瓦房间着草房,如此而已,实在想象不出当年张乐行在这儿调兵遣将和大会各路捻军首领的盛况。"[①]

而这个研究所实际上是为涡阳实行地方自治而培养基层官吏的,学员多为三四十岁以上的中年人,知识面窄,思想保守。陈白尘在这里,精神上很是寂寞,只能和晓庄师范毕业的孙铭勋、李友梅等来往,上至国家大事,下至学校措施,无所不谈。春夏之交,乡下闹土匪,地主富农们纷纷进城避难,没多久,土匪被扑灭。有一天,李所长让陈白尘带学生去参加群众大会,原来为了悼念一位被土匪杀害的地主,当场将一个土匪开膛破肚……陈白尘对这样的野蛮行为再也看不下去了,径直奔回了家中。而后闲言闲语传来,有人说陈白尘同情土匪……恰此时,晓庄师范的校长陶行知和南国社社长田汉已遭通缉的消息在涡阳传开……陈白尘见形势不妙,放风说暑假后另有高就,尽管如此仍不见容于这个偏狭的地方,在暑假未来之前,黑板上出现了"打倒共产党"某某字样。暑假一到,陈白尘赶紧辞职。涡阳行唯一的收获,是"那天在追悼会上,我从那个被绑赴刑场的大汉的慷慨就义的英姿上,能想象得到当年革命英雄们的风采,同时也从那群欢呼着'开膛破肚啦'的人们的脸

[①] 陈白尘:《漂泊年年》,《陈白尘文集》第六卷,江苏文艺出版社,1997年版,第343页。

上,看到了鲁迅在《阿Q正传》里所描写的那群麻木的看客"①。这为他日后改写电影剧本《阿Q正传》积累了素材。

辞职后,回家乡淮阴之际,陈白尘遭遇了打击,樵梨云突然离去。"从蚌埠乘火车到镇江,准备换乘轮船回淮阴了,和我共同生活了三年之久的樵梨云突然出走了。这出乎意料而又在意料之中的打击,虽然没将我完全击倒,也几乎瘫软了。"②《孤寂的楼上》真是一语成谶了。陈白尘没有别的选择,母亲久病卧床,他只能硬着头皮回家,向母亲撒谎说她的儿媳先回上海工作了。卧床半载的母亲见小儿子回来,特别高兴,不思茶饭的她起来吃了半碗饭。暑假一过,为了圆谎,陈白尘只能去上海谋生,忍痛离别了母亲。当他乘船到了镇江,三哥追来,说奉父母之命让他回淮阴,去涟水教书。原来他回淮阴后去拜访了成志中学的王绳之先生,王绳之先生得知其失业,悄悄向涟水县立中学校长脱囊午推荐了他。闻此消息,陈白尘立刻接受了聘请,随着三哥回到淮阴,立刻去了涟水。

陈白尘在涟水县中教初一国文、白话文。在涟中,他和青年教师孙乐川、郑仲英以及朱凡(朱乙苇)等,相熟相知,甚至同榻而眠,彻夜长谈。这帮热爱新文艺的年轻人创立了一个剧团——南风社,意在发扬南国社之风。南风社成立不久,即去高沟镇公演了田汉的《南归》和莫里哀的《屈打成医》。因为没有女演员,只好男扮女装,《南归》中的春姑娘和《屈打成医》中的妻子这些角色自然都落在了陈白尘头上。他们在高沟的广场中央搭了戏台,舞台装置仿效南国社的办法,全用布条,不用实景。然而,《南归》颇为失败,一是陈白尘的嗓子突然哑了,哑嗓子完全破坏了春姑娘的形象;二

---

① 陈白尘:《漂泊年年》,《陈白尘文集》第六卷,江苏文艺出版社,1997年版,第346页。
② 陈白尘:《漂泊年年》,《陈白尘文集》第六卷,江苏文艺出版社,1997年版,第346页。

是苦闷的知识青年的故事难以引起普通群众的共鸣。演流浪者的朱凡在台上大声叫"鞋啊鞋啊"也压不住台，结果是台上台下各说各的。《屈打成医》却意外获得了观众的褒奖，因其通俗易懂。剧团成员十分兴奋，想招兵买马大干一场，来个男女合演。

不久"九一八"事变爆发，全中国都处在动荡之中。脱校长收到了全省学生联合会给本校学生会的通知，要求全省一致罢课，促使政府抗日，而淮安第九中学已经罢课。脱校长拿不定主意，他既不愿意罢课，但又不敢扣押学生联合会的通知。正在大家拿不定主意的时候，陈白尘托言小解，让朱凡通知学生罢课。陈白尘和朱凡领导学生次晨发动全县中小学罢课、示威游行，并在群众大会上发表演讲《告同胞书》，罢课活动持续到中午才散。而后他们又决定在涟水中学举办一个抗日讲座，让学生一边听讲座，一边上街宣传。这个计划让学校当局十分恼火。没多久，县中宣布提前放寒假，脱校长给了陈白尘两个月的薪金，但没有给下学期的聘书。约半月后，陈白尘得以平安回到家乡淮阴。

此时，全国的大学、中学都提前放假了。淮阴旅外求学的大学生们也回来了。1932年初，陈白尘参加了吴觉等淮阴旅外大学生组织的"国难剧社"，实现了淮阴的第一次男女合演，他们在康阜楼小学排练了几个独幕剧，陈白尘导演了一出，并演一个主要角色，"国难剧社"打算1月26日在城南公园演出。不料，正式演出前两晚，朱凡突然来了，说涟水县党部将发出对于陈、朱二人的逮捕令，第二天一早两人乘轮船到镇江，然后再转上海。然而上海"一·二八"淞沪战争爆发，沪宁火车不通，在镇江住了两晚后，他俩决定重返淮阴，因为中日既已开战，抗议"九一八"而举行的罢课斗争也不再成为罪状了。正值两军对垒之时，由于国民党不抵抗政策，十九路军撤离上海，淞沪抗战遂告结束，陈白尘和许多爱国青年对此悲愤不已。此时陈母的病情日益严重，陈白尘身无分文、束手无策。他觉得异常苦闷,当路遇淮阴旅外大学生宣传队鼓吹国民党是抗日力量时,他挺身而出,揭发国民党假抗日真投降的面目,高呼"打倒国民党!""打倒蒋介石!",众人附和,这引起了淮阴地下党的注意。而一想到母亲病重,陈白尘不敢出什么差错,养晦韬光,除了陪母亲就是去找朱凡聊天,不敢轻举妄动。这年阴历二月十五日,陈母去世了,在陈母大殓的那天,共青团淮盐特委书记宋振鼎来了,他介绍陈白尘参加了反帝大同盟,并任淮阴分盟负责人,领导各中学、街道支部。不久,由于工作热情,表现突出,宋振鼎和方超又介绍陈白尘加入了共青团,任团特委秘书,自此他在团特委领导下从事地下工作。这年中秋节,由于交通员葛玉清在淮阴东门被捕叛变,敌人搜了团特委机关,宋振鼎、方超、陈斐、王葆华等六人被捕。陈白尘在此时用的名字是"陈斐"。押送至淮阴丰济仓审讯,方超等受不了"踩杠子"的刑罚叛变自首。陈斐被关押在丰济仓内一个多月,慢慢沉静了下来。他用仓库内满地铺着的砖头砌成了一个小方桌和一个坐凳,买了一部石印本的《红楼梦》。

　　身处逆境的陈白尘保持了积极乐观的态度:"我想,我只被指认为反帝大同盟的一个普通盟员,是判不了重刑的。至多判个三年五年,这算得了什么呢?出狱后还不到三十岁!国民党也许不讲理,判我个无期吧,但国民党的寿命能无期么?万一国民党灭绝人性,判我个死刑呢?那也没什么,我虽不相信'二十年又是一条好汉'那种豪言壮语,但我既然无任何牵挂,死又何妨?参加革命时不就有过牺牲的准备么?"[①] 这种乐观处事的心态为陈白尘能身在狱中仍坚持写作打下了基础。

[①] 陈白尘:《漂泊年年》,《陈白尘文集》第六卷,江苏文艺出版社,1997年版,第381页。

四、监狱里诞生的"作家"

1932年,约莫11月初,陈斐(陈白尘)和其他"案犯"被押送到镇江,因江苏成立了专审政治犯的"军法会审处",由江苏省军法会继续对他们进行审讯。从淮阴到镇江必由水路乘小火轮前往,有一段路必须得步行,过了观音寺巷,陈白尘离家门口愈发近了,过了大源巷口,他已经远远看见年老的父亲和暗弹珠泪的妹妹增华,尽管他十多天前就在脑海里想象着这一场景,但此刻却不知所措了,只向他们送去了一个微笑,而后被送往镇江县监狱。大约在1933年2月间,军法会以"参加反帝大同盟罪"判处陈白尘有期徒刑五年,在镇江监狱服刑。

每个周六,监狱里都会有一次"打递解",在一个个倒下去的烈士面前,陈白尘开始考虑他的未来,他不能浑浑噩噩地虚度这五年刑期。判刑后,他和狱外的通信自由些了,他想起赵铭彝代表摩登社参加了"左翼剧联",于是设法和赵铭彝取得了联系,而这是他"在监狱中所能找到的唯一一线光明了"。赵铭彝在通信中,提醒道:"你的笔难道生锈了?"陈白尘恍然大悟,搁笔已有四年之久,他曾翻阅过"左联"的刊物,但"自惭形秽,一直未敢动笔。如今经过数年的漂泊生涯,再加上对当前的认识,不禁手痒了"[1]。对于狱中经历,陈白尘每每回忆起来,都是感慨万千:"由于身陷囹圄,失却了自由,可又不甘心于离开革命,才又重新提笔,秘密地向左翼刊物投稿,我的写作生活这才算真正地开始。而一开始我便自觉地投身到'左联'的大蠹之下来。"[2]

---

[1] 同上,第393页。
[2] 陈白尘:《〈陈白尘剧作选〉编后记》,《陈白尘文集》第八卷,江苏文艺出版社,1997年版,第367页。

狱友施亚夫与陈斐关押在同一牢房中，他回忆了当时陈白尘的写作情形："于是就在5号囚笼那昏暗的灯光之下，就在烟贩、赌贩及花案、土匪们的喧嚷声中，我们每天都能看到白尘同志就像老僧入定般进行写作的身影。他箕踞于自己的铺上，背后靠着一根爬满了臭虫的木柱，面前是用被子叠成的'写字台'。由于台面太软，他用稀饭汤权充浆糊，把废报纸层层地粘起来，做成了一个垫板。那正是个挥汗如雨的季节，囚笼内又闷又热如蒸笼一般，无论是墨水还是墨汁，字迹写上去后立即便被汗水浸湿，于是白尘便改用铅笔书写，就这样艰难地写下了数十万字的文章。同室的政治犯们无不被他的精神所感动，大家自愿地为他放哨掩护，甚至帮他设法将稿件秘密地传送出去，在受左联影响或领导下的刊物上陆续发表。5号囚笼的隔壁，是一间专押病犯的监牢，叫作'癸字号'。那可谓地狱中的地狱，由于根本没有医疗条件，病号们大多是活着进去，死着出来，成了真正的'鬼字号'。白尘抑制不住内心的愤怒，竟以'癸字号'为题写了一出独幕剧，将这牢狱中的非人的内幕披露出去。"[①]

这次重新拾笔写作，他启用了一个新笔名"墨沙"，避免陈斐即陈白尘的嫌疑。但赵铭彝并没有严格遵守这一规定，1933至1934两年，陈白尘以"墨沙""陈白尘""白尘"等笔名发表了大量作品。陈白尘曾跟着田汉排了不少的戏，自己也曾编导过戏，而这些戏几乎都是独幕剧。在田汉的言传身教下，在演剧实践的练习中，陈白尘对独幕剧这一形式运用得越发得心应手了。他写的第一个剧是个独幕剧，叫《街头夜景》，花了两块大洋买通了看守老张，径自寄给了赵铭彝，托他投给《现代》，该剧发表于《现代》第4

[①] 施亚夫：《相逢在六十年前》，《征鸿远鹜——陈白尘纪念专辑》，江苏农垦机关印刷厂，1998年版，第332—333页。

卷第5期。接着他又写出了第二个独幕历史剧《虞姬》，发表于《文学》第1卷第3期。

但《虞姬》还不是成熟的作品，"是一种幼稚的抒情历史剧，与其说作者是在描写历史，不如说他是在借古人之口说自己的话"①。《虞姬》的写作延续了《汾河湾》的翻案思路，用他写的《汾河湾》后记中的话来说，就是"写的并不是历史中或传说中的那么一回事"，不能当做历史一样去质难。剧中人语言是现代白话文，它从士兵的角度解构了虞姬和项羽的爱情故事，项羽是个"魔王"，虞姬爱上了卫兵罗平，在垓下之围中，罗平等不愿意与刘邦背水一战，而闹起了"革命"。罗平道："我们这十万剩余的生命，为了要创造未来的社会，我们不再为你做牺牲品了！我们不再为你打仗！"士兵们在要饷粮的吼叫声中觉醒了。虞姬为了爱情被项羽杀死，在一片混乱中闭了幕。

在《虞姬》中，陈白尘完全使用的是现代人的思想、现代人的语言、现代人的说话方式，譬如虞姬和罗平私会一场：

罗平：你爱我，就得爱我们的大众！爱我们大众所爱的！但也要恨我们大众所恨的项羽，他是我们大众的仇敌，所以也是你的仇敌！

虞姬：是的，不错……但是我……

罗平：这没有例外！要么你就做我们的仇敌！

虞姬：不！不！平，我爱你！

罗平：那你立刻得躲开！不要管他！更不许你去放走他！

虞姬：但是……

罗平：（伸出手给她）没有怀疑！不是友就是敌！

---

① 董健：《陈白尘创作历程简论》，《陈白尘写作生涯》，百花文艺出版社，1986年，第286页。

虞姬：(趋前伏在他胸前)平，我是你的！

关于这个剧的写作手法和观念，陈白尘回顾道："'借尸还魂'一名'指桑骂槐'，根本就不管你历史是怎么一回事。项羽是个人主义的英雄，而个人主义的英雄是该打倒的。于是，虞姬跟一个群众领袖大讲恋爱，唱着'妹妹我爱你'，又高喊'打倒楚霸王'而气死项羽。一肚皮天真的愤怒与热情都借着古人尸体发泄了，但写成的可不是历史，倒有点像寓言，可又不是寓言。"① 他在翻案的基础上更大胆地向前迈进了一步，目的无非是"借尸还魂""指桑骂槐"，作品获得了一时的掌声，但写成的却不是"历史"，这也让陈白尘感到了某种不满足。

《虞姬》使陈白尘获得了五十元的稿费，这五十元对于犯人们来说是一笔很大的钱了，他有些惴惴不安，于是用它买了个"外役"——"在囚笼之外、大牢之内进行比较'自由'些的义务劳动的别称"。陈白尘请三哥找了家铺保给看守主任送了二十元，又给全体八位看守送了二十元，又叫了一桌十元钱的酒菜，于是他获得了一个很轻松的差事，只需花费五分钟的时间替看守主任在《四柱日报簿》上填写一笔人头数。于是他迁居到了甲字号，还解开了镣铐，"自由自在地搞起创作来了"。

独幕剧《癸字号》发表在《中华月报》1卷8期，好友阎折梧突然冒冒失失地寄了这一期的《中华月报》到监狱来。寄出去的信是由看守主任审查后盖个"审查讫"的图章后方可发出，但狱外寄进来的邮件，则由典狱官亲自审查，这篇《癸字号》引起了他的注意，因为这所监狱就有一个专门住重病号的癸字号。署名者"陈白尘"偏又作为纪实文学来写。看守主任被典狱官批评一通后，就将

---

① 陈白尘：《历史与现实——〈大渡河〉代序》，《陈白尘写作生涯》，百花文艺出版社，1986年，第157页。

这份《中华月报》摔给了陈白尘,问道:"这个陈白尘是谁啊?"

陈斐咬紧牙关说:"我不知道。"

看守主任发了一阵脾气,最后拍拍陈斐的肩膀说:"真人不说假话,你也别瞒我。典狱官面前我已搪塞过去了,你以后自己当心啊!这种事要认真起来,得加钉双镣的。"①

陈斐偷偷地买了一批白信封,趁主任不在,都盖上了"审查讫"的图章以备以后使用。这时期,他发表的作品和文章还有:济南《华蒂》某期发表的独幕历史剧《马嵬坡》,《山东民众教育馆月刊》4卷8期发表的论文《中国民众戏剧运动之前路》,《文学》2卷2号发表的独幕剧《大风雨之夜》和短篇小说《马棚湾》,《矛盾》3卷2期发表的三场短剧《两个孩子》,《当代文学》1卷1期发表的独幕剧《贴报处的早晨》以及《文学》3卷1号发表的三幕剧《除夕》、短篇小说《夜》,《文学季刊》1卷3期发表的短篇小说《春》等等。这些作品,贴近生活,富有生活气息,发表后分别被收入《大众剧选》第一册、小说选《茶叶棒子》、小说集《曼陀罗集》等。

此外,陈白尘还写了一部近二十万字的长篇小说《戏》,挂号寄给了现代书局,但直到出狱也未见出版,现代书局的经理卢芳否认收到过,这篇小说也就此遗失了。

短篇小说《夜》刻画了一个在命运打击下挣扎着活下去的底层小商贩形象,"不管风吹雨打,不管雪深路滑,他都得像鬼一样在街上巷里从这里钻到那里","跟着自己油灯的光向黑暗里闯"。当久病的妻子去世,债主卷走了他的财物,"他成了一个光蛋",流落于街头。当与流浪街头卖唱的寡妇艺人王二娘结为伴侣时,他又在

---

① 陈白尘:《漂泊年年》,《陈白尘文集》第六卷,江苏文艺出版社,1997年版,第395页。

65

心头燃起了对生活的希望。《夜》"宣告作者在小说创作上基本结束了从半是模仿半是习作向艺术独创阶段的过渡时期，记下了作者跨上革命现实主义道路新阶段的第一个'标高'"[1]。

这一时期，陈白尘用自己的笔触尝试了文学与革命的融合，他的创作进入一个"井喷"期，在文坛产生了一定影响，陈白尘也被人们称为"从监狱诞生的作家"。在监狱里写作的陈白尘，找到了他写作的优势，那就是写监狱中的生活。为了照顾患伤寒病的狱友陈霆，陈白尘曾入过"癸字号"。他在独幕剧《癸字号》里揭露出监狱虐待重病病犯的真相，写道，"一间屋子，周围围着笼柱，后面都紧贴着一层黝黑得可怕的墙。柱子也是乌黑的，在上面挂着许多东西：破袄子、破鞋子、破篮子、油瓶，用粗草绳络着的饭碗、钵子、灰色的手巾、破布条、破报纸、香烟罐子、罐头盒子、破席子。一切都是破烂的、凌乱的、肮脏的"，"笼子里猪样地靠着两边横睡着两排囚犯，一个紧靠着一个。每个人身上盖着的，有的是破的像破布堆的所谓的被子，有的是一件破衣，有的是一条灰色军用毯，还有的什么也不盖，缩成一团"。他用近乎写实的笔，描绘出人间地狱图景。他在剧中呐喊道："病人到了这里便要变成鬼了！……这里实在是鬼的号子！""从这里面拖出去的死人比这地板里的臭虫还要多哩！"[2] 陈白尘批判了监狱的冷酷无情，拷问着人性的冷漠与制度的黑暗，也映射出整个社会的不公。尽管如此，陈白尘此期的作品依然是有缺陷的，人物形象的单一、叙事节奏相对松散，是此期作品的共同点，巴人曾评价道："白尘的文体，多少有点松弛。但事件的叙述，很有些紧张的场面……他是以感官感触

---

[1] 董健：《陈白尘创作历程论》，中国戏剧出版社，1985年版，第73页。
[2] 白尘：《癸字号》，《中华月报》，第1卷第8期，1933年。

事物，而不是以心突入事物——他还缺少精炼事物的功夫。"①

陈白尘在历经了漂泊，感知了社会冷暖，饱尝了饥饿的滋味，切实地感受了死亡的滋味之后，特别是入狱后，他的生活也算"安定"了下来。慢慢地，他的心也逐渐地平静了，他学会了冷静地去思考，用他的笔去描绘30年代的中国社会，从生活中提炼创作题材。独幕剧《大风雨之夜》也是一篇写监狱之作。一开场是"囚犯们一部分围聚在大号桶前，收拾一个'新案子'（新犯）；一部分围聚在高铺前，铺上躺着这号子的主宰者——龙头，在抽鸦片；靠舞台口右边一列席上也围着好几个人，是政治犯，议论着什么；左边一列席上是烟犯、花案、人口犯，围着谈笑"。②该剧一开场就是以龙头为首的盗甲、盗乙、盗丙等在围殴一个新犯，而看守犯人的"看子"关心的则是龙头能捞出"几寸水"，如此他们好分成。看守伙同龙头从犯人的身上搜刮油水，贪污修房子的钱，"修房子一回要开二百块钱帐，用起来至多用十块八块，这又不发财吗？"贪污犯人的饭钱，"一个人赚四分，三百人一天就赚十二元！不发财吗？"《大风雨之夜》引起了左翼剧联领导人于伶的关注，他评价说："这倒是一个极好极有价值的剧本。和他前年在《中华月报》上的《癸字号》，同样是描写黑暗的狱中情形。也同样的深刻、真实与生动。在意义上这比后者，已是由消极的黑暗面之暴露与呼喊，自由之渴望与追求，进而为积极的抨击、反抗与直接行动的争取了。故事情节随着浓重、阴暗与悲惨的狱中空气，暴风雨、大雷电的外来激动发展下去，形成了有力的成功的顶点与

---

① 巴人：《怀白尘》，《生活、思索与学习》，《巴人全集》卷十，清华大学出版社、宁波出版社，2017年，第114页。
② 陈白尘：《大风雨之夜》，《陈白尘文集》第二卷，江苏文艺出版社，1997年版，第24页。

结尾，在可能上演的环境下，这剧本之能收得较大的效果是必然的。"①

就小说而言，产生较大影响的是名为《曼陀罗集》的狱中小说集，其中包括了短篇小说《父子俩》《春》《解决》《暮》。为什么取名为"曼陀罗"？陈白尘说道："有种花，据说是生长在牢狱的屠场隙地上，专靠着吸取死囚的白骨和鲜花来培植它的生命的，叫做曼陀罗。"《曼陀罗集》中的四个短篇和他这一时期所写的监狱文学，"都是靠了一些人的白骨和鲜血而生长出来的"，所以他取名为《曼陀罗集》。1985年，湖南人民出版社出版作家回忆录《我的第一本书》时曾向陈白尘约稿，他在文中说，"我的第一本书为1936年出版的《曼陀罗集》。"陈白尘认为他自此时起才真正是一名作家。②而对之前所写的长篇小说、短篇小说，他斥之为"无病呻吟之作"，"所以采取不承认主义"，认为他真正的写作就是在江苏镇江县监狱里的一尺多宽的地铺上，在棉被叠起来的"软"桌上。

这一时期他还创作了《小魏的江山》小说集，包括《鬼门关》《最后的晚餐》《打靶》《小魏的江山》，于1937年出版。这些作品多是陈白尘身处监狱时创作的，"它们是地地道道的'监狱文学'，是地地道道的'囚徒作品'"。③

陈白尘以自己的狱中生活为素材，以真实深刻的笔触描写监狱生活，暗无天日令人作呕的监狱环境令人咋舌，形形色色的狱中人物可怜可悲可惜可怒。在这一阶段的众多作品中，《小魏的江山》是艺术成就最高的一篇，被茅盾编入《一九三六年最佳小说选》，被公认为是陈白尘的小说代表作之一。陈白尘在《小魏的江山》中

---

① 于伶：《略论一九三四年所见于中国剧坛的新剧本（一）》，《于伶戏剧电影散论》，中国戏剧出版社，1985年版，第19页。
② 陈白尘：《关于"我的第一本书"》，《陈白尘文集》第八卷，江苏文艺出版社，1997年，第396页。
③ 陈虹：《陈白尘评传》，重庆出版社，2001年版，第55页。

塑造了典型人物小魏，这是一个带有江湖气息的贩毒者，放荡不羁与流氓脾气注定了小魏的倔强，他身处监狱不愿被同是囚犯的"龙头"欺压勒索，因此不甘受辱誓死打下自己的江山，但却是以背叛了友人和满身的创伤与鲜血为代价，而所谓的"江山"也仅仅是成为监狱里新的"龙头"，获得的权力也只是能够欺压凌辱新囚犯而已。小魏身处的囚笼，亦是缩小的社会，愚昧与无知操控着他，失去了理智与良知的小魏影射出现实社会"囚笼"之中芸芸众生也如小魏一样无知，一样毫无自我判断可言，追求着缥缈虚无的权力与假象。小魏的"抗争"并非只是个人的悲剧，实则也是其时社会的悲剧。《小魏的江山》笔锋冷酷，显示出陈白尘的笔调由感伤忧思转向凌厉深刻的特点。

这一时期，陈白尘的文学创作较之以往有了明显的改变，摆脱了以往无病呻吟的影子，不仅作品的现实质感有极大飞跃，其内容的深度也大大增强。1936年初，巴金给陈白尘写了一封信，说他很喜欢陈白尘的几篇小说，想编个集子收录在《文学丛刊》里。陈白尘接到信后，十分激动。巴金不声不响为新作家出版作品集，如此提携青年作者，一直令陈白尘难以忘怀。

盖了"审查讫"的白信封还没有用完，陈白尘便被镇江县监狱送到了苏州反省院，写作暂时被打断了。陈白尘正是在这种情形下和匡亚明相遇了。匡亚明，原名匡洁玉，江苏丹阳导墅匡村人，1923年进入苏州第一师范学校读书，1924年参加革命，曾任上海沪东、沪西、闸北共青团区委书记、中共区委常委，共青团无锡中心县委书记及共青团江苏省委巡视员，1927年曾领导宜兴秋收起义。他长期坚持在白区从事革命活动，先后四次被捕，受尽酷刑而坚贞不屈。1934年5月，陈白尘因刑期执行已满三分之一，被送到苏州反省院"反省"，与匡亚明同一囚室。两个年龄只相差两岁的年轻人一见如故，自此开始了他们长达半个多世纪的友情。

匡亚明回忆道："一九三四年，我和白尘同志在狱中相识。我俩被关在一间"斗室"之中。虽然失去了行动的自由，但铁窗锁不住我们的心。起初，互相不够了解，不敢直接地深谈现实的政治问题，但在历史故事里我们找到了共鸣点。为了寄托、交流、抒发那满腔的悲愤之情，也为了排遣那与世隔绝的令人窒息的寂寞，我们在谈论历史人物的兴奋中度过了漫长的日日夜夜，而其中谈得最多的，就是石达开。我那时对这位虽然出身于士大夫阶层，但终于走上农民革命道路的文武双全的人物，怀着很大好感。我总是带着惋惜的心情，来讲述他的道德文章和战斗生涯，这就免不了在自己所记忆的史料的基础上，加进一些合理的想象，使故事更为生动一点。对于石达开的一些诗（如《答曾国藩五首》），即使不一定是他亲自写的，由于多少也足以表达其人其情，所以也常常激昂慷慨地加以朗诵。白尘同志似乎也很有同感。他说的，将来一定要写一部关于石达开的历史剧。"[①]

苏州反省院重在"反省"，监管非常严，两个人关在一起，每两周就要换一次，以避免"串供"。陈白尘于此只能和同监的匡亚明等谈石达开。这年十月，反省院决定搞一个"同乐会"，活跃气氛，想演一部戏却没有剧本，陈白尘"挺身而出"，根据其在普育堂演出的记忆，仿制了田汉的《江村小景》，改名为《沈阳之夜》，并做了"偷梁换柱"的改变，也就是"把'张大师打李大帅'改换成义勇军打伪满时代警察的兄弟相杀的悲剧。当然，这个伪满政权其实是意有所指的，明眼人当能领会"。这部作品借机进行抗日宣传，演出时"颇得那些观众的'同感'，鼓掌之余还大呼'打倒日

---

① 匡亚明：《序》，董健著，《陈白尘创作历程论》，中国戏剧出版社，1985年版，第1—2页。

本帝国主义！'"① 1935年出狱回到上海后，他将这剧本改名为《父子兄弟》，发在当年的《文学》杂志上，并署名为"墨沙"。"其意不过在于自我暴露，出一口鸟气。但结果很糟。国民党的文化特务王平陵拍案大骂：'这小子，原来在我们的监狱里，竟让他逃出去了，给我把他干掉！'而神经过敏的革命家却又奔走相告：'他是个奸细！'真是左右做人难！'奸细'云云，后来慢慢平息，也就不了了之。"②

几年的牢狱生活对陈白尘，既是一段从未经历过的人生，也是一次空前的精神洗礼，他的朋友这样描述他："诗人与革命家都是疯子。白尘终于被人送进了医院，强迫他躺下来要给他医治脑袋。白尘在'医院'里，没有喝下自己有脑病的'医生'所开的药方。他一面留心生活，一面研究文艺，同时便努力写作。等他出'医院'时，社会虽还没有变动，但他却成为文坛上的一员新将了。"③

五、《金田村》："亭子间"里的奠基作

1935年3月，陈白尘被苏州反省院释放了，他"站在墓门之前，深长地嘘了一口气，偷偷地横了铁门一眼，提起布包裹便走。想，从此走上生路了吧"④。两年半就这么过去了。他穿着狱友凌飞送的一件极不合身的旧棉袍，顶着半长的头发，迫不及待地从"天堂"里的地狱奔了出来，坐上了四等列车，直奔上海寻访先前

---

① 陈白尘：《田老轶事三则》，郑兆欣主编：《神州一代戏剧魂——忆田汉》，岳麓书社出版，1998年，第283页。
② 陈白尘：《田老轶事三则》，郑兆欣主编：《神州一代戏剧魂——忆田汉》，岳麓书社出版，1998年，第283页。
③ 瞿史公：《剧坛外史》，上海国风书店，1940年版；转引自陈虹、陈晶：《陈白尘年谱》，《新文学史料》，1989年第1期。
④ 陈白尘：《还乡杂记》，《陈白尘文集》第七卷，江苏文艺出版社，1997年，第1页。

左翼的旧友,慢慢地适应这个对于他来说已有些陌生的世界。他随意下榻在一间旅馆,这旅馆的穿衣镜偏偏不上不下地装在扶梯的中腰上。当陈白尘发现镜子中的人是自己时已不好意思脱身了,只得硬着头皮走上了二楼,一个茶房把他看了半晌,才懒懒地问:"要——房——间——吗——?"

陈白尘连话都懒得答,只点了下头。

茶房怀疑地看着他,顺手推开了一间漆黑的小房间,又扭亮了电灯。"好吗?"

陈白尘知道嫌好嫌坏都会使茶房笑话,最好的办法就是承认满意,于是点了点头,顺势躺在床上,疲倦地叫了一声:"啊!"

茶房又回头看了他一眼。他连忙关起门来假装睡觉,躺在床上陷入了沉思,茶房一会来问要茶吗,一会来问吃饭吗……其他的茶房们也好奇起来,趴在门缝外偷看,从一个变成了三个……陈白尘把新买的阿司匹林一股脑倒在床上,拉开门,把药瓶子递给茶房,说道,"扔了吧,我不要了!"茶房们讪讪地离去了,他终于可以安心地睡上一觉了。

陈白尘自然知道,"穷酸"是引起茶房怀疑的根本原因。第二天一早,陈白尘理了发,去吴淞路买了套旧西服,想去会见南国社的朋友们。然而赵铭彝等已经搬了家,不知去向了。他去拜访了《文学》主编傅东华,傅与陈从未见过面,但还是热情接待了,得知陈白尘才从监狱出来,问起生活情形后,说:"《文学》每期可以用你两篇稿子。"

陈白尘有些受宠若惊:"那怎么可以?"

傅东华说:"你不是有两个笔名么?一篇署名陈白尘,另一篇就署名墨沙好了。如此可够维持你的生活?"①

陈白尘有些意外,一篇稿子的稿费就能维持他两个月的生活了。陈白尘惊喜之余,更倍增了做一名"亭子间作家"的信心。

随即陈白尘返回家乡探望家人。此番回乡,心情却不相同了,家人见到他悲喜交集,老父亲嘤嘤垂泣,"用颤抖的声音"迎着他。入狱前母亲即已离世了,他静静地立在遗像前,泪不自觉地流。最让他揪心的是最爱的小妹增华患了重病,生命在垂危之中,他为小妹请了西医,又请了中医,百般医治,毫无起色。他想抓住小妹的手,留住小妹的生命,可小妹还是走了。陈白尘难掩内心的悲痛,"我静静地想了三天三夜,想起母亲的死虽然在我的心上戳了一个极大的伤痕,但是自从割断了这感情的系念,她的儿子倒也做了几天的人。而今,妹妹也丢开我去了,这是给我重新做人的一个鼓励吗?"② 他只得宽慰了父亲,离开了家乡。陈白尘在镇江的朋友家写了《还乡杂记》——"出狱宣言",署名为陈白尘,暗示狱中的"陈斐"就是陈白尘,该文刊发在《文学》1936年5月号上。

的确,囚禁没有使陈白尘消沉。很快,他就来到南京,探访刚刚从南京陆军监狱保释出狱的朱乙苇(朱凡),他介绍陈白尘认识了张天翼,又认识了蒋牧良、蒋天佐和尚在狱中的王任叔(巴人),他们都成为了陈白尘的好朋友,时常往来。

1935年4月底,陈白尘再次来到了上海,和狱友徐晓光(即后来的徐迈进)共同租住在法租界西爱咸斯路拉都路路口一家木器店的二楼,这里租金低廉,又毗邻南国艺术学院旧址,加上陈凝秋和赵铭彝也住在附近,经常往来,倒也不寂寞。在这段时间里,陈白尘

---

① 陈白尘:《剧影生涯》,《陈白尘文集》第六卷,江苏文艺出版社,1997年,第399页。
② 陈白尘:《还乡杂记》,《陈白尘文集》第七卷,江苏文艺出版社,1997年,第19页。

接触了众多左翼文学作家,并且接受了其革命思想以及马克思主义文学观,这些对陈白尘的创作产生了真正的潜移默化的影响。以家为"据点",陈白尘交友写作,颇有"亭子间作家"的范儿。赵铭彝对他的事尤为热心,作为他狱外的代理人,他又介绍了于伶(尤兢)来访。初次见面,于伶带来了评论《虞姬》的文章,两人相谈甚欢,很快成为了莫逆之交。于伶又介绍陈白尘认识了戏剧界的章泯、张庚、沙蒙、金山、徐韬、刘郁民、吕班等,由此,陈白尘正式踏进了上海左翼戏剧圈子。

随后,济南文艺青年张春桥和文艺人士卢树森先后前来借住,因为闲杂人太多,不久后发生了一个"失窃事件",衣物等尽失。陈白尘换了个住处,搬到金神父路上的俄餐馆楼上三楼,这儿比亭子间略略宽敞些,这时张天翼、朱乙苇、巴人等也迁居到上海,经由他们的介绍,陈白尘又认识了叶以群、欧阳山、邵荃麟、宋之的、舒群、于黑丁、沙汀、艾芜、周而复、周文、草明、葛琴等。陈白尘的小楼常常宾客满堂,非常热闹。戏剧界的朋友经常来陈白尘的寓所召开戏剧座谈会,有章泯、张庚、徐韬、万籁天、刘郁民等等。这时,陈白尘又写了几个小喜剧《二楼上》《征婚》等,徐韬、刘郁民等人对陈白尘新写的小喜剧很感兴趣,打算排演,还打算排演他狱中写的《虞姬》,万籁天跃跃欲试想演项羽。但《征婚》粗粗排了一下,就停了,《虞姬》则因为服装太贵,亦未能上演成。

"亭子间作家"陈白尘创作精力很旺盛,更多的报刊上出现了署名"墨沙"、"陈白尘"的作品,他的名字也为更多的读者所熟悉。在1935年5月到上海后,陈白尘陆续发表了下列作品——在《文学》4卷5期上发表了《还乡杂记》、在《太白》2卷5期发表了速写《肉》、在《文学》5卷1期发表了独幕剧《父子兄弟》(即《沈阳之夜》)和短篇小说《炸弹》、在《创作》1卷1期发表了独幕喜剧《征婚》、在《创作》1卷2期发表了独幕喜剧《二楼上》、在

《文学》5卷2期发表了短篇小说《茶叶棒子》、在《太白》2卷11期发表了速写《打递解》、在上海《申报》9月1日起连载短篇小说《跷跷板》、在《创作》1卷3期发表了短篇小说《起旱》、在《文学季刊》2卷3期发表了短篇小说《解决》、在《文学》5卷6期发表了短篇小说《暮》、在《矛盾月刊》发表了短篇小说《小疤儿》……

这时，上海业余剧人协会已经上演了《钦差大臣》，陈白尘已不满足于独幕剧的创作，想写个大戏。他想起了匡亚明在"三步两回头"的囚室中讲的石达开和韩宝英的故事，这个"足以断肠的英雄美人的恋爱悲剧"紧紧抓住了陈白尘的心灵。于是，他在座谈会上和大家聊起这个故事，大家怂恿陈白尘将之写成一个多幕剧。陈白尘想起那不算成功的多幕剧《除夕》，言道："写这个剧本，我要一个较安静的环境，还要较长的时间。"大家一致赞同。

1935年冬，陈白尘搬到蒲石路蒲石坊的亭子间里，躲起来写关于石达开的大型历史剧，他找到了凌善清改写的《太平天国野史》和《石达开日记》作为参考。陈白尘原以为和"鸳鸯蝴蝶派"再无瓜葛，谁知这本《石达开日记》是一位"礼拜六派"作家伪造的，当然这是后话，陈白尘后来才晓得。起初，陈白尘是怀着英雄崇拜的心情去写石达开的，但到真正执笔的时候，他又有了新的想法：

"一来由于我的企图，希望加添一些什么新的东西进去，二来，是在石达开这人物身上，实在也找出了他的破绽。那就是他的入川，在整个革命政策上说，确实是个严重的错误。好，抓住了这一点，我可有文章做了；石达开在太平天国里是唯一的知识分子，但在革命遭受打击的时候，飘然引去，这是动摇的知识分子对革命的背叛！

一股对于石达开的热爱，顿变成憎恨了。这一恨就恨到底，在

《石达开的末路》里,简直把他写成个婆婆妈妈的'妇人之仁'的窝囊废。而这,似乎就是我对于历史所加进去的东西了。"①

大约两个月后,1936年的春天,他终于写成了历史剧《石达开的末路》,他竟感到了一些说不出来的悲哀。一写完,他就拿着稿子去找朋友们,然而,曾在戏剧座谈会上热情怂恿他写石达开的人,似乎都对他避而不见,忽然不和他来往了,陈白尘虽然觉得诧异,但仍然不明就里。这个春天,28岁的陈白尘深陷于文艺界的传言中,而他本人却浑然不觉。由于生活所迫,他将剧本先交给了生活书店,收入《小型文库》出版了。

后来他搬至辣斐德路颖村一个亭子间,搬过去后发现前楼里住着一位国民党文人,为了避嫌,他立即搬到同路的桃源村亭子间。不料突然患了猩红热住院治疗,出院后受初中同学周效灵的邀请,陈白尘到淮阴涟水县境导淮工地收集材料,为创作中篇小说《泥腿子》做准备,这部小说通过描写工地生活,揭露了官僚阶层徇私舞弊、贪赃枉法。

再回到上海,已是六月间了,他迁居到吕班路临街的客堂。戏剧界的朋友仍然不知所踪,文学界的张天翼、蒋牧良等老朋友也都搬了家,不知去向。陈白尘以为是自己搬家过于频繁,朋友们找不到他了。这时上海文艺界突然发表了两个宣言,一个署名为"中国文艺家协会",一个署名为"中国文艺工作者",这让他摸不着头脑。无可奈何之下,他又开始埋头写作,写了多幕喜剧《恭喜发财》和短篇小说《最后的晚餐》《鬼门关》等。就在这时,巴金向陈白尘伸出了热情的手,约他编一本短篇小说集,这就是陈白尘自认为的第一个小说集《曼陀罗集》。不久,朱乙苇从南洋归来,陈

---

① 陈白尘:《历史与现实——〈大渡河〉代序》,《陈白尘写作生涯》,百花文艺出版社,1986年,第159页。

白尘终于看到了久违了的朋友,特别高兴。可朱乙苇劈头盖脸就骂道:"糊涂虫!"

看着挚友,陈白尘有点莫名其妙,问道:"什么事呀?"

朱乙苇道:"你的朋友哪里去了?你怎么这样麻木?"

陈白尘越发奇怪了,"出了什么事?"

朱乙苇告诉了他实情:"文艺界的朋友全都避不见面,是因为有人造你的谣——说你是在法租界巡捕房拿津贴的特务!"

陈白尘不敢相信,反问:"你相信?"

朱乙苇道:"别的人敢不相信么?张天翼为此搬了家,但也为你流了泪,他是不愿相信啊!"

陈白尘愤怒了,说:"从1927年我曾三四次被人诬为共产党,如今出了监狱,反又被诬为特务。这谣言是谁传播的啊?"

"很多!戏剧圈子里的Z某就是其中的一个。"

陈白尘听了很生气,准备直接去找这个人"理论"。此时,正逢蔡楚生导演的《迷途的羔羊》即将上映,在金城大戏院举行招待会,戏剧界人士肯定会出席。等到那一天,陈白尘很早到了剧院门口,专门候Z某,准备先扇两个耳光再说,结果遇到了于伶、章泯,他们一把拉住他去了南京路的"新雅"茶室,陈白尘自是很委屈,没待他言,他俩开门见山道:"前一阵确实有过关于你的谣言,但经我们调查,都是莫须有的事。我们都是信任你的,请你不要介意了。"这时左翼剧联已经解散了,但他们二位都曾经是剧联的负责人,一场不大不小的风波,算是平息了,其后陈白尘复又和朋友们来往了。

后来,陈白尘见了傅东华,提起这谣言,傅东华笑了,说:"前一阵子,也有人向我提出警告,《文学》不能再刊用你的稿子。"

陈白尘问道:"谁?"

傅东华笑而不答,说:"事已过去,不必追问了。我们根本没有理会，照样用你的稿子。"

这的确也是事实，短篇小说《最后的晚餐》《鬼门关》以及多幕喜剧《恭喜发财》都是在这一时期刊出的，不然陈白尘早该饿肚子了。不久，鲁迅的《答徐懋庸并关于抗日统一战线问题》发表了，对于文艺界的"民族革命战争的大众文学"和"国防文学"这两个口号的论争，陈白尘不甚了解，"但对于鲁迅先生在这封信中所提到的那两个被诬指为'内奸'的青年的遭遇，却因有同感而不禁大哭了一场"①。

这一年，陈白尘参加了上海剧作者协会（后改名中国剧作者协会）。这注定是文艺界不太平的一年。先是夏季，上海文艺界发生了两个口号的论争，即由上海文学界地下党负责人周扬提出的"国防文学"与由中央特派员冯雪峰和鲁迅、胡风等人商议提出的"民族革命战争的大众文学"之间的论争，两派观点分歧很大，相互指责，最终通过论争而达到了新的平衡，形成了建立广泛的文艺界抗日统一战线的共识。在这个过程中，陈白尘内心更赞成"国防文学"派的艺术主张。1936年下半年，陈白尘的情绪恢复了平静。张天翼、蒋牧良、沙汀、朱乙苇等几乎天天都是陈白尘寓所的座上客，谈必以酒助兴，谈的最多的是两个宣言的问题。"文艺界有许多好朋友，比如沙汀和艾芜吧，原来亲如手足，却分别在两个宣言上签了名，是极不正常的。对于这种现象，搞创作的人深感不满。于是在张天翼和欧阳山等人的倡议下，酝酿成立了一个小说家座谈会，以打破界限。"② 陈白尘也参加了小说家座谈会。他们出了一本刊物《小说家》，以弥合大家的分歧，由张天翼书写了美术字"小说家"。

---

① 陈白尘：《剧影生涯》，《陈白尘文集》第六卷，江苏文艺出版社，1997年，第404页。
② 同上，第405页。

当夏衍的独幕剧《都会的一角》因有"东北是我们的"一句台词而遭公共租界当局禁演后，陈白尘义愤填膺，用此事件写了个《演不出的戏》，刊登在萧乾主编的《大公报》副刊《文艺》上，不料这个小戏竟受到日本领事馆关注，以"煽动反日"为由将《大公报》告上了法庭，害得张季鸾赶到上海出庭，幸亏陈白尘在剧本里将"日本"二字按照当时的习惯用"××"代替了，最后这场官司不了了之。

此时，陈白尘有感于《石达开的末路》遭到的"冷遇"，也反省了剧作本身的问题：准备不甚充分，"在剧作本身与历史事实上，都造成了好些错误"，自认为"对历史本身的忽视，与对石、韩恋爱纠纷的过分看重，这剧本又陷进一个英雄美人的故事的泥沼里，对于太平天国的本身，没有如预期地给以表现，再加以石达开这人物描写之平面化与次要角色之被忽略，遂使这剧本也遭了一次失败"[①]。

他准备写一部有关太平天国的历史剧，以求真正反映太平天国的历史，他埋头于史料里，"不仅企图写成一个戏剧，甚至于有了拿它来代替一部历史教科书的妄想"。他搜罗了几十种相关材料，比如《平定粤匪纪略》《太平天国战纪》《太平天国外纪》等，而《贼情类纂》也托人从南京买来看；还有《太平天国丛书》《太平天国诗文钞》《英国蓝皮书中太平天国史料》《洪仁玕供状之回译》等；还有后人编纂的《太平天国革命史》《太平天国野史》等；还有研究太平天国的《太平天国杂志》《太平天国社会政治思想》《太平天国革命史》等；还有笔记《太平天国轶闻》《庸庵笔记》等以及近人小说《洪杨演义》《红羊豪侠传》等等。陈白尘穷尽了所能

---

① 陈白尘：《关于〈太平天国〉的写作——〈金田村〉序》，《陈白尘文集》第八卷，江苏文艺出版社，1997年，第260页。

找到的一切资料,并对太平天国的政治、军事、经济、思想、风俗、习惯、言语、动作、礼节、服装等方面,做了去伪存真的功夫,并将这些融进了整个戏剧创作之中。陈白尘在人物上下了很大功夫,考据出洪秀全以及诸王、甚至每个群众角色的性格嗜好、声音笑貌,不放过每一个细节,努力使之符合历史真实。在他看来,历史的真实与艺术的真实是截然不可分割的。

因与左翼剧人交往,陈白尘的历史剧观也发生了变化。他果断舍弃了《汾河湾》"抓住历史或传说中某一点,大做文章,将整个历史都抹煞掉,而大案便翻成了"的做法,因为这"新的歪曲与读者(及观众)固有的想象距离太远,虽然兴奋观众于一时,末了,还是被读者所唾弃了"①。

究竟应该采用什么样的写法去描述历史呢?陈白尘陷入了沉思。"像我这样一个自学式的写剧人,只好在黑暗中摸索了。"在研读大量史料之后,陈白尘对历史剧的写作有了新的认识:"对于历史剧的写作态度我又这样想了:历史是被历史家歪曲,阉割了。一个历史剧作者呢,他不必为愤怒而给它个新的歪曲;也不必为爱好而将它化装。他该深入到历史里去研究、探讨、追寻,在科学方法的帮助之下,将歪曲的扭直,阉割了的补全,使历史本身先恢复自己的面目,然后如一般题材一样,再给以艺术的加工。但还有两个条件:第一,因为这东西是历史的,它必定是'古装的':从言语、动作、服装、思想、环境、气氛,以至极细微的头发的装饰,都该是'古装的'。没有历史的真实,不会有艺术的真实。第二,因为这东西虽是历史的,但历史的对象是现实。这历史如果不跟现实有关联,即是说,这历史如果不能帮助读者理解现实,不能指导现

---

① 陈白尘:《关于〈太平天国〉的写作——〈金田村〉序》,《陈白尘文集》第八卷,江苏文艺出版社,1997年,第259页。

实,则是除外的。因为我们到底和历史家不同——我们需要'选择'。但这里所谓对现实有关联,并不是求其'强同',而给它个指桑骂槐的隐喻,只是在这关联上加以'强调'而已。"①

写《金田村》需要大量的时间,陈白尘一边搜集史料,一边处理相当复杂的史实和人物。第一步,他得将这些芜杂的历史理出一个面貌来,"对一切侮蔑与过誉的记载加以挑剔,不同的传说加以比较与选择,怪谬的神话给予合理的说明,许多奇特而真实的行动,也找出它的解释……第二步,清理出它的军事行动的发展,用官书与野史杂乘的记载对照校正,得一较可信的结果。第三步,确定各个领袖的阶级身份与历史以及各自间的相互关系……第四步,从太平军的生活、信仰、习惯、言语、服饰等等方面找出那时代的氛围,作为写作的帮助"②。

未雨绸缪的陈白尘估摸了下时间,觉得当务之急是解决生活费以及写成后的发表问题。《文学》杂志的新主编王统照鼓励他完成这个历史剧,担保《文学》杂志一定会采用,并建议他先写两个短篇小说以保障这期间的生活费用。因此陈白尘在写作剧本之前先写了包括《小魏的江山》在内的三个短篇小说。

在研读资料过程中,陈白尘也产生了一些困惑,他特意去拜访研究太平天国历史的专家简又文先生。陈白尘问他:"洪大全这个人物到底存在吗?如果确有其人,永安封王时何以没有他的位置呢?"

简先生对于这些问题,回答含含糊糊的。陈白尘只好一头扎入史料之中细细地研究起来。在所遇到的诸多问题中,最难的莫过于

---

① 陈白尘:《关于〈太平天国〉的写作——〈金田村〉序》,《陈白尘文集》第八卷,江苏文艺出版社,1997年,第260—261页。
② 陈白尘:《关于〈太平天国〉的写作——〈金田村〉序》,《陈白尘文集》第八卷,江苏文艺出版社,1997年,第263页。

对语言的把握，陈白尘力求语言要忠实于历史的真实。而这历史的语言究竟是怎样的一种语言呢？他采用的办法是"（农民的语言）－（现代语成分）＋（太平天国时代所特有的一些语汇）＝太平天国语言"。

具体说来，就是"用落后农民的语言做的坯子，在里面挑剔掉现代味的成分，然后再加上太平天国史中所能找出的宗教语、隐语、以及口头语等等，结果，便成了《太平天国》中一般群众所用的语言"①。而石达开、冯云山等领袖是读书人，他们的语言则更接近于一般士大夫的语言。

10月19日下午，陈白尘在去徐家汇的电车上碰到了巴金先生，巴金满面愁容，低声告诉陈白尘说："鲁迅先生去世了！"

这个消息如同"一声霹雳"，举国一片哀伤，文艺界更是陷入无尽的悲痛之中。陈白尘立刻奔赴万国殡仪馆楼上的一个房间，见到许广平正木然地坐在鲁迅先生的遗体旁，他恭恭敬敬地向着遗体行了三鞠躬礼，泪水夺眶而出。之前陈白尘曾多次请求拜见鲁迅，但"因先生病重""未敢造次"。这时，萧军来了，他抚尸痛哭，泪湿先生衣衫，陈白尘目不忍睹，告别而出。第二天，他要求守灵，默默地对着鲁迅先生的遗体站了三天，"弥补了生前的遗憾"②，在葬礼中陈白尘指挥送殡队伍，向着这位伟大的思想界战士、文艺先驱表达着自己无限的崇敬。1936年11月15日，陈白尘在《作家》（月刊）第二卷第二期上发表了哀悼鲁迅逝世的散文《战士的葬仪》：

"哀歌停止了，什么也停止了，大地似乎在叹息。

---

① 陈白尘：《历史剧的语言问题》，《陈白尘论剧》，中国戏剧出版社，1987年，第22页。
② 陈白尘：《剧影生涯》，《陈白尘文集》第六卷，江苏文艺出版社，1997年，第407页。

'吁！……'

　　天空里阴沉得什么也看不见似的，——天也静默着。

　　有人哭了。

　　谁都在心里哭了。

　　天地快要炸裂了一样的闷塞。

　　……

　　半空里还像在叫喊着：

　　'鲁迅先生精神不死！'"①

　　两个口号的论争和鲁迅先生逝世，对陈白尘触动很大，他埋头创作，以强烈的创作热情和忘我的工作状态投身于文艺事业中。自11月起，他努力写作《金田村》，尽力地追求最为可靠的历史，并注目于现实、以史关照现实，自觉追求历史与现实的统一。这时候，中国的政治形势也发生了一些变化，抗日战争爆发前夕，救亡运动已经蔓延至全国，"团结御侮"成为了每一个中国人所关心的问题。陈白尘也想在《金田村》中反映出这一主题，太平天国诸王虽然利害不同，甚至时有利害冲突，但在对付共同敌人这一目标之下，互相隐忍，完成了共同的目标——占领南京。这部剧"对现实有关联并不求其'强同'。给它个指桑骂槐的隐喻。但接着却又开了一个后门，说：只是在这关联上加以'强调'而已"②。

　　1937年的元旦一过，陈白尘完成了筹划已久的《太平天国》（第一部）——《金田村》的写作，"这是我自开始搞创作以来最为认真的一次写作"。他邀请了几位朋友——塞克、宋之的、蒋牧良、朱乙苇等，向他们朗诵了全剧，希望他们提些意见。朋友们一边为

---

① 白尘：《战士的葬仪》，中国社会科学院文学研究所鲁迅研究室：《1913—1983鲁迅研究学术论著资料汇编2 1936—1939》，中国文联出版公司，1986年版，第266页。

② 陈白尘：《历史与现实——〈大渡河〉代序》，《陈白尘写作生涯》，百花文艺出版社，1986年，第160页。

陈白尘感到高兴，一边中肯地提了一些意见。而后，他又开始改写第二稿。他的朋友们也为之谱曲作词：《炭夫歌》《打江山》由塞克作词、冼星海作曲；石达开的《题壁诗》请沙梅作曲。正当陈白尘埋头修改之际，他收到了大哥发来的电报，父亲病重，催他速归！陈白尘心里一凛，慌忙拿起刚改完的第一幕和未改完的原稿奔回淮阴。然而，令他没有想到的是："在家里等候着我的，是一具已经封殓的棺材和一群模糊不清的穿着孝衣的人们。父亲，辛苦劳碌一生的父亲，在拍电报之前一小时，已经在贫困磨难中长逝了！"①父亲的溘然长逝，让陈白尘丧母、失亲的悲痛更强了几分，他内心溢满了对双亲的歉疚，对家乡亲人的抱愧，浓烈的命运感袭上心头。他的女儿陈虹曾说，"1947年我爷爷冥寿八十的那天，我爸写了一篇悼念文章，题目只有一个字：《疚》！"②他知道自己能让父亲在天之灵获得的最好安慰就是一往无前，继续自己追求的文艺梦。与《文学》约定的《金田村》交稿期迫在眉睫，在居丧期间，陈白尘一刻不停地修改《金田村》，"虽然新患了剧烈的头痛症，也只好硬扎了头，陪在父亲的灵榇之旁拼命地修改、改写。因为在病中不知怎么老想起死去的母亲和妹妹，以及刚死的父亲，更不知怎么一下就想到：'我怕也要死了吧？'如果真的要死，《金田村》不就完了？因此陡生了一股蛮劲儿，头要炸开了也不管，一直蛮干到2月6日，全部改作完成，而头也不痛了"③。他将稿子邮寄给了王统照，而后《文学》刊出了这部饱含陈白尘艺术理想、饱含他的悲痛和欢欣的历史大剧，从3月号连载至5月号。

---

① 陈白尘：《〈太平天国〉改订本序》，《陈白尘文集》第八卷，江苏文艺出版社，1997年，第266页。
② 陈虹：《自有岁寒心——陈白尘纪传》，山西人民出版社，1999年版，第105页。
③ 陈白尘：《〈太平天国〉改订本序》，《陈白尘文集》第八卷，江苏文艺出版社，1997年，第266页。

由于父亲的去世，陈白尘破例在淮阴待了四个多月。晨钟暮鼓，日落星出，他一直用心感受着故乡，感受着不绝如缕、绵柔无边的亲情。他知道再次离开，就差不多是和故乡诀别了，真不知道什么时候才能再回来。一个在远方漂泊的游子，一个没有了父母的人，无边无际的陌生的天地，那就是他的全部世界了。1937年5月，安葬完父亲，陈白尘在上海业余实验剧团催促下，重新回到了上海。

令他甚感安慰的是，《文学》三月号刊出了《金田村》第一二幕后，陈鲤庭从上海打来长途电话，对《金田村》夸奖有加，说上海业余实验剧团已决定排演《金田村》，但全剧人物太多，希望他能压缩。陈白尘本来以为这种宏大的历史剧是无法上演的，接到电话之后，非常兴奋，一口就答应下来，即日回上海作第二次修改。

左翼"剧联"解散后，于伶、章泯等人组织了上海业余剧人协会，协会演出《钦差大臣》《娜拉》《大雷雨》等世界名剧，名噪一时。后来在协会基础上成立了可作长期公演的职业剧团——上海业余实验剧团。该团第一次演出了莎士比亚的《罗密欧与朱丽叶》，第二次演出的是宋之的的《武则天》，第三次演出的则是《金田村》。

陈白尘大刀阔斧地删减了一万多字，也减少了若干人物，以方便上演，他也修改了内容："如原有第一幕，太侧重洪秀全与冯云山的传教，神话之类的东西太多，所以改作后偏重于社会不安状态之描写，并加强团练与贫民客家之冲突。而原有第一幕的城隍庙，太像上海的城隍庙了，所以布景也改在庙外。原有剧本里的群众，到第五六幕里被隐没了，以至领袖间的个人纠纷太形凸露——尤其是第六幕，杨秀清与洪宣娇之纠纷及其解决，完全是个人的；而杨秀清埋玉玺愚弄群众，历史中虽有如此一说，究竟是不可置信的史实。这些，都削弱了群众在革命中的作用，削减了群众与领袖间的冲突，而在全剧的发展上也形成很大的缺憾。所以，改作后，群众的作用加强了。"① 这个修改本1937年由上海生活书店出版。

田禽看了陈白尘的《金田村》剧本后认为，"凡是读过《太平天国》（本文按：《金田村》）的读者，我相信，都会从那一剧作里看出他的写剧天才，以死板的历史题材，写成那末活泼，曲折，生动的剧作来，决不是一般庸俗的剧作者可能臻此的。而且每一人物性格的刻画，都能凸出纸面，像活人一般，尤为难能可贵。"②

《金田村》是陈白尘计划写作的"太平天国三部曲"中的第一部，也是有生之年唯一完成的一部。陈白尘从梳理客观史实的角度对太平天国起义进行了客观叙述，以尊重历史的态度，肯定了太平天国敢于在重压之下奋起反抗强权的精神气魄，同时从主观上揭示出太平天国最终走向毁灭的原因，如盲目拜神论、内部多分歧、权力不均衡、变相蒙蔽民众等事实，同时传神地刻画了洪秀全、杨秀清、石达开、萧朝贵、洪宣娇等人们耳熟能详的人物形象。《金田村》生动地描绘出起义的历史背景，勾划深受官府压迫的社会底层民众不堪重压入教"上帝会"，奉洪秀全为天父之子，随即通过冯云山与韦昌辉被捕一事，显露出杨秀清乘机操纵上帝会，企图以金钱贿赂官府并与石达开意见相左。随后杨秀清强行以苦肉计逼迫韦昌辉以百万家产作为上帝会起义的粮草资金储备，接着南王战死沙场，而杨秀清因嫉妒西王与洪宣娇相爱，耍心机耽误救援，致使西王战死。在杨秀清专制跋扈贪图权力的同时，洪秀全昏庸无为，石达开愤感众人在危难之时不能同舟共济，最终天国虽获得了战役的阶段性胜利，但众人却各怀心思，在庆祝的欢呼声中，太平天国未来走向成谜。

---

① 陈白尘：《〈太平天国〉改订本序》，《陈白尘文集》第八卷，江苏文艺出版社，1997年，第267页。
② 田禽：《中国戏剧运动》，上海书店出版社，1944年版，第53页。

《金田村》是陈白尘第一部正式搬上舞台的大型剧作，1937年6月，五幕历史剧《金田村》由上海业余实验剧团搬上舞台，在著名的卡尔登戏院演出。这无疑是陈白尘创作生涯中的一个重大事件。看着自己的大型剧作正式演出，陈白尘不免兴奋。该剧导演贺孟斧，舞台监督应云卫，演员阵容也很强大：沙蒙（洪秀全）、赵丹（王秀才）、陶金（杨秀清）、魏鹤龄（萧朝贵）、英茵（洪宣娇）、吕复（冯云山）、严恭（韦昌辉）、章曼苹（杨二姑）等等，《金田村》布景简洁庄严，剧情充满戏剧性张力，上演后即刻获得文艺界普遍好评。导演贺孟斧别出心裁，善于营造戏剧氛围，将太平天国初期的革命热情渲染得如火如荼，非常"富有粗犷美，是一首革命交响乐"。《金田村》的成功奠定了陈白尘在剧坛的地位，在其个人戏剧道路上也有着里程碑的意义——正是因为《金田村》让陈白尘看到了自己真正的才华所在，艺术功力所在，从而坚定了做一个优秀戏剧家的决心，此后戏剧创作成为陈白尘最主要的人生追求。《金田村》"标志着一个剧作家在我国现代文学史和戏剧史上真正立稳了脚跟，占有了公认的历史地位"[①]。

　　1937年春天，陈白尘遇到了人生的第二个女人汪今。关于汪今的史料十分难寻。陈白尘的女儿陈虹道："她是他租住的那个亭子间的房东的女儿，原名叫汪德懿，汪今是我爸认识她以后为她改的名字。多少年以来，我爸没有为她留下过任何的文字回忆，就是平时也很少提起过她。因此关于她的相貌、人品、文化程度等等，我是一概不知。"[②] 据沪上杂志说，陈白尘与汪今相识也是很"罗曼蒂克"的，"当时二人同住于一幢房屋内，白尘房内挂着张天翼题写的对联，某日为该位小姐所见，不觉肃然起敬，因而就陈白尘

[①] 董健：《陈白尘创作历程论》，中国戏剧出版社，1985年，第116页。
[②] 陈虹：《自有岁寒心——陈白尘纪传》，山西人民出版社，1999年版，第107页。

谈话起来，也因而知道同住一屋的陈白尘是一个戏剧家，也因而结合起来"①。

从两人的相处来看，汪今是一个贤惠的女性，并且很爱陈白尘。陈白尘1937年9月离开沦陷的上海时，汪今已有身孕在身，她在连天炮火的上海生下了陈白尘的第一个儿子陈晴，独自一人含辛茹苦将他抚养成人。

1939年，"白尘的惨案见之于报上以后"，巴人的妻子特意去慰问留在沪上的汪今，"她惊惶，她失措，然而她却静静地说：'只要他不死，他即使不爱我也没有什么。''我只有一件事对不起他，我的学问配不上他'。这吞声的泪语，是叫我们感动的。自白尘走后，她寄住母家，抚养着多病的孩子。满床堆叠着各种书籍，为了爱，她努力在改造自己，想以焕然一新的态度，去迎接抗战胜利后归来的艺术斗士，这怕就是她最大的期望吧！"②不知两人情从何起，但在这段不对等的情爱关系中，陈白尘显然是负了汪今的一腔明月可鉴的真情。巴人所说的"白尘的惨案"指的是一件"桃色事件"，当时上海小报上铺天盖地报道，大意为陈白尘恋上了朱少逸科长的妻子俞氏，两人交往甚密，3月10日清晨，朱科长去找陈白尘理论，一时愤怒，连放了五枪，三枪击中了陈，陈白尘当场倒地昏迷不醒，此乃后话了。

这一时期，陈白尘和党组织走得更近了。1937年的春天，他去参加了几次茅盾先生主持的"月曜会"，张天翼、沙汀、艾芜、巴人、端木蕻良、蒋牧良等都是"月曜会"参与者。"月曜会"是同好交流会，围绕文学艺术话题交流，连茅盾在内不过十来人。陈白尘后来回忆说：此会"没有任何形式，无拘无束，我们都围他

---

① 陈白尘：《陈白尘与夫人的罗曼史》，《电声（上海）》，1939年。
② 巴人：《怀白尘》，《生活、思索与学习》，《巴人全集》卷十，清华大学出版社、宁波出版社，2017年，第115—116页。

(茅公）而坐，随便倾谈。忽而国内国际形势，忽而抗日统一战线前途，忽而文坛掌故和新收获，忽而又落到创作问题上。茅公每问必答，自然地形成了中心。……我们这一群当年的青年，真是如坐春风啊！"[①] "月曜会"会后要聚餐，餐费多是茅盾出的。后来在"牛棚"中，张天翼和陈白尘谈起这桩往事时说，"月曜会"是冯雪峰代表党请茅盾出面主持的。

1937年前后，陈白尘的创作突破了"监狱文学"的桎梏，作品中体现出了平和的写作态度，无论是题材选择抑或是人物形象的塑造，均表现出现实主义的创作倾向。这其中，《泥腿子》塑造了"一个贪官污吏的代表——靠着卑劣手段爬上民工总队长位置的流氓人物刘云程"[②]，揭露国民党贪官污吏为非作歹，勾勒出百姓身处环境的水深火热，亦表现了人们不畏惧压迫的艰苦抗争。但这也并非陈白尘创作的全部，他还深究了农民阶级的劣根性，一方面给予同情，一方面予以批判。这一时期，陈白尘开始注重历史剧创作，《石达开的末路》与《金田村》均是这一时期具有代表性的作品，四幕历史剧《石达开的末路》由文学出版社出版，生活书店总经销，反响不错。与《石达开的末路》不同的是，《金田村》更加注重史实的真实性，这也体现了陈白尘历史剧创作的变化。《金田村》将历史与现实相结合，在尊重历史真实的前提下，进行戏剧化创作，反映出陈白尘对于历史剧的新思考，《金田村》于1985年收入《中国新文学大系》（1927—1937）戏剧集。

与此同时，陈白尘还在《文学丛报》第3期发表了独幕剧《中秋月》（1940年被收入《现代最佳剧选（3）》）、在《文学》7卷1号发表了四幕喜剧《恭喜发财》。《恭喜发财》是陈白尘的第一个大

---

① 陈白尘：《中国作家的导师》，《陈白尘文集》第七卷，江苏文艺出版社，1997年，第155页。
② 陈虹：《陈白尘评传》，重庆出版社，2001年版，第80页。

型喜剧，对投机倒把、大发国难财的卑劣行径进行批判，以讽刺喜剧的形式抨击了发国难财的政府官员，他们逮捕抗日爱国学生，私吞学生募捐的救国金，上演了一出闹剧。在民族存亡之际，真正的爱国者蒙冤锒铛入狱，卖国者竟成为国为民慷慨无私的"奉献者"。该剧极具嘲弄意味，冲突与巧合串成表面上的喧闹与嬉笑，喜剧性和悲剧性穿插结合，在强烈对比中进行批判。剧作显示了陈白尘出色的戏剧才华，显示了他在喜剧创作方面独特的思考和敏锐感知力，也为后来创作《魔窟》《乱世男女》《升官图》打下了基础。

与戏剧创作一致的是小说创作。此期陈白尘先后在《文学》《大公报》《作家》《中流》《文学季刊》等期刊发表了短篇小说《小风波》《街头人》《鬼门关》《最后的晚餐》《蠢动》《李大扣子上学》《打靶》等等，分别被收入小说集《小魏的江山》《茶叶棒子》《曼陀罗集》中，其中短篇小说集《曼陀罗集》（收《父子俩》《解决》《春》《暮》四篇），作为巴金主编的《文学丛刊》第三集之一，由上海文化生活出版社1936年10月初版，随后一版再版。短篇小说《小魏的江山》，原刊于《文季月刊》1卷6期，1937年由茅盾推荐，收入《一九三六年最佳小说选》，由良友图书公司1937年出版，这对于青年作家陈白尘来说是莫大的荣誉了。事实上，陈白尘的勤奋、多产，在同龄人中也属于佼佼者。

第三章 一个剧作家的黄金时代（1937—1949）

正当《太平天国》演出之际，平地里一声炸雷，华北卢沟桥发生了"七七事变"，抗战旋即全面爆发。全国各地迅速掀起了一场声势浩大的反对日寇入侵、保家卫国的示威浪潮，文艺界更是群情激愤。

1937年7月8日下午，上海剧作者协会本来相约在洪深的房间即东方饭店四楼集会商议"上海文化界撤销租界电影戏曲检查权运动会"的人选问题以及讨论秋季联合公演剧目等事情，不料后到的人异常激动地带来了报纸号外，说"七七卢沟桥事变发生了"。大家顿时情绪激昂，会也开不下去了。会上指定陈白尘和于伶起草了两份电报，用上海剧作者协会和上海戏剧工作者全体的名义，发给了卢沟桥的守土抗战的团长和士兵，表达对他们坚定的支持和慰问。同时"推出宋之的、陈白尘和章泯三人为改组与扩大协会的筹备干事"。7月15日，夏衍提议将上海剧作者协会扩大，更名为"中国剧作者协会"，同时通过了决议案："由到会的全体会员集体创作一个三幕剧，题目即定为《保卫卢沟桥》。为便于演出起见，决定采用新形式，即全剧系连续性的三幕剧，但亦可成为单独的三幕独幕剧。"陈白尘参加第二部分《卢沟桥是我们的坟墓》的写作。

七月二十日，中国剧作者协会又通过决议："推定辛汉文、陈白尘、瞿白音、阿英、于伶等七人为筹备演出委员。"① 几天之后的七月二十八日，上海文化界救亡协会成立，紧接着，上海戏剧界救亡协会、上海电影界救亡协会等亦宣告成立。夏衍、于伶、陈白尘等人分别被选为各救亡协会理事。

"卢沟桥事变"发生仅仅一个月，凝聚上海戏剧人心血的《保卫卢沟桥》，即于 8 月 7 日在上海南市蓬莱大戏院隆重公演，场内场外气氛热烈。于伶对此回忆称："观众反应之强烈和演出工作者的战斗热情之高昂是空前的，剧场内外的战斗情势也是十分紧张的。"② 此时的陈白尘，一方面参与《保卫卢沟桥》的创作，出席各种集会，兴奋得废寝忘食。同时还和沙汀、张天翼、艾芜等人用章回体小说形式，创作了另一部作品《华北演义》，连载在《救亡日报》上，他主要写的是最后一章《全民抗战》。

随着"八一三"淞沪抗战爆发，形势愈加紧张，为了加强抗战舆论，上海戏剧界救亡协会组织了若干个救亡演剧队分赴内地。因忙于写作《华北演义》，陈白尘来不及报名参加，待作品完稿后，救亡演剧队已经组建完毕，陈白尘顿时成了"失群之大雁"。

一、上海影人剧团入川与《魔窟》

正当陈白尘失落的时候，著名导演蔡楚生前来找他，说："战火一起，上海各个电影厂被迫停了业，电影界的演职员们都因此失了业。但是他们救国心切，也想组织一个救亡演剧队，到内地去演出。我希望你也能参加呢，并领导这个队。"

---

① 于伶：《回忆中国剧作者协会和集体创作、联合公演〈保卫卢沟桥〉》，《于伶戏剧电影散论》，中国戏剧出版社，1985 年，第 271—272 页。
② 同上，第 273 页。

终于找到了参与救亡的群体！他连忙问："哪些人参加呢？"一听说有不少老明星也要参加救亡演剧队，陈白尘踌躇起来，他去找于伶商量。于伶道："这是好事啊！你应该去！"

陈白尘道："可是有不少明星、老演员呢。"

于伶劝道："正因为其中有些老演员参加，才需要一些青年人去掺沙子。而且有那么一大批电影明星肯出来做救亡演剧工作，这件事情很有意义啊！我觉得你应该去！"

陈白尘觉得于伶的话很有道理，又向蔡楚生进一步了解了下情况。原来四川有一位影片商人夏云瑚，非常爱国，愿意出路费迎接这个演剧队去四川公演。并且，为了照顾老明星的生活，每人每月还补助生活费十元，公演若有收入再行拆账。

"这原来是个半职业的剧团啊……"

蔡楚生看他又踌躇起来，鼓励说："利用这个机会，深入到四川演出，还是有意义的。"

陈白尘索性把困难道明："我才二十九岁，怎能领导这批颇有名望的老演员？"

蔡楚生劝道："这些老演员有爱国心，愿意过艰苦的生活，是不容易的，应该好好团结他们！至于工作么，你可以多多依靠年轻人嘛！"

陈白尘被说动了，说："影人剧团这名字挺俗气的，商业气息很重，我不喜欢。"

蔡楚生笑道："夏云瑚邀请大家去，负担了四五十人入川的旅费，入川后还要供给食住，担了不少风险啊，我们也得照顾他一点。"

陈白尘彻底被说服了，终于答应加入这支救亡演剧队——"上海影人剧团"，这其实对陈白尘个人意义重大。他原本写小说，之后小说与戏剧并重，自《太平天国》演出成功后，他的创作天平倾斜于戏剧一端，而自从加入"上海影人剧团"后，他便完全走进了戏剧界。"上海影人剧团"除陈白尘以外，其余都是上海各电影公司的从业者，以明星公司的演员为主。陈白尘、沈浮、孟君谋担任剧团的常务理事，其中陈白尘负责对外联络，沈浮负责编导，孟君谋负责行政事务，剧团成员包括明星、联华、艺华各公司的艺人，女演员有白杨、刘莉影、燕群、周曼华、袁竹如、胡瑛、卓曼丽、杨露茜（路曦）、吴茵、刘致中、严皇、陈碧华，男演员有王献斋、龚稼农、徐莘园、高步霄、王徵信、王庭树、谢天（谢添）、施超、田珲、恒励、梁笃生、谢云卿、董湘萍、马瘦红、王仲康、汤杰、曹藻、孙敏、任冰……可谓"星光闪耀"。

9月23日，上海影人剧团出发了。由于战争原因，轮船已不能在上海停泊，他们从上海出发，转道嘉兴、苏州赴南京，由南京乘小火轮到芜湖，然后转长江轮船到汉口，再转大轮船奔往重庆。途中，为防止四川军阀等势力纠缠明星，常务理事们为团员制定了详尽的《生活守则》，其中最主要的一条是"团员除集体行动之外，任何个人不得参加任何社交活动"。事实证明这一规定是极富预见性的。

十月初，经过舟车劳顿，"上海影人剧团"抵达重庆，受到重庆文化界人士赵铭彝、余克稷、姜公伟、李华飞等人的热烈欢迎。同时，大批明星入川，也引起了重庆官场和社会贤达们的注意。重庆市长李宏坤很快就派人送来名片，邀请白杨前往赴宴，白杨当即予以拒绝。李宏坤不甘心，又送来请帖，邀请影人剧团的十二位女团员"赴宴"。作为剧团联络官，陈白尘对这个举动非常反感，告知来人：影人剧团的《生活守则》规定团员未经允许不能出席私人宴请。李宏坤无奈，遂邀请全体团员"赴宴"。在宴会上，影人剧团的负责人才知道原委：原来李宏坤欢宴送川军21军军长唐式遵出川抗日，想让女明星为唐军长伴舞。女明星们婉言谢绝，直到宴席结束,舞也没有跳起来。

全体团员下榻于苍坪街沿街的半地下室,地点安静,伙食丰盛。抵渝数日,上海影人剧团即在国泰大戏院举行了正式公演,公演剧目是陈白尘离沪前赶写的三幕剧《卢沟桥之战》,巴渝民众对其反响颇为热烈。于是,剧团又演出了陈白尘的《汉奸》、塞克的《流民三千万》,同样受到了欢迎。

姜公伟评论道:"上海影人戏团此次来渝公演恰在本市怒吼剧社公演之后,而他们首次公演的剧本又都是关于卢沟桥抗战的,这其间的意义似乎比较演出技术问题更为重要。基于此点,我们不能不来欢迎他们,亦不能不随时督促他们!一个外来戏剧集团在此活动,无论如何,对于此地文化的活动,是多少的有着一些影响的,至少它能加浓了战时戏剧的空气,当然,也要看戏剧集团活动的目标是什么了。……上海影人剧团此次来川,不论从哪一方面来说,都是负有相当使命的。姑不论其内部组织如何,他们在'抗战'期间来川,上演的是'抗战'戏剧。单撇开演剧技术的问题,他们总算没有辜负了自己的使命。更何况他们在怒吼剧社公演国防剧以后来川,大家不只没有忽视了他们,反而更热切地期待着他们和他们的演出,这证明了大家对于抗战戏剧之更迫切的需要,还证明了重庆话剧将要从此展开更活跃的姿态。"①

在重庆的演出大约持续两个月后,剧团上座率有下降趋势,上海影人剧团在陈白尘等人带领下,赶赴成都。此时剧团内部产生了矛盾。原因是赴内地几个月,剧团一些老一辈"明星"开始有了怨言,抱怨生活艰苦,气候不适应等等,徐莘园、王献斋、王徵信等人都萌生了返回上海的念头。在这种情况下,陈白尘只好去武汉邀

---

① 姜公伟:《从"全民文化"谈到影人剧团的演出》,申列荣、石曼:《戏剧的力量——重庆抗战戏剧评论选集》,西南师范大学出版社,2009年版,第12—14页。

请上海业余实验剧团入川。他到了武汉才知道，由上海出发的救亡演剧队大多都解体了，上海业余实验剧团的一部分人此时恢复了上海业余剧人协会的名义，在汉口举行营业性的演出。

而此时，上海影人剧团在成都的公演却盛况空前。上海电影明星来成都演出，自然成了成都街巷热议的话题。成都警备司令部司令严啸虎派人来召剧团女演员伴舞，被拒绝后，严啸虎心生不悦，开始给剧团穿小鞋。他宣称《流民三千万》一剧的布景有"太阳"出现，诬陷上海影人剧团明显是为日寇张目，于是派人查封了剧团，扬言三天内要将其驱逐出境。夏云瑚四处奔走，竟然想出一个妙计——一边将男女职员们藏了起来，一边托各种关系说情，其最终结果是，剧团被迫改名为"成都剧社"，所有演职员改名换姓，均以假名演出，如白杨改为"西门樱"。这一下闹得满城风雨，一时人人皆知成都剧社是上海影人剧社，西门樱是白杨，营业复振。然而，经此一劫，怀着一腔热血入川的上海影人剧团元气大伤，徐莘园、王献斋一帮人宣布退出剧团，经由昆明返回了上海。

在汉口等待答复期间，1938年3月27日中华全国文艺界抗敌协会成立，陈白尘加入其中，并当选理事。很快阳翰笙同意了陈白尘的请求，经由阳翰笙多方斡旋，实力雄厚的上海业余剧人协会同意入川（有少数人因故未能入川），知名演员有赵丹、顾而已、陶金、魏鹤龄、钱千里、刘郁民、赵慧深、英茵、章曼萍、叶露茜等，编导人员有章泯、沈西苓、陈鲤庭、贺孟斧、宋之的等，舞美人员有汪洋、朱今明、章超群等，这些人每一个名字都是响当当的。这支30多人的队伍，从武汉启程，在宜昌换船时，安营扎寨演了《黄浦江边》等几个独幕剧。在宜昌的一艘江轮上，陈白尘和曹禺相遇了，两人同宿一间船舱，通宵畅谈。随后他们溯江而上到了重庆。此时成都剧社已是望眼欲穿，但上海业余剧人协会岂肯放过重庆这个码头，一到重庆马上就开始了紧鼓密锣的公演。第一个上演剧目是宋之的、陈白尘根据席勒的《威廉·退尔》改编的《民族万岁》，虽然匆忙，但一下子就引起了轰动，尤其是魏鹤龄等人的精彩表演，舞台效果极佳。《民族万岁》描写了一段农民自卫抗战的史实，房产被毁的地主、遭蹂躏的农民、被迫作苦役的工人、铤而走险的英雄、以及求爱受阻愤而投军的伪军官……最后他们都在"抵抗外侮"的旗帜下统一抗战了。

接着剧团又演出了两出看家戏——章泯的《故乡》和阳翰笙的《塞上风云》，两剧演技精湛，极获好评。正当他们准备去成都时，重庆剧人协会又邀请上海业余剧人协会联合上演了曹禺和宋之的合作的《黑字二十八》（即《全民总动员》），亦是空前绝后的盛举。

1938年初夏，上海业余剧人协会胜利地离开了重庆，与成都剧社会师，成都剧社的危机亦解决了，白杨等人的真实姓名亦能重见天日。但因两支队伍在人数上的明显差异，上海业余剧人协会坚持袭用他们的名称，成都剧社自然也只能赞成，合并后统一称之为上海业余剧人协会，并重新组织了理事会，除保留了上海影人剧团的常务理事陈白尘、沈浮、孟君谋外，又加上了上海业余剧人协会的陈鲤庭、赵丹、陶金和刘郁民，一共七人。

看到合并后的新剧社运行正常，陈白尘借口要给国立剧专的学生们上课，"功成身退"了，他独自返回重庆，与贺孟斧同租住在观音岩下的张家花园，想多些时间潜心从事自己所热爱的创作。正巧，沙汀发表了一篇特写《宝山陷落傀儡笑剧》，陈白尘受其启发将之改成了一出讽刺喜剧《魔窟》（国立剧专第三届同学首演时将之改名为《群魔乱舞》），由沈浮导演，演员有耿震、沈扬、赵韫如、何治安、傅琦萍等，该剧展现了"一副汉奸、卖国贼的群丑图"，情节富有喜剧性，观众非常喜爱。一时之间，前后方多家剧团、演剧队争相排演该剧，成为陈白尘早期作品中演出场次最多的一个。1938年10月，该剧由生活书店出版，后来生活书店在上海再版这部剧时改名为《新官上任》。

　　此前在《汉奸》与《卢沟桥之战》中，陈白尘在塑造人物形象时太注重反映事实，注重表达对日本强盗的愤怒，而忽略了艺术化的处理，他自己不太满意，称之为"未经艺术加工的报告剧"而已，"虽以《汉奸》命题，但对于汉奸之描画，实在太宽容了它！——这，我企图在新作《魔窟》中去赎我的过失了"①。四幕讽刺喜剧《魔窟》力求透过人物和场景直抨现实，毫不宽容地描绘出一幅汉奸卖国贼的群丑图。陈白尘自谓"这剧本取材于某报一篇题名叫做《宝山陷落傀儡笑剧》的通讯。这虽是宝山城的记事，实在也是一般陷落之城的写实，是典型的汉奸政权兴亡录。因收罗参考各陷落区域之记载，写成此剧。"②该剧故事来源于沙汀的通讯，但是人物却来源于陈白尘日积月累的观察，是他"肚子里"的，譬如剧中的肉店老板陈万兴就来源于陈白尘的生活，当年陈家附近，有个肉铺老板就叫陈万兴③。

　　《魔窟》发生在受战火侵袭的破败小县城中，"地方维持会"是一群为私利集结的乌合之众：会长是贩毒暴发户李步云，警察局副局长是地痞流氓刘殿元，警察局正局长是洋行跑街杨克成，财政局局长是流氓肉店老板陈万兴，教育局局长是贪婪爱财的土讼师吴从周，保安队大队长是贩私货的"镖客"潘岐山，慰劳队队长是女流氓孙大娘，维持会书记是胆小怕死的小学教员乔大有。这群人通过为日寇效劳而谋取私利，所谓的社会"身份"其实是掩盖其"汉奸"本质的表象，在《魔窟》中，他们恍若一个个魔鬼在光天化日之下做尽害人之事，他们诓骗民众、走私军火、强抓妇女、搜刮钱

---

① 陈白尘：《〈汉奸〉题记》，《汉奸》，汉口华中图书公司，1938年版。
② 陈白尘：《魔窟·附记》，《魔窟》，生活书店，1938年。
③ 李天济：《五六十载，师恩如海》，《征鸿远翥——陈白尘纪念专辑》，江苏农垦机关印刷厂，1998年，第339页。

财……无恶不作。对于他们，陈白尘是以讽刺的、漫画式的笔触去描绘的，以达到深入揭露的效果。"丑"和"官"叠加在同一个人物身上，产生了闹剧性，但作者还嫌不够，漫画式地夸张"丑"和"丑"之间、或者说"官"与"官"之间的"拼搏"与争斗，赋予观众一种审丑的快感。

在"群魔乱舞"的推进中，在"以闹取笑"的场面中，陈白尘穿插了一些悲惨的场面，血淋淋的现实被锋利的笔尖放大了，"满城里看不见几间房子，满城里找不到一个人。到处都是尸首！女人的，小孩子的，横七竖八地，躺了满街满巷！到处都是野狗，抢人的尸首吃，狗嘴上，都是血淋淋的。哎呀，真怕人！"①残酷的现实场景仿佛人间地狱，而比现实环境更可怕的是人心之恶，无恶不作的汉奸们内心自私而卑鄙，其丑陋的嘴脸毫无隐藏，陈白尘描绘出一组毫无人性的魔鬼般的人物群像，也塑造了一对善良的农民父女，来凸显善与恶的对比，凸显悲与喜的对比。最终这对父女死在了汉奸们尔虞我诈勾心斗角的刀枪之下。汉奸以烧杀抢掠为乐，善良民众的生活暗无天日。最终魔窟被捣毁，魔鬼们亦被正法，强烈的震撼与辛辣的讽刺给邪恶以重击。

《魔窟》好比是一面照妖镜，照出了已成傀儡或将成傀儡的大小官僚政客的丑态。它通过尖锐的讽刺和对社会现实的细致观察而获得了戏剧艺术的价值，以闹取笑，在喜剧中穿插悲惨场面，以闹剧和悲剧相互交叠，"恰如在糖里撒上一撮盐，于强烈对照中加强艺术的效果，而且这也是真实表现生活所要求的"。显然，对比手法极富有戏剧性，也有很好的剧场效果，但"夸张的脸谱化和表面的闹剧性掩盖了喜剧性格的充分刻画和对现实生活的更深刻的揭

---

① 陈白尘：《魔窟·附记》，《魔窟》，生活书店，1938年。

示"①，这也使得人物塑造稍显单薄不够立体。但不可否认的是，《魔窟》视野较为开阔，风格独特，为其他同类型作品提供了可借鉴的意义，也为以后《乱世男女》《升官图》的创作积累了艺术经验。

曾庆瑞如此评价道："《魔窟》不仅是陈白尘喜剧创作的一个里程碑，而且在中国现代文学发展的历史上，也具有重大的意义。当时，文艺从正面描写和歌颂中国人民抗击敌寇的爱国激情，转向对日伪统治区、国统区黑暗现实的暴露和批判，这是现实主义的深化。推动现实主义深化的，小说当推张天翼的《华威先生》，而话剧创作正是陈白尘的《魔窟》。以'闹'取'笑'，是《魔窟》艺术上的主要特色，获得了较好的艺术效果。不过，它也存在着人物形象脸谱化的毛病。严格说来，剧本所蕴含的社会意义还不够深刻，还有待于作者的继续努力。"②

此时在成都，上海业余剧人协会内部矛盾已无法调和，陈鲤庭电邀陈白尘前往调解，并且剧团和夏云瑚已经解除了合同。陈白尘发现两大剧团之间倒并无太大的矛盾，而是原来的"业余协会"内部不团结现象突出，赵丹和陶金有时为争演角色而争执，当然最大的困难在于经济，在于经济上入不敷出。剧团支出的最大部分是剧院院租——戏票卖得好，戏院要分去一半；戏票卖得差，剧院则不肯拆账了，硬要剧团包租戏院。于是他们另寻了一个剧院沙利文，地点虽偏，但租金低廉。签订合同时，他们想好了要排演《茶花女》，作为开锣戏在1939年元旦演出，由陈鲤庭担任导演。谁知此时，剧团突然一分为二：沈西苓率领赵丹、白杨、顾而已等多位著名演员加入国民党中宣部所属的中央电影摄影场，灯光器材等也被

---

① 董健：《陈白尘创作历程论》，中国戏剧出版社，1985年，第141页。
② 曾庆瑞：《中国现代话剧文学50家札记》，中国传媒大学出版社，2007年版，第431—432页。

他们一并带走。办完戏院的退租后，陈鲤庭夫妇和沈浮愤而前往陕西。

从剧运的角度而言，上海影人剧团，特别是上海业余剧人协会入川后，推进了西南地区的演剧运动。解散后，他们投身于中央电影摄影场或者中国电影制片厂，对1941年重庆剧运高潮的到来予以了有力的支持，功绩不可忽视。

关于剧团所欠七千余元的债务，陶金来找陈白尘，说："灯光器材是上海业余剧人协会公有的财产，所有欠债也是协会的共同债务，他们不能独占灯光器材而不顾债务！走，到重庆找他们算账去！"

陈白尘自然不愿去重庆，也不愿去蹚浑水，更不想再陷入双方的矛盾中。他教教书，写写文章，倒也十分自在。但陶金提出一个实际的问题："协会负的债，谁该偿还？"

如今理事会中只剩下陶金、刘郁民和陈白尘了。陈白尘确实无法推脱，只好和陶金去了重庆。到了重庆后，既找不到人，也要不到灯光器材，他俩陷入孤立无援的境地，只好找原上海业余实验剧团的领导人应云卫仲裁，然而剧团已不存在了，应云卫自然也失去了发言权。重庆之行完全失败了，这些债务最终还是落在了他们三人头上，各负债二千余元。由于刘郁民最为困难、又最为忠厚，由万籁天介绍进入神鹰剧团当演员，以工资还债。陶金和章曼萍去了重庆，进入属于国民党军委会政治部的中国电影制片厂。

而陈白尘只好再去重庆，开始专心致志地从事写作活动。这是他最勤勉的时期，也是他最高产的时期，署名"陈白尘"的戏剧、短论、小说频频见诸当时的报刊，构成了重庆抗战文艺的一个独特风景：他在《抗战戏剧》1卷6—8期连载发表了四幕剧《汉奸》、在汉口华中图书公司1938年出版的戏剧集《汉奸》中发表了《卢沟桥之战》、在汉口上海杂志公司1938年出版了与宋之的根据席勒

《威廉·退尔》改编的五幕剧《民族万岁》、在《文艺阵地》1卷6—7期连载发表了四幕剧《魔窟》。同时，陈白尘还在《新蜀报》1938年2月7日发表了短论《为什么要演〈民族万岁〉?》、在重庆《春云》3卷3期发表了杂文《防空有感》、在《抗战文艺》1卷7期发表了短篇小说《慰劳》、在《文艺后防》8月30日发表了通讯《下江人在重庆》、在《文艺后防》10月19日发表了短论《纪念鲁迅先生与枪毙阿Q》等等。

二、一桩"流血惨案"和喜剧《乱世男女》

1939年，陈白尘孤身在重庆写作还债，突然陷入了一场"桃色纠纷"，发生了"流血惨案"，重庆闹得沸沸扬扬。这件事很快也传到了上海，一些刊物如《大观园》半月刊、《电声》、《青青电影》等等，纷纷报道，舆论喧哗。甚至到了1946年，有人在《吉普周报》第29期上仍对这件事津津乐道，要追查当事人的下落。而剧作家陈白尘一时间无人不知、无人不晓了。

向来崇尚"爱情"的剧作家陈白尘，回到重庆后，正处于孤独的生活状态中，"恋"上了一位有夫之妇。他当时租住在观音岩张家花园二十九号张姓油腊铺楼上，写作之暇，他推窗远眺，望见了窗对面二十六号的女主人俞映华。俞虽是三个孩子的母亲，但十分年轻貌美，风姿绰约，"貌似电影明星白杨"，其丈夫朱少逸在国民党蒙藏委员会当科长。日子一久，两人竟鸿雁传书起来，不久被朱科长发觉，异常愤怒，"当以极严语调诘妻，俞氏羞愧无以自容，遂服酒精自杀，幸尚未下咽，即为朱发觉，乃直造陈寓，限陈于当日午后三点钟迁居，陈极端否认与俞有私，并表示不愿另迁……"① 3月

---

① 《最近哄动重庆的文坛情杀案》，《电声（上海）》，1939年。

10日晨7时，朱身藏手枪再赴陈处，促其搬迁，彼此发生口角，朱一时愤怒，连放三枪（按：一说是连放5枪，击中了3枪），一枪在肺部，一枪在臂部，一枪在臀部[①]，陈白尘当场昏迷，被紧急送入医院救治。朱君往观音岩警局自首，闹得山城满城风雨。据说"开审时旁听席上人山人海"。陈白尘得朋友们的悉心照顾，重庆戏剧界的同人洪深、田汉、史东山、应云卫、阳翰笙等都去医院探望，未久伤痊出院，而"朱君被判徒刑，而蒙藏委员会当局，亦奉撤职朱君命令，朱君在狱中郁郁终日，出狱后因病离开人世"[②]。

在这件事上，陈白尘既是受害者，又是作俑者。在他声名日上的时候，因为意志脆弱，禁不住"现实的磨炼和诱惑"，在肉体上与声名上都两败俱伤了。正当报纸上的舆论对陈白尘大加攻击的时候，他的朋友巴人听闻此消息后，为其痛心疾首，亦为其辩白："由于白尘的被击，我想起了普式庚的决斗。作为人生剧场上的一个角色出现，白尘与普式庚是处在不同的地位。然而，一种社会的不很公平的压力，把我们的艺术家迫入到死亡之国，或伤败之途，却是一样的。新近有位从重庆来的朋友，告诉我关于白尘的'桃色纠纷'的那边的舆论：有一家日报，为这事出了专刊以外，还写社论；对于白尘的攻击，已到了无微不至的程度。只有《新蜀日报》总算说了句公平话：'杀人总不是解决的办法。'……世间像这样的'桃色纠纷'，怕也不在少数，为什么一定要对于一个年青的艺术家特别下'攻击令'呢？但我决不为白尘辩护：白尘有他的短处，他缺少的正是普式庚所有的那种平实的理性……而作为一个革命的艺术家，他同样也要有他的伦理观。他不但需要以作品去教育广大的

[①] 陈虹说："我爸命可真大——三颗子弹，一颗打中了右臂，一颗击中了臀部，还有一颗穿胸而过，距离心脏只差了那么一点点……"参见陈虹：《自有岁寒心——陈白尘纪传》，山西人民出版社，1999年版，第124页。

[②] 向克：《陈白尘因祸得福记》，《吉普周报》，1946年第29期。

群众,他尤其需要以行动去作表率。私生活与社会生活决不是截然的两橛。在社会正从旧的向新的推进的过程中,破坏旧的不合理的道德习惯,却首先须由自己建立起新的道德、习惯的规范。而这新的规范也不是和旧的全然相反,去其否定的一面,还得保留它肯定的一面。①"

凭《金田村》《魔窟》挣得了剧坛地位和声名的陈白尘,因这事件跌入了人生低谷,他在医院一边养伤,一边反思,幸好有朋友们的相助,才顺利渡过了这一劫难。其后,待心情稍微平复了些,从这件事情走出来后,他这么写道:"一面是诬蔑、陷害、侮辱、恐吓与谋杀,而另一面是深不可测的友爱——热情的慰藉、切骨的关怀,甚至于是以生命之泉的血作为赠予的友爱!假如我是在恨中死亡的,那我如今是在'友爱'中复活了,再生了……但对于这再生我的友情,我不想用任何一个文字表示我的感谢。我只有生活,充实地生活,'现实主义'地生活下去!"②

奈何此时的陈白尘还背着剧团的债务,遭遇意想不到的劫难,实在付不起医治费用,趁着重庆"五三""五四"大轰炸,他悄悄从医院逃走了,随后投奔歌乐山好友沙名鹿处继续养伤。在这里他结识了百货店老板娘——比陈白尘小10岁的金玲,她就是陈白尘后来的妻子,陈虹、陈晶的母亲,也是最终相伴他一生的知己。金玲回忆道:"我俩相识在1939年,你到歌乐山养病,那时我年青单纯,而你是一名作家,我尊你为师,你经常给我上课,除了谈些文学艺术、人生哲学之外,也谈到你自己,你说,你只有通过作品,才能表白自己,你又说,只有写作,才有生活。我感动万分,在内

---

① 巴人:《怀白尘》,《生活、思索与学习》,《巴人全集》卷十,清华大学出版社、宁波出版社,2017年,第114—115页。
② 陈白尘:《我的欢喜——〈乱世男女〉自序》,《陈白尘论剧》,中国戏剧出版社,1987年,第33—34页。

心立下誓言，今后将竭尽全力为你安排一个良好的创作环境，让你坚强地活下去，让你安心写作。从此，你视我为知己，我们两颗心紧密地结合在一起，再也不能分离。"①

随着外伤的痊愈，陈白尘渐渐地安定了下来，在这个阶段，他最主要的成绩是创作完成了多幕剧《乱世男女》。《乱世男女》讲的是抗战中一群自以为是、傲慢变异、只喊不做的都市男女，其戏剧性的性格和故事，深刻揭示了全民抗战中，那些虚伪、自私而又虚荣的人们"拿抗战给自己贴金"的行径。陈白尘非常看重这部作品，他说："这剧本的产生对于我还有着盛大的欢喜。它产生在一个划分我自己生活时代的界限上。在它完成之前，我的生活，以致我的写作中都还残留着一些'浪漫主义'的余渣，虽然我曾一再企图摆脱它。但在它的完成之后……把我生活与写作中的一些'浪漫主义'的残余给肃清了。"② 这部作品给了陈白尘生活的力量，"现实主义"地面对世界的力量。

1939年5月，在严峻的国内外形势之下，《乱世男女》出版了，收录于郑伯奇主编的《每月文库》小丛书中。如果说《魔窟》聚焦于战乱年代谋害同胞中饱私囊的汉奸，那么《乱世男女》表现的是空喊口号实则怯懦无所作为的伪"抗战分子"。

1939年，抗战已经进入一个新阶段，发动广大民众抗战，增强抗战的力量，是当务之急，文艺界此时一再强调给民众输送精神粮食，而"艺术大众化"则是完成此工作的具体路线。在政治和艺术之间，在迫不及待为抗战作政治宣传和在追求艺术向更高阶段的发展上，陈白尘试图在两者之间寻找平衡，试图在实践政治文化任

---

① 金玲:《祭白尘》,《征鸿远鹜——陈白尘纪念专辑》,江苏农垦机关印刷厂,1998年版,第306页。
② 陈白尘:《我的欢喜——〈乱世男女〉自序》,《陈白尘论剧》,中国戏剧出版社,1987年,第33—34页。

务的同时，能促进戏剧艺术的发展。他在篇首引用了鲁迅的话：

"在这'国难声中'恰如用棍子搅了一下停滞多年的池塘，各种古的沉滓，新的沉滓，就都翻着筋斗漂上来，在水面上转了一个身，来趁势显示自己的存在了。……但因为泛起来的是沉滓，沉滓又究竟不过是沉滓，所以因此一泛，他们本相倒越加分明，而最后的运命，也还是仍旧沉下去。"①

陈白尘目光犀利，再一次将笔锋对准了社会现实，双眼透视着纷乱的世相，力求撕开生活的表层，深入表现历史的本质，揭露出阻滞抗战的内部消极原因。他看到了迫害同胞者、空喊口号者、自私怯懦者、投机取巧者……他们恍若被搅动起的沉滓在乱世里一遍一遍翻腾，由此抗日战争前途模糊不清，国家命运沉沉浮浮。

《乱世男女》发生在战火纷飞的都市，在国难当头的时刻，一群利己主义的伪抗战分子们心口不一，他们是一群有身份的体面人，也是一群既"憧憬光明"但又安于舒适不愿抗争只会喊口号的人。南京陷入困境，他们一边拼命强调自己多么爱国，一边疯也似的爬进超载的火车离开南京城逃难。武汉陷入战乱之际，这群人高呼要为抗战工作，但转眼聚集在夜花园里沉迷于纸醉金迷的享乐生活中。半年之后，这群人又聚集在重庆富丽堂皇的酒店房间，谈论着八卦事件，谈论着为国家为民族做贡献，甚至要创作排演话剧，可当警报拉响之时，这群人急得四处窜躲，"英雄们"被吓破了胆，纷纷要离开战火纷扰的重庆再次逃难。"英雄们"表里不一，高呼打倒日本帝国主义口号的同时，却唯恐战争波及自己。看似英勇的表象之下隐藏着自私与怯懦的灵魂。陈白尘在这个剧中，彻底抛开了"浪漫主义"情致，以喜剧形式，嬉笑怒骂间嘲讽了一个个自私丑恶的嘴脸，给借仁义道德之名行自私享乐逃避现实的人们以严厉的指斥。

---

① 陈白尘：《乱世男女》，上海杂志公司，1939年，第4页。

在"艺术大众化"或者说艺术服从政治的语境下,陈白尘发出了刺耳的抨击声。有朋友看了初稿后,劝他说讽刺的人物不宜太多了,恐于未便。陈白尘却觉得自己对剧中人物的塑造太过"宽容"了,剧中人物正与邪的对立太过简单与生硬。在狭义的"爱国主义"看来,"暴露"几乎成了一种罪恶。但陈白尘却坚持自己对戏剧艺术的追求:"一个服务于现实的文学作者,是不该为了'顾忌'而撒谎的。否则,他尽可以写出作品,但那决不是'文学'。——即使是'文学',也是一种贫血症的萎缩了的文学。"而在某一限度内的"暴露"也不该被非议,因为"只有强烈地倾向着光明的人,才会对黑暗加以无情的暴露。"[1]

无疑,《乱世男女》是陈白尘创作生涯中极为重要的一部作品,不仅代表着他从此肃清了创作中的"浪漫主义",也代表着他彻底告别过去的生活。他在《乱世男女》中塑造了一位"徐绍卿太太","一个憧憬于光明而又不忍舍弃其安乐生活得女性,最后终于叛变了自己的意志,走进她自己诅咒过的牢笼,我也以为是相当真实的人物了。但事实却告诉我,世界上居然有这样不仅叛变自己意志,忘却光明的追求的,甚至到了危急关头,为了换取自己的生命与安乐,却拿她的朋友的一切去做牺牲的这样懦弱而动摇的女性,更是我意想不到的了"。《乱世男女》还塑造了一位经营小报的"蒲是今","捕风捉影,造谣生事,以没经法律证实的虚假事件夸张渲染,故甚其词,来增加报纸销数"[2]。从这两个人物身上我们可以看到特定时代的侧影,陈白尘自谓从这两个人物的创作中得到的"不是最大的快乐,而是最大的愤恨与悲痛"。[3] 而陈白尘自己通过

---

[1] 陈白尘:《我的欢喜——〈乱世男女〉自序》,《陈白尘论剧》,中国戏剧出版社,1987年,第33页。
[2] 同上,第31—32页。
[3] 同上,第32页。

写作宣泄了情绪，完成了情感的"净化"。

　　《乱世男女》与当时的主流抗战文艺可以说截然不同，故而注定了会招致各方面的批评。果然，该剧甫一问世，即横遭各式各样的半公开的指责和攻击。有人说："陈白尘写剧本骂人！""某个人物按即某某，某个人物又影射了谁，考证索隐，有凭有据"。也有人说，剧本里面唯一的一个正面人物就是"自况"。还有人说："暴露太多，使人丧气、悲观"，动摇前线将士的抗战心理，更不利于统一战线。"有一次演出好像就在这种'批评'之下被勒杀了。"①陈白尘差一点就要成为人人口中"挑拨离间"的戏剧家了。

　　在不绝如缕的谴责声中，冯雪峰挺身而出，对《乱世男女》给予了充分的肯定，陈白尘引以为知音。冯雪峰认为当时文坛的状态有些奇怪："一方面有人喊着'典型的贫乏'，'思想力的灰白'，一方面更多人又在惧怕着不'贫乏'的典型，不'灰白'的思想力的产生，非伸手去扪作者的嘴，夺他的笔不可了。"他将陈白尘的《乱世男女》和张天翼的《华威先生》做了比较，说："这两篇从事典型创造的作品，是我认为应该列入作为我们文艺发展的标志的好作品的行列里去的……这两个作者都是有胆量的作者，已经着眼到社会的矛盾。"②在肯定作品价值的基础上，冯雪峰进一步探讨了《乱世男女》缺少典型的深刻性的原因。"我想，倘若将果戈理的《巡按》和《乱世男女》来比较地研究，那么，就可以知道典型的根本问题在那里，可以增加作者的胆量，也可以教益读者，并且还要引起我们的感叹罢。"③

　　伴随《乱世男女》的创作及其争议，陈白尘在重庆文化界的影

---

① 陈白尘：《"暴露"和"悲观"——〈秋收〉自序》，《陈白尘论剧》，中国戏剧出版社，1987年，第77—78页。
② 冯雪峰：《论典型的创造》，《过来的时代：鲁迅论及其他》，北京：生活·读书·新知三联书店，2014年，第111—113页。
③ 同上，第113页。

响力显著提升。初夏，中国万岁剧团团长郭沫若聘请他担任"特约编导委员"，刚刚入秋，教导剧团团长洪深又聘他去重庆郊区土主场教导剧团任教。而此时，陈白尘的另一些戏，也再次被重演——由沈浮导演、华北流亡学生工作队排演的《群魔乱舞》，由应云卫导演、怒吼剧社排演的《民族万岁》先后在重庆舞台演出，受到市民们的广泛欢迎。

或许是戏剧领域多年耕耘喜结硕果，给剧作家以极大鼓舞，这一时期陈白尘的创作发生了明显变化，几乎所有作品都是舞台剧及其相关的戏剧创作心得或研究。本年度陈白尘的创作榜单依然是可观的——上海杂志公司1939年出版了多幕剧《乱世男女》并多次再版、《抗战文艺》4卷5—6期发表了独幕哑剧《游击队过关》、《青年文艺（桂林）》发表了独幕剧《艺术部队》、《抗战文艺》第3期发表了《抗战戏剧创作方法论》、《抗战艺术》第4期发表了《写剧时几个技术问题》……正是在这期间，金玲勇敢地离开了那个没有爱情的婚姻，来到重庆找了一份工作。当金玲出现在陈白尘面前时，他万分欣喜。

1940年，时年陈白尘32岁。开春时节，汪今携小儿陈晴千里迢迢由上海来到重庆，来往的路费据说是女朋友金玲赞助的。陈白尘为三言两语无法和汪今解决情感问题而不能决，他无法下笔，同时他也想看看未曾谋面的儿子。金玲卖了一副手镯凑成了汪今母子往返的路费。这对夫妻分别两年半后再次相聚，一家人住进张家花园13号地下室，却也其乐融融，久违了的家庭生活是常年在外漂泊的陈白尘所渴求的。这时重庆在敌机的狂轰滥炸下变得千疮百孔。朋友们总是善意地问陈白尘，"我们固然有黑暗的一面，也有光明的一面，你为何不再写点光明面?"陈白尘如此分析"暴露"和"悲观"的界限，"由于热爱光明，而对黑暗痛加鞭挞，是暴露；专意夸张黑暗去掩饰光明的，是悲观，是投降"。陈白尘一再强调：

"我热爱光明,我要暴露,但,我绝不悲观!"①在文艺界普遍关注抗战的氛围下,陈白尘终日伏案写作,考虑到《乱世男女》中正面人物占比过少、显得光明的力量薄弱,他想写点正面的人物,想写当时有名的抗日英雄范筑先、杨秀琳等,但因对其人其事所知甚少,只好另辟蹊径。陈白尘以艾芜小说《秋收》为蓝本,增添些材料,改编成一部同名多幕剧,在炮火声中完成了歌颂光明的三幕喜剧《秋收》的写作。他说:

"从四月里动笔起,便遭遇到敌人兽性的轰炸,到六月三十日完成为止,其间,空袭在三十次以上,而重庆被轰炸,也超过了二十次。平均是隔日一次地夹着未完成的稿本,夹着愤恨的心情,走进防空洞。而在回家的路上,就是说在解除警报三五分钟之内,在路上,我就可以听到门前山坡下,那茅草屋中的织布机已经在愉快地有节奏地歌唱了。这歌唱,使得我回到家里抹抹汗水不敢停留地就握起笔来继续写作。这歌唱,使得我有两次当敌机临空都忘了进洞,以致遭受了相当的惊怖。这歌唱,更证实了'抗战必胜,建国必成'。"②

在如此情形下,陈白尘看到了普罗大众身上自强不息的抗日力量,也促使他坚定了歌颂"光明面"。他之所以选择《秋收》为蓝本,立意在于"写民众与伤兵间关系的演进,在我看本是属于光明的一面,但我不愿意(也是艾芜兄不愿意的)把过去的历史上伤兵所遗留下的罪恶,以及由于我们农民的自私心而造成的许多错误用金色玻璃纸包起来,所以又多少做了点无情的暴露"③。因此陈白尘的"歌颂"不能等同于宣传品。《秋收》中表现的并非是有体面

---

① 陈白尘:《"暴露"和"悲观"——〈秋收〉自序》,《陈白尘论剧》,中国戏剧出版社,第79页。
② 同上,第80页。
③ 同上,第79页。

身份的城里人,而是身处劳动阶层的"细民"。姜老太婆担负着全家秋收的重担,她坚决不要伤兵来帮忙,"这些杀头的伤兵会有一个好人吗?这二三十年不晓得看过几千几万了!往年里没见识过吗?讹吃卡拿,强买强卖!什么坏事做不出来?"而这些伤兵奉命来帮助秋收,有的调戏妇女,有的借故偷懒……三个伤兵代表了三个类型。但陈白尘改编了艾芜小说的最后结局,戏的结尾是"误会"解除,军民团结,大家皆大欢喜。陈白尘的《秋收》塑造了姜老太婆等盲目偏狭、目光短浅,却也朴实勤劳的小农民形象;也塑造了吴子青等有吃拿享用、欺负农民的恶习,却也踏实善良诚恳待人的伤兵形象。陈白尘有意将这些性格的对立点糅合起来,将幽默、讽刺与赞美糅合在一起,形成了具有立体感的人物。

当然,《秋收》似乎仅仅通过误会与巧合推进剧情,却未能触及军民关系改善的真正原因。作品中盲目的乐观主义精神,一味追求光明与希望,反而使得"现实主义"这个最重要的灵魂被陈白尘不经意忽视了。《秋收》"光明"的结局得到了一些称赞:"结尾那段,原作是没有得到完满显明的结果的,它只是指出了军民合作的实践和困难,而剧本呢,已经解决了困难而引导到必然到来的希望了。"[①] 虽然评论者也觉得"用这段事实来说明军民合作的困难和转变关键是很不充实的",觉得"我们的剧作家们对于这种真实生活还较生疏,理解还不够深刻"。但是在正面描写抗战生活的题材中,戏剧《秋收》的演出是令人兴奋的,也是其时所需要的。此剧在成都上演时曾改名为《大地黄金》,瞿白音曾拟将剧名改为《陌上秋》,虽然更有诗意,陈白尘亦很喜欢,但他不愿舍弃原作的剧名。

令人后怕的是,《秋收》完稿十多天后,陈家居住的张家花园

---

① 章罂:《〈秋收〉——〈陌上秋〉读后》,《戏剧岗位》,第3卷第5—6期合刊,1942年。

地下室被猛烈的炸弹夷为平地!

三、《大地回春》与中华剧艺社

重庆的夏天给人"火炉"的感觉,陈白尘生活上有了照顾的人,创作和工作更得心应手了,应老朋友熊佛西邀请,他来到成都临县郫县新民场吉祥寺四川省立戏剧音乐学校(即之前的四川省立戏剧教育实验学校)教书。四川省立戏剧音乐学校是一所兼收并蓄、多元包容的学校,接纳进步势力,敢和特务分子作斗争,后来被国民政府查封。同校教员叶丁易、刘盛亚(S.Y.)都是性情中人,大家颇有点相见恨晚的感觉。学校地下党支部书记周文耕,政治立场坚定,为人善良,在他影响下,陈白尘和进步学生走得比较近,对国民党员、训育主任丁伯骝却并不客气。陈白尘教编剧课,深入浅出,颇受学生欢迎。譬如他讲"主题","从夏衍到契诃夫,从鲁迅到高尔基,围绕中外大家的作品中的人物、语言、情节等等解释主题的意义和内涵,更由此来阐述作者们的爱憎和愿望、追求和理想,之后,又对具体作品进行技巧上的分析。讲奥尼尔的《一条索》,特别强调编剧技巧和剧本的人物主题,及作者的感情思想,总是水乳交流,难于分开的"。[①] 这个时候的陈白尘居住在吉祥寺偏院的林间小屋,与同学们朝夕相处,较多参与了学校生活,他"支持进步力量,支持熊校长对特务教师的斗争——不允许清理图书馆,不允许检查同学的信件"。当学生李天济和刘沧浪被特务教师抓住把柄、逼熊校长开除时,陈白尘"拍案而起,以他的去留保护了我俩的学籍"[②]。这段教学经历对陈白尘的创作产生了影响。

[①] 李天济:《五十六载,师恩如海》,《征鸿远骛——陈白尘纪念专辑》,江苏农垦机关印刷厂,1998年,第340页。
[②] 同上,第340页。

重庆生活时期，陈白尘的喜剧创作爆发式喷涌，他的《未婚夫妻》《禁止小便》等，分别由延安业余剧团、重庆中万剧团等搬上舞台，赢得观众们一阵阵笑声、掌声。

1940年，陈白尘的创作继续向舞台剧聚焦，他的主要精力似乎都融入了"第四堵墙"中：中国戏曲编刊社1940年出版了他的七场街头活报剧《汪精卫现形记》，《文学月刊》1卷3期发表了独幕喜剧《未婚夫妻》，《新演剧》10月特大号发表了独幕剧《罗国富》（1941年收入《后方小喜剧》，某刊物发表了他的独幕喜剧《禁止小便》（又名《等因奉此》）。他的论著《戏剧创作讲话》也在1940年由重庆上海杂志公司出版。

这年冬天，陈白尘已经想好了多幕剧《大地回春》的提纲。1941年1月，"皖南事变"发生。围绕这一事件，国共双方展开了激烈较量。在大后方重庆，政治气氛凝重，文化人普遍感到压抑、困惑，白色恐怖的阴影笼罩在山城。陈白尘所供职的四川省立戏剧音乐学校被四川省教育厅停办，实际上是变相查封，陈白尘一时无事可做。而他的情感终于有了一个结果。因为爱儿子陈晴，他迟迟未能做出选择，这时和他风雨同舟近四年的汪今不堪忍受艰苦生活，也不满意陈白尘的最终选择，带着儿子陈晴由昆明转河内回了上海，两人最终离异。三人之间的"谈判"也结束了。晚年，他的女儿陈虹问父亲离婚的原因，陈白尘思忖片刻，写下了"不堪艰苦生活"几个字。

陈白尘重又恢复单身。他在重庆的炎炎夏日里，完成了《大地回春》的写作，这个戏是1941年秋中华剧艺社的开锣大戏，被誉之为"剧坛五年来的第一部抗战史诗"。陈白尘通过金玲对抗战时期的资本家生活状况有了全面的了解，金玲的顽强、坚韧、鼓励和相濡以沫的陪伴，使陈白尘的人生重新焕发出新的活力与激情。生活和情感稳定下来后，陈白尘反思了自己的生活历程："在这几十年生活磨炼里，虽不断地克服自己，但稍遇空隙，这廉价的感情却每每又偷偷地伸出头来闯一点点祸。"① 他自谓在灵魂的深处还残留着"吉诃德式骑士般的恋爱幻想"之类的残渣，感情脆弱的时候，就浮了上来，不料却倒在风车的前面。只有写作让他一次次地站起来，坚强地生活下去，陈白尘的确是一个写作意志力特别顽强的人。

《大地回春》这部被人褒奖、振奋人心的作品，表明了不屈不挠的民族精神。陈白尘在创作时是愉悦的，他把身与心都投进了创作之中，"从剧名上看，就可知道我在这剧本里，对于事情的看法是取着乐观的态度的……大地是必然回春的！我相信！"② 陈白尘毫不讳言其通过《大地回春》做了"表白"，他在给巴人的信中写道："作品里每个人物的灵魂深处，也莫不有作者底坦然的自白；甚至作品的整个生命，都是作者人格与灵魂所组成。"③ 他在"冯兰"身上倾注了一种愉悦与快慰。他说："这剧本的孕育是早在1940年之春的，那时我所抓取的人物只有一个，就是现在剧本里的冯兰。这人物以其行动，使我从她身上看出中华民族的许多优秀女性，是怎样地从封建家庭里挣扎出来而奔向了民族解放的大道。我激动得想写出她。"④ "在创造中虽也被我多抹上一点颜色，但大体上我是不曾扭曲了她的。其原因当然是由于先有一个真实的人物存在着。由于这人物的存在，不仅使我在创作上获得许多便利；在

---

① 陈白尘：《〈大地回春〉代序》，《陈白尘论剧》，中国戏剧出版社，第85页。
② 陈白尘：《关于〈大地回春〉》，《陈白尘文集》第八卷，江苏文艺出版社，1997年，第289页。
③ 陈白尘：《〈大地回春〉代序》，《陈白尘论剧》，中国戏剧出版社，第85—86页。
④ 陈白尘：《关于〈大地回春〉》，《陈白尘文集》第八卷，江苏文艺出版社，1997年，第288页。

生活中，由于她的坚韧，更使我感奋，更使我顽强地生活下去。"①而"她"就是金玲。

当时，陈白尘正忙于《秋收》的改编，任"冯兰"在记忆的仓库里发酵，"就在这发酵期间，使我能够有充分的时间去追究、探讨围绕在她周围的一些人物。这样，我就发现了曾经与冯兰并肩作战而终于向其敌人悲剧地投降了的树蕙，也就发现了她们的敌人与友人——树坚与少华，春峰与映波，同时更发现了毅哉与树强，以及章式如。而这些环绕在周围的人物，更以有机的关联，互相纠缠在一起，不可分离。"② 而"在黄毅哉这个人物身上，我也涂抹了很多幻想的颜色"③。陈虹说"黄毅哉"就是金玲的父亲。

基于对上述人物相互间关系、矛盾以及变化的深入认识，陈白尘改变了原先仅仅想赞美投身抗日运动的女性形象的思路，将主题上升到了讴歌民族工业崛起的高度。主人公由单纯的抗战男女青年转为民族工业振兴的代表，由于抗日战争伊始，民族工业举步维艰，陈白尘将战争大逃亡与民族工业振兴结合在一起，突显了民族工业者的艰辛与铮铮铁骨。作品以历史唯物主义视角再现了抗战期间国人振兴民族工业的决心，把个人命运与国家民族命运紧密结合在一起，冯兰、黄毅哉、洪春峰等鲜明的人物性格及其悲欢离合，正是整个民族的缩影。

在抗战相持阶段，由于国民党政策收紧，一片反共喧嚣，寓居重庆的不少文化人都纷纷离去，或到解放区，或去香港，"避祸"成为文人的首要选择。陈白尘又该何去何从呢？阳翰笙笑道："先

---

① 陈白尘：《〈大地回春〉代序——给巴人》，《陈白尘论剧》，中国戏剧出版社，第86页。
② 陈白尘：《关于〈大地回春〉》，《陈白尘文集》第八卷，江苏文艺出版社，1997年，第288页。
③ 陈白尘：《〈大地回春〉代序——给巴人》，《陈白尘论剧》，中国戏剧出版社，第86页。

莫走。"根据中共南方局领导人周恩来的指示，阳翰笙把陈鲤庭、陈白尘找到了"文协"宿舍密谈，想利用国民党反共高潮已过、不少进步戏剧家、电影工作者仍集中在重庆的情况，在重庆创立一个民营剧团——中华剧艺社，推动已经有了相当基础的新兴戏剧运动。按照阳翰笙的看法，正在重庆"中国电影制片厂"供职的应云卫是剧社理事长最理想的人选。于是，几个人开始筹划。

是年5月，经过认真筹备的中华剧艺社在重庆南岸苦竹林一所简易的民居里正式成立，周恩来代表党组织以自己国民政府军事委员会政治部副部长的名义慷慨拨款3000元经费作为"开办费"，已退出"中制"的应云卫出任剧社理事长，陈白尘（兼秘书长）、辛汉文（兼管艺委会）、贺孟斧、陈鲤庭（兼导演）、孟君谋（兼总务）担任剧社理事。剧社专职社员先后有赵慧深、刘郁民、秦怡等30余人，中央电影摄影场及中国电影制片厂等单位的导演、演员以临时特约形式参加工作，看上去倒也熙熙攘攘，"阵容强大"。大家吃大锅饭，没有固定工资，以职业精神投入戏剧创作中。当时重庆大轰炸仍在进行，物质短缺，剧社社员生活非常艰苦。秦怡曾写过一篇回忆当时生活状况的文章，说："'中华剧艺社'由应云卫任社长兼导演，陈白尘任编剧。在敌机整日轰炸的情况下，他们带领我们十几个青年，住在南岸黄桷垭的煤窑前一所破木板房里。我们十多人既是编、导、演，又是炊事员、采购，还要兼管化妆、服装、道具。每天清晨四点，值班的就挑着担子到离住地四五里的镇上买菜，还要烧饭、洗涮、打扫房屋（因为每天轰炸，常是桌倒椅翻），生活是相当艰苦的。白天奔波，晚间是我们最愉快的时刻，我们在小木板房前读书、念剧本，分析角色，互相出点子"。①

---

① 秦怡：《在坎坷的道路上向前，向前——回忆在重庆的日子》，范国华、查全仁、黄必康等：《抗战电影回顾（重庆）》，重庆市文化局印，1985年，第28页。

9月末尾，雾季来临，考虑到演出的方便，中华剧艺社由南岸迁至城里，先是住在天官府，随后又搬到国泰大戏院对门的茶馆后院，陈白尘随剧社也到城里。10月，他收获了爱情，与金玲结婚，两人寄寓在陪都公寓。"十月中，到了雾季，戏排演成熟了，陈白尘起的剧名就有点吉祥意味，《大地回春》。谁不盼着严冬过去春回大地？谁不盼着春回大地带来万象更新？新建的剧社，也愿将一片回春之意献给新结识的观众。《大地回春》是剧社的首次公演，这次公演宣告了一个新建的民间剧社'中华剧艺社'的诞生。"剧社的"打炮戏"《大地回春》如期在国泰大戏院公演，导演是应云卫，主演有顾而已、耿震、秦怡、施超、吴茵、项堃等，一切顺利，卖座不错，戏剧落幕时整个剧场内掌声雷动，得到了社会舆论的高度赞许。"中华剧艺社第一炮打响了！取得了观众好感和信誉，剧社的名声，很快就为重庆社会所熟悉。剧场的演出场地国泰戏院，也由于《大地回春》演出而出现了空前热闹景象。"① 差不多同时，由田汉导演，桂林新中国剧社演出的《大地回春》也获得了很大成功。"捷报"频传，陈白尘心中洋溢着作为创作者的幸福感。还不止如此，当年10月，由马彦祥导演，中国万岁剧团在抗建堂演出了陈白尘编剧的《秋收》，这个戏后又由史东山导演，改名《大地黄金》再次演出。接着，由瞿白音导演，成都西北电影公司以《陌上秋》为名，再次搬演了该剧。短短一两个月，成渝地区连连演出陈白尘编剧的戏，而且效果甚佳，"陈白尘"的大名广为人知，在人们心中，他已经是一个真正的戏剧家了。

1941年度，在大后方报刊上，陈白尘依然活跃。他的三幕剧《秋收》，由重庆上海杂志公司1941年2月出版；他的独幕剧《火

---

① 张逸生、金淑之：《"三十功名尘与土，八千里路云和月"——记中华剧艺社》，杜宣主编：《戏剧魂——应云卫纪念文集1904—2004》，应云卫纪念文集编辑编委会印制，2004年版，第215页。

焰》，发表后收入《后方小喜剧》中；他的独幕剧《封锁线上》，发表在《中苏文化》8卷2期上；他的独幕剧集《后方小喜剧》，由重庆生活书店1941年2月出版；他的五幕剧《大地回春》，由桂林文化供应社1941年7月出版；他的论文《民族形式问题在剧作中》，发表在《戏剧岗位》2卷2—3期合刊中。

雾季是重庆特有的气候季节，大雾迷茫导致日寇无法准确轰炸，为当地撑起了一把天然的保护伞，各剧团也趁此良机进行公演。1941年10月10日，第一次"雾季公演"发端，以中华剧艺社（简称'中艺'）首开纪录，演出了《大地回春》（陈白尘）、《愁城记》（夏衍）、《天国春秋》（阳翰笙）、《孤岛小景》（袁牧之）、《面子问题》（老舍）、《忠王李秀成》（欧阳予倩）、《屈原》（郭沫若）等新创剧目，以及《钦差大臣》等剧；中国万岁剧团（简称'中万'）演出了《陌上秋》（陈白尘）、《棠棣之花》（郭沫若）等剧；中央青年剧社（简称'中青'）上演了《北京人》（曹禺）、《美国总统号》（袁俊）等剧；孩子剧团上演了《猴儿大王》（凌鹤等）、《法西斯丧钟响了》（臧云远等）；留渝剧人演出了《重庆二十四小时》（沈浮）等剧。十余个演出单位上演了二十九台大戏，轰动了整个重庆和大后方。

中华剧艺社成立之初就带有鲜明的政治倾向性，党的影响可以说从各方面渗透到这个艺术集体里，因而，国民党当局不待见这个剧社，剧团经费极其困难，演员们也大多生活贫困、经济窘迫，前台主任沈硕甫、社员彭波和著名导演贺孟斧先后因病而死。但是，剧团关注社会，关注民族前途命运的艺术精神崇高而伟大，内在的精气神支撑着这个民间艺术团体的顽强生命。一个雾季，中华剧艺社演出的两台大戏，左右了舆论，直刺国民党当局的神经，令其十分不爽：一部是阳翰笙创作的《天国春秋》，一部是郭沫若1942年新年创作完成、4月份演出的《屈原》。前者借"天国往事"评说历史，以"杨韦之乱"讽刺国民党挑起内战的行径。后者则以春秋战国的屈原冤事，拷问现实，拷问当局，表达了强烈的社会批判意识。特别是由陈鲤庭导演的《屈原》，演员是金山、白杨、张瑞芳、苏绘、丁然等明星大腕，故事跌宕起伏，内容辛辣严峻。陈白尘说《屈原》的演出，"是当时轰动山城、震撼朝野的一件大事，它犹如一枚重型的精神炸弹，炸垮了国民党所竖立的虚伪的'精神堡垒'！……周恩来同志为《屈原》演出成功举行了庆祝宴会。这是中艺的最大胜利，也是中国现代戏剧史上光辉的一页！"①

受到两个史剧演出成功的鼓舞，加上陈鲤庭念念不忘当年独幕喜剧《未婚夫妻》的演出盛况，他一再游说陈白尘将其改成一个能容纳更多社会问题的多幕喜剧。陈白尘动心了，是啊，冲出家庭樊笼的"冯兰"们的命运又该如何呢？越往深处想，越是看到整个社会突出的妇女问题，陈白尘的心情沉重起来。五幕悲喜剧《结婚进行曲》写于1942年妇女节前夕。初出茅庐的丫头黄瑛怀着满腔激情投身社会，去追寻平等与自由，她向往着能有一份职业生活，可现实却给了她一记重拳，所谓的自由平等的理想被现实社会所扼杀。她开始在机关单位工作，后来因与爱人刘天野结婚被辞退，赋闲在家生儿育女，过了三年清贫生活后，她依旧渴望踏上职业道路，愿意放下身段委曲求全去应聘家庭教师、小学教员，哪怕是奶妈……可残酷的现实远比想象的更可怕。剧终时，黄瑛依旧没有工作，她在疲惫不堪中睡去，却仍在梦里呓语着自由、平等与工作。这显然是一出关于女性职业问题的悲剧，但陈白尘却以喜剧方式将其呈现出来。剧作前半部分喜剧元素丰富，而随着剧情推进，悲剧元素越来越多，让人倍感无奈与苦涩。是啊，在家国都难以自保的

---

① 陈白尘：《追怀云卫兄》）,《陈白尘文集》第七卷，江苏文艺出版社，1997年，第220页。

社会环境中，人的独立又是多么地艰难！

《结婚进行曲》剧本完成于四月上旬，但上演却费了一番周折。陈鲤庭拿到本子后立刻交付中电剧团，其时中电的演出只需国民党中央宣传部批准即可。然而初审意见是不改不能上演。孟君谋急冲冲地跑来，一头大汗，问陈白尘："怎么办？"

陈白尘甩出几天前刚刚到的五十元首演费，说："如果硬要我修改，我宁愿不演！"

孟君谋以足智多谋闻名，彩排那天，他居然将中宣部部长王士杰请到排演场，待到王世杰被前半部分的戏逗得捧腹大笑时，孟君谋赶紧抓住时机，拿出准备好的钢笔说："部长，您签个字吧……"王士杰尚沉浸在戏剧情境中，不假思索地签了"同意演出"几个字。

四月二十日，"中电剧团"正式演出《结婚进行曲》，由陈鲤庭导演，白杨、陈天国、路曦、谢添、施超、顾而已、魏鹤龄、吴茵等扮演剧中人物。这是一场极其风光的演出，引起了很大的轰动。"剧场外天天人山人海，剧场内场场座无虚席，第一轮的演出共十二场，观众达到一万七千余人。"① 剧场里的女观众看到最后一幕，看到职业妇女毫无出路时，泣不成声。但这也触动了一些人的神经，有些女性观众大骂，说这个剧本是在侮辱女性！还有些评论家否定主角黄瑛能成为当代社会女性的代表，并认为该角色缺乏充分的现实社会基础。陈白尘后来回应道，"这样的责骂，就未免冤枉了"，他根本不是为了创造一个"沉着斗争的中国女性"、一个新女性，也没有把黄瑛当作"肯定的、代表希望的人物"，"我只能说她是天真而无邪，但又浅薄而空想的女性。我同情她的不明世故，同

---

① 陈虹：《自有岁寒心——陈白尘纪传》，山西人民出版社，2000年，第148—149页。

情她的一切遭遇……我所能给予这人物的，当时是含有不同成分的'幽默'，而不是憎恨的'讽刺'了"。① 还有一家小报盯着《结婚进行曲》谩骂，"演了半个月，就骂了十五天，还加了一个很冠冕的评语：'不现实！'——例子呢，便是如今中国根本没有打麻将、抽鸦片之类的事"②。

这之后不久，在《结婚进行曲》第二次重演时，审查委员会就将第五幕大肆删削并改写，明显歪曲原作意图，陈白尘对此予以抗议，并指出"图审条例"有删削权而无改写权。孟君谋在陈白尘与潘公展之间来回奔波，但这两人都不肯让步。后来陈白尘联合演员坚决罢演，以维护剧作家正当权益。最后，国泰大戏院的售票处贴出了一张醒目的布告：尊重中央图书杂志审查委员会、剧作者陈白尘先生意见，《结婚进行曲》停演。后来有剧团在北碚原本重演《结婚进行曲》，这可以视作陈白尘等在这场较量中的胜利。

因现实原因，《结婚进行曲》在1960年被改为四幕喜剧，演出大受欢迎。可是陈白尘对此颇为后悔，"在国民党的统治下，妇女职业问题本身就是悲剧性的，剧本的悲剧结尾是忠实于生活现实的"。③ 1980年，《结婚进行曲》恢复了原初的悲喜剧风格。该剧以喜剧开场，以悲剧落幕，让人唏嘘的同时，映射出陈白尘对戏剧悲喜交加的创作情态思考，喜剧手法运用娴熟得当，悲剧升华于对生活的哲思，悲喜剧《结婚进行曲》成为陈白尘创作生涯中一个特殊的存在。

伴随国共双方政治对抗的日趋白热化，国共双方对文化人的吸引和掌握，也在不断强化中。比如，周恩来借孙师毅的寓所，几乎

---

① 陈白尘：《〈结婚进行曲〉外序》，《陈白尘文集》第八卷，江苏文艺出版社，1997年，第295页。
② 同上，第290页。
③ 陈白尘：《〈陈白尘剧作选〉编后记》，《陈白尘论剧》，中国戏剧出版社，1987年，第273—274页。

每月召集一次各剧团负责人座谈会，向剧团领导输出革命思想，贯彻党的文艺方针政策。正是精细而用心的组织联络工作，重庆的戏剧运动蓬勃发展，促成了中国现代戏剧史上一个黄金时代的到来。与此同时，5月16日，国民党中央宣传部副部长、中央图书杂志审查委员会主任委员潘公展，也热诚邀请重庆戏剧电影界的艺术家举行座谈会，陈白尘也在被邀者之列。其时，国共文艺斗争正如火如荼，"战国策"派代表人物陈铨创作了舞台剧《野玫瑰》，进步戏剧界对之予以谴责，而国民党报纸却大唱赞歌。潘公展在他主导的座谈会上，严词抨击郭沫若的《屈原》，却以异乎寻常的语词热捧陈铨的《野玫瑰》，宣称："谁说《屈原》是好戏，《野玫瑰》是坏戏，便是白痴！"话音未落，全场一片哗然。不少人把盘子碟子敲得当当响，以示抗议。然而，会议最后，潘公展还是宣布：即日起，凡在重庆演出之戏剧，一律由中央图书杂志审查委员会审查！未领到准演证的剧本，任何剧院不得接受演出！

文化意识形态的博弈，明里暗里在进行。

正值暑期，空袭不断，重庆主城区一片紧张气氛。未免不测，陈白尘和金玲随中华剧艺社全体，来到重庆北碚躲避空袭。不料到北碚不久，陈白尘就患上了伤寒，一病不起。而中华剧艺社在北碚的演出活动照旧进行，《屈原》等剧先后与广大观众见面，这个时候，陈白尘的《结婚进行曲》（原本）也在北碚演出，一时，北碚犹如举办了一个"进步戏剧节"。

雾季又来到了，敌机想轰炸变得十分困难，在北碚多有不便的中华剧艺社返回了重庆主城区，陈白尘由于伤寒刚刚好，身体虚弱，留在了北碚继续养病。就在这个"空挡"，一位不速之客登门了，一个好久未见的老同学来访，吞吞吐吐半天，原来是劝他拜"老头子"，依靠国民党依靠政府发展自己，陈白尘一怒之下，将来人赶了出去。未久，陈白尘返回重庆，第二次雾季公演开始了。

陈白尘拖着刚刚恢复的身体，一边写剧，一边参加剧坛活动。在曹禺、陈鲤庭、赵铭彝、陈白尘等人共同筹划下，一本新的戏剧刊物《戏剧月报》进入了编辑出版操作中。该刊由四川省立戏剧音乐学校的毕业生刘沧浪负责编务，上述筹划人加上郁文哉、张骏祥等为编委，及至1943年元旦，作为给重庆戏剧界的新年献礼，《戏剧月报》创刊特大号，由重庆五十年代出版社正式发行，至1944年4月停刊，共出版5期。该刊戏剧理论部分先后发表了洪深的《声音表演》、张骏祥的《导演基本技术》、陈白尘的《人物是怎样来到你笔下的》等。针对当时重庆剧界历史剧创作热，杂志1943年第1卷第4期还专门组织了历史剧创作问题的讨论，陈白尘以《历史与现实——史剧〈石达开〉代序》一文参与了讨论。

四、重作历史剧《大渡河》

事实上，1942年整年，陈白尘都在思考着话剧创作突破的问题。年初，他在《时事新报》发表了短论《话剧的路》，在《新华日报》7月7日发表了《新"抗战无关"论》，而他的五幕悲喜剧《结婚进行曲》1942年由重庆作家书屋出版后，上海作家书屋也一版再版，社会自然对他的戏剧创作充满了期待。

自郭沫若的《屈原》演出成功后，历史剧的创作蓬勃兴起。1942年冬天，想到《石达开的末路》，陈白尘感叹道"历史剧创作之路上是充满了荆棘的！"视写作为生命的他，回顾几年来的创作历程，陈白尘感慨不已，他说《大地回春》，"没料到等它在观众之前出现时，已经是摆着一副讽刺脸色的凄风苦雨愁煞人的秋天了。而躲在布景片子背后的我，在客观上遂不觉成了被拆穿谎言的预言者了"。陈白尘很懊丧，"尤其是当那专爱听喜鹊报喜的人们以知音者来向我祝福的时候，我更惶然了，懊丧便成了痛苦。"[1] 对于自觉追求戏剧艺术真谛的陈白尘来说，痛苦愈烈，"企图在剧作上更有所表现"的心愿就愈烈。他重新思考"该表现什么"这一问题。"梦魇似的生活，是不能大声疾呼的"，他以"含泪的微笑"写了《结婚进行曲》，"但微笑不能打动苦难时代僵硬的心弦，何况连微笑都是掩掩藏藏的，不能随心所欲，它就更不能刺透这时代的心脏了"。因受当时创作氛围的限制，作家们纷纷投向历史题材的创作，一方面出于对传统民族文化与精神表达的需要，一方面自然是避开当局和权力的阻挠。沦陷区有日伪的控制，国统区也对反映现实的题材讳莫如深。陈白尘也只能避开"那沉重的手掌"，"去挖掘历史的教训"[2]。

1942年冬天，陈白尘拿出七年前的旧作《石达开的末路》，准备重新加以创作。自完成《金田村》后，陈白尘的历史剧史观发生了新的变化，其否定了《石达开的末路》不忠实历史的思路，"一厢情愿"地加进"主观的东西"更是让他脸红，他一直想将它重新写过，除掉这块心病。因此，这年冬天，陈白尘用了很大的精力修改《石达开的末路》，那么，怎样重新塑造石达开这个形象呢？"这两作之间距离整整七个年头，其内容不同处自然很大了。"陈白尘费尽了心血，修改过程颇为艰辛。金玲收拾房屋时发现陈白尘的枕头上几乎被头发占满了，地上有无数张撕毁了的稿纸，金玲还发现他常常失眠甚至整夜不睡，她忍不住告诉了阳翰笙，希望阳大哥劝劝用功过勤的丈夫。哪知阳翰笙一听，哈哈笑了，打趣道："我每天也掉头发，只可惜没人替我去数过……"[3] 金玲刹时明白了他们

---

[1] 陈白尘：《岁暮怀朱凡——〈岁寒图〉代序》，《陈白尘文集》第八卷，江苏文艺出版社，1997年，第318页。
[2] 同上，第318页。
[3] 陈虹：《自有岁寒心——陈白尘纪传》，山西人民出版社，2000年，第153页。

攀登戏剧艺术的高峰是永无止境的。可是她心疼自己的丈夫，悄悄买来两个鸡蛋，用漱口杯煮熟，送到丈夫的写作书桌前。陈白尘一面吃着鸡蛋，接受金玲的这份"小小的慰藉"，一面又批评她太浪费。金玲默然了，她要做到的是"每篇作品中，都浸透着我精神上无形的支持"[1]。

改作《石达开的末路》，陈白尘确实有着不小的心理压力，"回避现实的风波，而将头颈缩进历史被窝里去的，是为自己找寻理由"[2]。他说："历史剧固然让一些忠贞之士为自己的利剑找了一块盾牌，但也为专意献媚于落后观众的剧作'家'们找到一个躲藏自己的安乐窝。"但是即便是在历史剧的小圈子中，也存在不同的历史剧作法，也依然是存在着一种"斗争"的。陈白尘坚定了"让历史剧恢复固有的光辉，不逃避现实以献媚观众，也不歪曲历史以迁就现实"[3] 的创作理念。

这时候的陈白尘"重作冯妇"，自然不是因为才思枯竭，也不是因为江郎才尽，他正努力地从修改旧作中建构一个新的历史剧史观，艰难地探索历史剧创作的科学之路，正如他在《金田村》中开始探索历史剧的语言一样。他说道："'路'是人走出来的，但这儿少有足迹。即使找到一点脚印，跟着走上几步，前面却又是一片榛莽！没有指路碑，没有来往的过路人，也没有指南针，单靠自己的手和脚，摸索了一条很长很长的路途！虽然好像摸到了一个所在，可是已经遍体鳞伤。但这儿依然人迹罕见，我迫切地向四周呼援，

---

[1] 金玲：《祭白尘》，《征鸿远骛——陈白尘纪念专辑》，江苏农垦机关印刷厂，第307页。
[2] 陈白尘：《历史与现实——〈大渡河〉代序》，《陈白尘文集》第八卷，江苏文艺出版社，1997年，第301页。
[3] 陈白尘：《〈大渡河〉校后记》，《陈白尘论剧》，中国戏剧出版社，1987年，第129—130页。

希望找到一个指路者,好让我问他一声:'我走错了路没有?'"①此时,陈白尘思考得很多,努力求索着。

这种努力,也预示着陈白尘一个新的创作高峰即将出现。他在荒凉的路上欣喜地发现重走的这几步路和现实的路是"殊途同归"的。这部新写成的历史剧就是《大渡河》(又名《翼王石达开》),全剧被赋予了许多新的内容,"不仅是题材不同,主题不同,它在创作之路的距离上是很远的"②。

本着对历史负责和忠于现实的创作态度,陈白尘决定采用现实主义的艺术形式来表现石达开,他不想走《金田村》的老路,特别是看完《金田村》在成都的第二次演出后,觉得历史是复活了,但却太臃肿了,臃肿到超过了"一个人的形状","为了求全求真,把春夏秋冬四季服装全部给穿上了"。他陷入了何谓历史剧的"真实"、如何去表现"真实"的思考之中:"我们所企图表现的历史的真实,并不是自然主义者那样繁琐的细微末节的真实;而在一个'历史剧'里所要的真实,更不同于一部'历史'所要的真实。'历史剧'所能尽的任务,不能超过'历史剧'所能有的负荷"。否则会"膨胀了题材,压瘦了主题"。他认为"写出人物的真实,便是写出人物的批判","写出人物的批判,也就是写出历史的教训"。于是,陈白尘拼命地去找石达开可恨之处,更要找出石达开可爱之处,进而追究石达开的所爱所恨,所谓爱其所爱、恨其所恨,从而摆脱之前在《石达开的末路》中"爱之欲其生,恶之欲其死"的做法。他这样分析道:

"石达开,一个绅士、地主,中举之后,是大可以求功名图富

---

① 陈白尘:《历史与现实——〈大渡河〉代序》,《陈白尘文集》第八卷,江苏文艺出版社,1997年,第301页。
② 陈白尘:《〈大渡河〉校后记》,《陈白尘论剧》,中国戏剧出版社,1987年,第130页。

贵的。但他丢弃一切前程，倾家助饷，从事于可以杀身、可以灭九族的革命，从事于这拯救天下众生的革命，是所为何来？难道不是一种崇高的人道主义的表现？参加这一革命的石达开，其最高的政治理想，在于排除鞑虏之后，建立一个所谓大同之治的政府，不也是当然的么？有了这样的理想，他对于韦昌辉的腐化表示其不屑，对于杨秀清的急进而粗野的行动表示侧目，不更是当然的么？杨韦之乱后，感觉天京无一片干净土，洁身自好，飘然远引，不又是必然的去路？在主上昏庸、奸佞当朝的环境下，要求入川，别树一帜，在石达开看来，又何尝不是为天国着想？及至驰骋十余省，损兵折将，尚不能入川，为石达开想，又有何面目班师回京去见广西父老？后来日暮途穷，被围大渡河，即使有僻径可寻，但以叱咤风云之英雄，率领三军之主将，又安能弃众私逃，苟且偷生？如此为石达开着想，何尝不是可爱可敬呢？但为太平天国革命计，冲动，任性，固执，不都是革命的敌人？稍有不合，便拂袖而去，又何尝是政治家的风度？独善其身的政治洁癖，更不是革命者所应有！杨韦难后，人心涣散，率领四十万大军西征四川，既牵去百分之七十的兵力，复引革命主力于边陲之地，致令天国空虚，危在旦夕，这难道不是革命的罪人？而西征以后，一意孤行，拒不班师，致使李秀成独力难支，终遭覆灭，石达开又何能辞其咎呢？凡此种种，岂不真也可恼可恨么？"[1]

正是在这追根问底的爱与恨之间，他看到了一个人物，那就是他心目中的真正的翼王石达开。陈白尘总结道：

"然后知：写出人物的真实，便是写出人物的批判！

然后知：写出人物的批判，也就是写出历史的教训！

---

[1] 陈白尘：《历史与现实——〈大渡河〉代序》，《陈白尘文集》第八卷，江苏文艺出版社，1997年，第308—309页。

任何历史,任何历史人物,都是教训。这教训对于现代是否有益,才是历史剧作者对于历史人物的选择的标准。"①

理清了头绪之后,陈白尘择取了现实主义的方法来创作历史剧。在《大渡河》中,以太平天国的兴起、内讧、衰亡的历史为背景,叙述了石达开革命的一生,从参加起义到失败的全过程,挖掘了人物复杂的悲剧生涯。相较于传统意义上英雄主体往往集智慧与理性于一身的光辉形象,陈白尘笔下的石达开被塑造得更加接地气、更加真实而统一,其可爱之处、可恨之处全部融入了其复杂的英雄性格之中。石达开出身于官绅之家却慷慨革命,英雄好义却又富有人道主义精神,自命不凡却又不愿背弃革命信仰,书生意气不屑与杨秀清等人争名夺利,却又没有彻底决裂的底气,只能率部下入川希望辟出一条新路,却无奈被围困。他既有人性美的光芒,也存在着性格缺陷。然而,结合当时的抗战背景,石达开虽然最后失败了,但其也是悲壮的失败,能激发人民与黑暗势力抗争的勇气和杀身成仁的决心,可以说虽败犹荣。

陈白尘塑造石达开的方法是将人物置之于其生活的历史环境之中,从典型的社会历史中来塑造典型的历史人物。那么,人物究竟应是说什么样的语言?真实的历史人物,所使用的语言亦应该是"历史的语言"。这种语言不是现代语,也不是文言文,也不应该是戏曲中道白的模仿,应该是"伪装的历史语言"。他沿用了《金田村》中总结的公式,即"历史语言=现代语言'减'现代术语、名词,'加'农民语言的朴质、简洁,'加'某一特定历史时代的术语、词汇"。根据人物身份做相应的加减法,达到"要像是活人讲

---

① 陈白尘:《历史与现实——〈大渡河〉代序》,《陈白尘文集》第八卷,江苏文艺出版社,1997年,第309页。

的话，观众听得入耳，但又不是现代语"① 的目的。在《大渡河》中，他力图使人物的语言符合人物的身份、性格、地位与处境，还要做到站在舞台上的既是活生生的人，但又是站在历史舞台上的古人，并且说的是现代人能听懂的话；既要给人以"史"的距离感，还要给人以"剧"的亲切感②。

通过《大渡河》的写作，陈白尘对历史剧有了新的认识：历史剧不是写给历史人物看的，"现代人写历史剧，依然是一种现实的劳作。而所谓历史戏剧，依然是现实的戏剧了"③。在驾驭繁杂琐碎的历史素材时，陈白尘采用了与旧作不一样的戏剧结构，即不是按照历史发展来写，采用"开放式"的大结构，他是以"纵"的多场景和"横"的单线索相串联，用人物命运串起历史事件，既勾勒了历史背景，又细化了人物性格的塑造。

此时的重庆戏剧界笼罩在一片诡异的氛围之中。中华剧艺社的戏剧活动不断扩展，夏衍力作《法西斯细菌》又登上了舞台。看到它们如此受观众欢迎，国民党文宣部门感到紧张，针对"中艺"的管制和压迫，更直白了，甚而直接封锁剧院。1943年3月，陈白尘编剧的《翼王石达开》（即《大渡河》），由张骏祥导演，耿震、张瑞芳等主演，原定在国泰大戏院上演，后因国泰被警告，只好挪到旧戏院"一园"演出。而这也是该剧唯一的一次演出。"到了开演日的早晨，虽然广告刊布了，票子也卖了，而准演证还未见发下。"应云卫总算"兜得转"，到了临开幕前，主管部门才把准演证发下来，强令删去第一场，从第二场演起。并且"剧本当中又剜心剜肺地删去很多，有的是杨秀清骂韦昌辉的，可也有韦昌辉骂杨秀清

---

① 陈白尘：《历史与现实——〈大渡河〉代序》，《陈白尘文集》第八卷，江苏文艺出版社，1997年，第311页。
② 董健：《陈白尘创作历程论》，中国戏剧出版社，1985年，第197页。
③ 陈白尘：《历史与现实——〈大渡河〉代序》，《陈白尘文集》第八卷，江苏文艺出版社，1997年，第310页。

的"。剧本被"枭首"的理由是，"一九四三年春河南正闹灾荒"，而第一场中正好有着"一段天灾人祸，民不聊生，老百姓只好铤而走险的描写"①，这竟然触犯了当局的神经！而这一次演出也着实是失败了，除了被"枭首"的原因，《大渡河》的文学性强于戏剧性，独出心裁的结构形式对演出条件的要求特别高，单是换景就很麻烦费时。并且剧中人物语言文学性较强，读起来趣味横生，但普通观众未必好懂。

一个完整的剧作被如此随便"枭首"，剧作者和观众无不义愤填膺。陈白尘仰天长叹，"不能描写现实时，连真的历史也是不允许描写的。被允许描写的历史和被允许描写的现实也都是一样的，必须经过人工的歪曲"②。《大渡河》剧本直到抗日战争胜利后，才被群益出版社出版。

中华剧艺社在重重困难中坚守着戏剧使命，也坚守着艺术家的良心。距离《翼王石达开》的首演才五天，一个非常令人难过的事件发生了，重庆戏剧界一片悲鸣。当时担任中华剧艺社前台主任的沈硕甫，因为生活清苦，半饥半饱，临冬又缺少御寒衣物，便饮酒御寒，4月3日晚上，非常劳累，加上饮酒过量，竟倒毙在路旁。得悉消息，中华剧艺社全体社员失声痛哭，为失去一位敦厚、善良的戏剧人而难过。沈硕甫出殡时，送葬队伍长达几百人，郭沫若等一大批艺术家都在缓缓而行的行列中，天空飘洒的有纸钱，也有朋友们的奠文……当陈白尘正忙着沈硕甫的丧事时，学生李天济突然跑来，白着脸告诉他，金玲吐血了……原来金玲到重庆后，患上了肺结核。陈白尘闻讯赶紧奔回家抱起金玲，号啕大哭。几个学生凑了点钱，陈白尘背着金玲去打了两针止血针。

---

① 陈白尘：《〈大渡河〉校后记》，《陈白尘论剧》，中国戏剧出版社，1987年，第130页。
② 同上，第131页。

面对十分复杂的形势，中共南方局仍然在以座谈会的形式，与戏剧家们交流、沟通，或谈创作中的问题，或谈剧运的倾向，以求最大限度地联合艺术家们共度时艰，共同推进抗战戏剧大业。1943年3月23日，阳翰笙与夏衍向"胡公"报告中华剧艺社在重庆的困难处境时，"胡公"建议中艺离开重庆去成都。

由于中华剧艺社频频的演出，令当局比较头痛，其生存环境日趋恶化，因而转换地点，拓土发展被提上了议事日程。恰巧这时，先前去港的上海剧人协会部分成员又来到了重庆，新面孔、新感觉，中共南方局便将他们组建为中国艺术剧社，由党直接领导。6月8日，接周恩来指示，中华剧艺社离开重庆，以为《华西晚报》做募捐公演的名义去了成都，陈白尘随团去了成都。

在中艺离开重庆之前，周恩来召开了一次座谈会，这一次谈的主题是历史剧。陈白尘激动地将椅子挪向周恩来，听他谈对历史剧的见解，当听之谈到"历史剧的严肃性与真实性"时，陈白尘异常激动。得到了周恩来的肯定，陈白尘更明晰了自己的创作方向。

五、"岁寒知松柏"——《岁寒图》的创作

1943年7月12日，中艺的全班人马疲惫不堪地到达了成都，全体人员下榻于五世同堂街的《华西晚报》编辑部大院里，"《华西晚报》与中华剧艺社同在一条战线上，共同战斗。中华剧艺社一到成都，他的领导人中的应云卫一家、贺孟斧一家、陈白尘一家、加上白杨与张骏祥，都在编辑部住下来。陈白尘一家、贺孟斧一家中间夹了报馆总编辑李次平（李衡）一家，甚是热闹，且亲密无间，相濡以沫。"有了宽敞的住宿地，成都的物价又比重庆低廉。权衡之后，"中艺"打算在成都再一次掀起戏剧运动的高潮。他们主要靠演出《大地回春》等剧目维持生计，继续戏剧活动。应云卫

负责这三四十人的班底，吃、住、行等各个方面都得操心，"无时无刻不在绞尽脑汁中玲珑透彻，为话剧事业贡献一切"①。而这时的陈白尘，分管的是剧社的内务，检查财务工作时，他发现剧社内部频频出现浪费与贪污的现象，向来爱憎分明的陈白尘异常苦恼，大张旗鼓地开始进行整顿工作，当然对此他也"拿手"，上海文专时斗过汤济沧、在上海艺大斗过朱勤豪、在四川省立剧校又斗过丁伯骝……于是他就拿美工人员在制作布景时的钉子来算了一笔账：

"在同一个剧团里，某一个戏的预算，在某一个舞台工作者的计算中是共需洋钉八十六斤，而另一个工作者依布景需要按枚计算，结果是只需洋钉十五斤。到制作出来，也没有超过十五斤的预算。这是说，实际的需要是不足百分之二十，那其余的百分之八十以上，能说仅止是'浪费'么？"②

陈白尘暗中组织了一个调查小组，并直截了当地去问应云卫的账目。那天，在三益公剧场的后台，应云卫双膝一弯跪了下来：

"白尘，这个社长我不干了！我干不了了！"

陈白尘一愣，一时不知道如何表达自己的诚挚之心，于是双膝也同样一弯，向着应云卫对跪起来："我走！我离开剧社！"

陈白尘负气之下独自去了重庆，洪深邀请他到军中文化训练班讲授编剧课，历时两个月。他向阳翰笙倾诉，问道："难道我错了么？"

阳翰笙向来冷静，徐徐善诱："他过去的生活与你我可大不相同，但他能够辞去中制那样的优厚待遇，前来主持中艺，这实在是难能可贵了！因此，今天是不是也不要太苛求于他？……"

陈白尘一听言之有理，也觉得自己确实操之过急了。他去参加

---

① 车辐：《白云深处吊先生》，《戏剧魂——应云卫纪念文集 1904—2004》，应云卫纪念文集编辑编委会印制，2004 年版，第 262 页。
② 徐乘驷：《论大后方戏剧运动的危机》，《戏剧月报》，第 1 卷第 5 期，1944 年。

了"胡公"主持的戏剧座谈会,这次是在孙师毅的家中,主题是剧团中所存在的问题。陈白尘又在"胡公"的面前说起了应云卫的事,"我发誓,那些人若没有贪污,我愿赌上这颗脑袋!"

周恩来将信将疑:"真有此事?"

孙师毅也忍不住插话:"没错,加上我的!"

周恩来哈哈大笑起来:"我相信,我相信……"他一个劲地摆手:"不要赌了!不要赌了!"并说,人民中间的贪污现象,应该积极引导,应该多看到他们善良的一面。

陈白尘这次彻底信服了。他后来在怀念应云卫的文章中详细地道出了社长的难处。从入成都坚持演出到1946年的春天,"以成都为基地,先后赴乐山、自流井、泸州、内江等地演出,最后又回成都租三益公戏院作长期不断的公演。在川西南,政治的压迫如故,而又比重庆更增加了地方军阀和袍哥的迫害和摧残。经济的压迫亦更甚于前,云卫为借债日处愁城之中,借了'比期'还'比期',即以新债偿旧债。债主除了银行、钱庄外,他甚至向军阀邓锡侯的副官及地方袍哥伸手去借'阎王债'。有一年冬天,社员们穷得只好打野狗来煮食。除夕之前,云卫又突然失踪,三日未归。到了春节,他才狼狈归来,大睡三日。他原来是躲债去了!"①

在重庆"告状"期间的陈白尘,还有一个收获。与陈白尘相依为命的金玲感染了肺结核,因缺钱医治,很快就发展到肺结核二期,陈白尘心急如焚,向夏衍汇报了情况,夏衍介绍一位德国友人魏露丝女士。陈白尘回成都后,赶紧拜访魏露丝女士,果然她介绍了一位叫梁其璇的大夫为金玲免费治疗。陈白尘"克勤克俭,从生

---

① 陈白尘:《追怀云卫兄》,《戏剧魂——应云卫纪念文集 1904—2004》,应云卫纪念文集编辑编委会印制,2004年版,第221页。

活费中节省一点钱，每天亲自炖番茄排骨汤"①，守着金玲吃。或许是梁大夫医术高明，或许是陈白尘的诚心，最终将金玲从危险境地拉了回来，三年后金玲痊愈。这个插曲也直接影响了他的创作，或者说，成就了他的另一个作品《岁寒图》。

在重庆的戏剧座谈会上，周恩来劝解的一席话对陈白尘触动很大，"贪污是国民党官僚统治的本质，我们的同志受其影响是在所难免的；但我们所反对的应该是国民党的贪污，至于我们的人民，应该更多地看到他们善良的一面——在人民中间不是有很多坚贞自守的好人么"。②"在人民中间不是有很多坚贞自守的好人么？"这句话一直回响在陈白尘的耳边，他开始寻找新剧本中的人物，这次他没有把目光投向历史，而是聚焦于观察思考身边的人，聚焦于狂风暴雨冲锋陷阵时代的芸芸众生，聚焦于无声地却奋力支持抗战危局的人物。他们存在于社会的各个阶层，他们亦是国家民族的优秀人物。而陈白尘就是要去寻找在"酷烈的严冬里耐寒的人物"，要去描绘一幅严冬里迎雪挺立的松柏图，要去歌颂坚贞自守的无声英雄。等训练班课程结束，陈白尘即刻赶到成都，向应云卫道歉并和好如初，他追随"中艺"去了乐山等地，一边忙剧务，一边忙《岁寒图》，最终在1944年的春天写成了这部新作品。

这次陈白尘选择一个医生做了主要人物。这和陈白尘的经历有关。金玲身患肺结核二期，在战乱动荡的大后方，既无雷米封又无链霉素，梁其璇大夫免费为其医治，定期给她打空气针，并将药费记在自己的头上，每次治疗后还亲自为金玲叫一辆黄包车，并付了车费。这个救死扶伤、医德高尚的梁大夫成为了陈白尘的好朋友，他走进了"中艺"，也走进了《岁寒图》，成为了陈白尘笔下一

---

① 金玲：《祭白尘》，《征鸿远骛——陈白尘纪念专辑》，江苏农垦机关印刷厂，第307页。
② 陈虹：《自有岁寒心——陈白尘纪传》，山西人民出版社，2000年，第163页。

个"耐寒的人物"——黎竹荪。

《岁寒图》共三幕五场,主要人物有黎竹荪及女儿黎娟(最后也患上了肺结核病),胡志豪(黎竹荪曾经非常看重的学生,后来去昆明投机倒把,成为一个市侩)和蒋淑娴(黎竹荪的学生),作家沈庸和女儿沈若兰(后因结核病无钱医治,不愿再拖累家人而食安眠药自杀),黄妈(黎娟的奶妈)等人物形象。后方某城市医学院附设医院门诊部如同一个演绎种种人生的地狱场,胡志豪的张扬跋扈、毫无医德操守,沈庸和女儿沈若兰骨肉亲情、为了对方而甘愿舍命的悲切,商人的唯利是图,农民等下层的命如草芥……在善与恶的交织中,黎竹荪犹如松柏似的形象自岿然不动,他变卖家产投入肺病的防治,视病人如家人,竭尽全力推进"抗痨计划",而这计划一次又一次被当局驳回,心中油然生发出沉重的悲切:"一个大夫有什么用?到底有什么用哟?错了,错了,是我错了!我跟结核菌打仗打了二十年,到今天才明白:结核菌啦,原来还有人在保护它!培养他!是我错了!我应该失败!我应该失败!"。[①] 当女儿黎娟也患上了可怕的肺结核,打击可谓接二连三,黎竹荪没被压垮,而是在痛苦中开始觉醒,"整个社会问题没解决,我的计划从哪儿去实现呢?我是应该失败的。"他含着血泪悲愤地呼唤:"我需要一些力量"。沈若兰的自杀给了黎大夫"无比的力量",激发他决心为"天下千千万万的儿女"去治病。正如剧中人物沈庸所说"黎大夫!岁寒知松柏,你是一个真正的医生"。由此可见,《岁寒图》的艺术成就集中体现在"耐寒人物"黎竹荪身上。剧中普通知识分子和医生等平凡的人仍在坚守着良知,与那些丑恶的市侩、商人、政府大员形成鲜明对比。正如陈白尘在序中所说的:"这些无声的

[①] 陈白尘:《岁寒图》,《陈白尘文集》第四卷,江苏文艺出版社,1997年版,第79页。

人物，才是真正伟大的英雄。是他们在真正地维护着抗战，是他们为天地间留下点正气，是他们为这芸芸众生判明真正的是非善恶，为今日立下了真正的道德标准。没有他们，这抗战将无从继续；没有他们，抗战更无法度过这严冬！"。①

《岁寒图》颂扬了如同松柏般的人物形象，诠释了于岁寒之际松柏昂然屹立的民族气节。其以小见大，以黎大夫防痨计划的失败来折射时代的黑暗与罪恶。光明与黑暗、高尚与丑陋的对照之下，《岁寒图》投射出无比震撼的力量，善者更善、恶者更恶，防痨计划的夭折，意味着每年数百万人死于痨病，就连救死扶伤的医护人员亦都贫病交加，这固然有抗日战争的因素，根本原因却是国民政府的黑暗统治，安于本职工作者愈来愈少，投机倒把大发国难财者比比皆是，教授、教员、医生转行谋利者也愈加多了起来，这与郁郁不得志、却犹如寒风中松柏般的黎竹荪形成鲜明对比，一个坚守自我、岿然不动的杰出知识分子形象跃然而出。陈白尘采用了惯常的将人物塑造置之于大时代中的做法，从具体生活现实中构建人物，譬如黎竹荪朴实无华，为了生计时常典当家物，乃至自己最后的一套西服；胡志豪对患者不耐烦、一门心思要挂牌开医馆，最后成为了市侩之辈；蒋淑娴优柔寡断，从开始面对胡志豪邀请的犹豫不决到后来迫于生计而离开黎竹荪，都始终被动的在接受命运的安排，一步步向生活妥协，心有不甘却又无可奈何……

《岁寒图》完稿于1944年的春天，1945年由重庆群益出版社出版，"热闹的剧场是对它无暇过问的"，"虽然有几位朋友在热心地准备它的演出，但谁敢拿出一笔巨款来向演出者担保其不致赔本呢？"这期间挚友贺孟斧突然仙逝，令陈白尘悲痛不已。抗日战争

---

① 陈白尘：《岁暮怀朱凡——〈岁寒图〉代序》，《陈白尘文集》第八卷，江苏文艺出版社，1997年，第320页。

胜利后，在陈鲤庭的关切和策动下，中国艺术剧社于1946年1月不计成败在重庆演出了《岁寒图》，"在我是不能不认为奇迹的：好像一个乡下姑娘被允许出现于争奇斗艳的贵妇人之间似的。而且幸不辱命，虽然并不曾为剧团赚一笔钱，似乎也没让剧团赔下本。"①

何其芳在看过该剧演出后，评论道"这个戏的重心，与其说是对于善良的赞扬，不如说是对于丑恶的憎恶。作者着力地刻画了这棵松柏，这正是强烈地抨击了'岁寒'。"②陈白尘的好友赵铭彝写道："白尘的《岁寒图》，是中国抗战时期里的一篇精神独立宣言，它鼓动着人们坚持岗位，不与世俗妥协，要奋斗着实现自己的理想，要勇敢地消灭人类的共同敌人。"③

《岁寒图》是陈白尘自己最为偏爱的一个剧作，尽管很少引起一般批评家的重视，"但'敝帚自珍'，我对它却一直保留着一种感情上的偏爱。"④1956年人民文学出版社为陈白尘出版一部自选戏剧集时，他只选择了三个本子，一个是《金田村》，一个是代表作《升官图》，还有一个就是《岁寒图》，并以"岁寒"二字将这个集子命名为《岁寒集》。学生李天济曾道出其中原委："《岁寒图》，为当时一些甘于清贫自守、浑身凛然正气的知识分子高奏悲壮之歌。《岁寒图》者，岁寒而知松柏之后凋也。我几次看过这部戏的演出，导演为陈鲤庭，男女主角是孙坚白（即石羽）和路曦，珠联璧合，舞台上那股'松柏'之气，直撼观众胸臆。尘师一生在戏剧创作上成就最高，喜剧、正剧、历史剧都直攀顶峰示范后世。《岁寒图》

---

① 陈白尘：《岁寒絮语——为〈岁寒图〉演出作》，《陈白尘文集》第八卷，江苏文艺出版社，1997年，第324页。
② 何其芳：《评〈岁寒图〉》，《新华日报》，1946年1月30日。
③ 赵铭彝：《拥护斗士——读〈升官图〉后》，载《演剧》1946年1月11日"《岁寒图》公演特辑"。
④ 陈白尘：《〈岁寒集〉后记》，《陈白尘论剧》，中国戏剧出版社，1957年，第158页。

下笔从容平淡，主角为诚厚正直之士，屹立于末世狂涛之中，历经惨败而不悔，正是那一代知识分子的精华。从中我们不仅看到了那位医生，更看到了白尘先生，看到了他的同辈与先辈"。①

需要一提的是，陈白尘客居成都时，适逢中华全国文艺界抗敌协会成都分会改组，鉴于陈白尘一系列作品的影响力，他和叶圣陶、李劼人、陈翔鹤、叶丁易等一干人当选为常务理事，协会日常工作也主要由陈翔鹤、陈白尘、叶丁易等人主抓，陈白尘主要忙一些具体事务。1943年11月15日，由中华文艺界抗敌协会成都分会陈翔鹤等与总会陈白尘等发起，为叶圣陶庆祝五十大寿，在成都新南门的竟成园设宴举办祝贺会，进步文艺工作者欢聚一堂。这年的秋冬之季，贺孟斧、陈白尘、张艾丁三人加入了《成都晚报》工作，陈白尘负责编辑副刊《艺文志》。《成都晚报》的后台老板是国民党四川省党部，对舆论动态很敏感。当《艺文志》刊发了郭沫若、茅盾等人的文章后，报社负责人即刻表现出强烈不满，横加干涉。鉴于此，贺孟斧、陈白尘、张艾丁决定退出，《成都晚报》也因此停刊数日，报纸一时间颇为尴尬。

很快，中共地下党员、《华西晚报》主笔杨伯恺邀请陈白尘给《华西晚报》编辑副刊《艺坛》以及《华西日报》文艺周刊《星期文艺》，报社负责陈白尘、金玲夫妇的食宿，但不发工资。陈白尘一口应允，做起了《华西晚报》的"无薪义工"。虽然无薪，但工作任务还是蛮重的，每月筹划近二十万字的稿件，还得忙里偷闲用"江浩"、"皓"等化名，写《朝花夕拾》《亮话》等短文作为补白，并且从编辑、校对到发稿费，许多事都要亲历亲为，不是一般的忙碌。幸好这两刊得到了文坛大家郭沫若、茅盾、叶圣陶、李劼人、

---

① 李天济：《五六十载，师恩如海》，《征鸿远鹜——陈白尘纪念专辑》，江苏农垦机关印刷厂，1998年版，第343页。

艾芜、沙汀、夏衍、臧克家、丁聪以及陈翔鹤、荒芜、吴祖光、张骏祥等人的大力支持。次年，杨伯恺又给陈白尘配备了助手。关于《华西晚报》的副刊，陈白尘回忆："此时文协成都分会刊物《笔阵》已停刊"，其所编的《艺坛》"在事实上则起了文协成都分会机关刊物的作用"①。而这个副刊得到了大后方文艺界的支持，郭沫若、茅盾、叶圣陶、李劼人、夏衍等不时寄些文章，夏衍几乎是有求必应，"1945年12月20日，郭沫若为《华西晚报》题诗，盛赞该报为抗日民主斗争所做出的贡献：五年振笔争民主，人识华西有烛龙。今日九阴犹惨淡，相期努力破鸿蒙"。②这也是后话了。

这期间，陈白尘创作、理论都有新收获。他和吴祖光、杨村彬、周彦合著了多幕剧《胜利号》（又名《凯歌归》，陈白尘作第一幕），他在《新华日报》《戏剧月报》《新民报—晚刊》《文学创作》等报刊杂志上发表了多篇戏剧创作专论，很有见地，如《人物是怎样来到你笔下的》《我所认识的石达开》《〈结婚进行曲〉外序》《历史与现实》等等，以自己亲身创作经历，较深入地剖析了戏剧与时代的关系，戏剧主题的提炼、戏剧人物的塑造等等问题。

两年中，陈白尘主要在成都生活和工作，所劳心劳力者多与中华剧艺社、《华西晚报》相关。事实上，"中艺"到成都后，一直保持着"重庆时期"的鲜明立场与创作激情，在艰苦的条件下从事着抗战戏剧的演出。他们先后翻演了郭沫若的《孔雀胆》、陈白尘的《大地回春》《结婚进行曲》等优秀剧目，而且与重庆保持顺畅的沟通，重庆一有新戏推出，成都立刻就搬演，可以说始终是站在戏剧第一线的。

---

① 陈白尘：《记〈华西晚报〉的副刊》，《陈白尘文集》第七卷，江苏文艺出版社，1997年，第147页。
② 苏光文：《抗战诗歌史稿》，四川教育出版社，1991年版，第243—244页。

六、舞台剧代表作——"怒书"《升官图》

1944年的初夏来临,"中艺"完成使命,返回了成都,租用了春熙路上的"三益公戏院"作为长期演出的场所。"三益公戏院"是一座破旧不堪的旧式建筑,年久失修。剧艺社用其中的两厢楼座作为剧艺社同人的宿舍。虽然剧社的演出仍在进行,但是收入不敷出,经常借贷度日,剧艺社成员生活可以说极其艰苦。

《华西晚报》是陈白尘另一个"阵地",这家报纸是以中国民主同盟名义出版的。经田一平介绍,陈白尘在1944年9月加入中国民主同盟,成为一名盟员,张澜先生亲自接见了这位正值壮年的剧作家,相谈甚欢。作为活跃的文化人士,陈白尘还和沈志远、黄药眠、马哲民、叶丁易等人一起,参加了张友渔主持的成都文化界座谈会,协调立场,统一行动。"不久,他又被指定参加了由中共南方局特派员张友渔主持召开的文化界人士座谈会——它的任务是定期碰头,共商下一阶段的斗争行动与方针大计。"那一阵,在与青年党竞选代表的大会上(此时青年党还未脱离民盟),陈白尘的选票独占鳌头,被大家一致公认为民主斗争的先锋战士。[1]

由于严酷的政治和经济环境,文化人境遇悲惨。这年秋天,戏剧工作者江村、施超贫病交加,死于成都,陈白尘为他们料理了后事,不久,"中艺"社员彭波也因黄疸病,无钱医治而去世,戏剧家应云卫的幼女在这前后也病死了,一干戏剧人个个黯然。艺术家的生活尚且如此,普通民众更是雪上加霜。由此,成都市的民主爱国运动,逐步兴起,而且愈演愈烈。陈白尘是逢活动必参加,逢有

---

[1] 陈虹:《自有岁寒心——陈白尘纪传》,山西人民出版社,1999年版,第177页。

宣言发表，必四处奔走，呼请文艺界人士签名。有一次要发表一份由文协成都分会署名的宣言，由于时间紧，来不及开会讨论，陈白尘和陈翔鹤、叶丁易商量后就盖上了文协成都分会的图章。当时国民党四川教育厅厅长叫郭有守，一位博士，他通过各种手段拉拢文艺界人士，目的很简单，就是与文协争夺文化领导权。郭有守向中央社记者发表谈话，称文协发表的宣言，签名没有经过理事会讨论通过，是非法签名，所以其宣言无效！陈白尘闻言，赶紧和李劼人、叶圣陶联系，征得他们支持，倒填年月，补做了一份常务理事会记录，去堵郭有守之口，郭哑口无言。

这年还发生了四川大学"夜校"事件。事情缘由是这样的：1945年4月18日，《华西晚报》专文揭露了四川大学所谓"夜校"的黑幕，说川大夜校的学生均为国民党各县党部培养的特务、党棍，都是混文凭的，基本不读书。当晚，几个特务学生纠集80多人冲进《华西晚报》编辑部寻衅闹事，准备绑架李次平总编辑，幸好被《华西晚报》工人和附近驻军发觉，阻止了。然而，次日天一亮，一个特务"学生"又纠集了三百多人，冲向晚报营业部和编辑部，疯狂破坏，大肆捣毁物品。田一平立即疏散住在大院里的同人们，陈白尘舍不得走，高声叫嚷，要与特务们理论一番，急得金玲赶紧拉住他，"别开口，你千万别开口！你说的不是四川话，特务很快就会发现你的！"① 陈白尘无可奈何，只得随报社同人转移。晚报随即向各界宣布停刊，以示强烈抗议。此事引起社会很大反响，包括川大在内的各大学学生会、文化艺术界纷纷出来抗议、声援，支持《华西晚报》立场，成都各大报出面调停，《华西晚报》才再次复刊。四月末的一天，《华西晚报》借出版四周年的由头，

---

① 陈虹：《自有岁寒心——陈白尘纪传》，山西人民出版社，1999年版，第172页。

举行盛大招待会，答谢各界人士，传达正义立场。陈白尘在招待会上发表演讲，纵论文艺与时代，痛斥不学无术的特务分子。他还应邀参加了五四华西坝各大学营火晚会，支持学生要求民主开放的大游行。孙跃东在《他站在青年中间》一文中，曾这样回忆说：四川大学进步学生团体，"经常举行座谈会"，"几乎每次都请了陈白尘同志。白尘同志总是……有求必应，有请必到，到会必讲，讲则受到热烈欢迎"[①]。

  陈白尘对学生热诚，对同行也是一副热心肠。作家张天翼患肺结核三期，身体每况愈下，只得由湖南来成都治疗。陈白尘介绍他住在《华西晚报》宿舍，并千方百计组织为贫病的作家张天翼募捐，随后经由巴波介绍，安排张天翼去郫县两路口文艺青年鲁绍先乡居疗养。这些都使陈白尘以好人缘为人们所称道。

  1945年8月，日本帝国主义宣布投降，抗战结束，新的曙光冉冉升起。此时的陈白尘忽然动了"驿马星"，想着终日将时间消磨在剧团事务和副刊编辑上，虽然作为副刊编辑写了一些戏剧创作评论文章以及富有锐气的杂文、短论、随笔等等，但离渝三年只写了个命运多舛的《岁寒图》和一个独幕剧《艺术部队》（发表在《青年文艺（桂林）》新1卷3期），"产量"明显"下降"，他顿感不安，他想写一部戏作为向陪都剧场"归队报到"的馈赠，这部戏就是《升官图》。这时候，突然地，关于陈白尘的谣言纷纷出笼，有的说他被捕了，有的说他是中共江苏省委负责人，一时真假难辨，莫衷一是。晚报负责人田一平隐隐觉察出了一点什么，于是邀请陈白尘迁到他的"觉庐"楼上居住，以便暗中保护。此时，陈白尘已辞了晚报副刊编辑工作，专心写他的新作《升官图》。

---

① 孙跃冬：《他站在青年中间》，转引自陈虹、陈晶：《陈白尘年谱（二）》，《新文学史料》，1989年第2期。

《升官图》构思已久，他在1944年12月3日写给朱凡的信中说："冬天快过去了，我相信我们总要团聚的。在那时，我将捧出另一本东西给你：那是我现在计划中的一部喜剧《升官图》，我期望着那时候我们将有一场纵情的狂笑！"[①] 但他一直不急于动手，任心中想法发酵，留意搜集素材，"从许多小县份的新闻报道，尤其是打倒什么拥护什么的宣言、传单等文件中获得了一些素材"。大约是在日本投降之际，陈白尘在《华西晚报》副刊上见到一位作者写的十几首竹枝词，内容是揭露四川省某个县的贪官污吏罪行的，"其中列述了县长和各位局长的升官发财之道，写得淋漓尽致，不啻为国民党统治下的《官场现形记》"[②]。这引起了陈白尘很大的兴趣，于是他以这十几首竹枝词所提供的素材为基础，"构出一个新官僚的轮廓"。这时，寄居在觉庐的陈白尘，似乎隐约见到晨曦将临的预兆，有点兴奋，"我不怀疑那和平、民主、统一、团结的到来，但我也想到这新中国还存在着许多绊脚石，而其中不大不小的一块——官僚政治，却是非消除不可的。我就从这一点上为自己布置了一个小小计划"。[③] 待《双十协定》公布，急切想回渝归队的陈白尘，马上就写，竟然以三个礼拜的时间写成了《升官图》。

这部三幕讽刺喜剧，被陈白尘称为"怒书"，十月底一完成，就在《华西晚报》上连载了。这时的《艺坛》已被陈子涛接手，他坚持要发表这个剧本，并要连载……抗战胜利后，大后方文化界已自动拒检，不再接受新闻检查，所以《升官图》得以顺利面世，与"天时"有关。初冬的十一月，陈白尘携妻金玲自成都到达重庆，

---

① 陈白尘：《岁暮怀朱凡——〈岁寒图〉代序》，《陈白尘文集》第八卷，江苏文艺出版社，1997年，第321页。
② 陈白尘：《记〈华西晚报〉的副刊》，《陈白尘文集》第七卷，江苏文艺出版社，1997年，第151页。
③ 陈白尘：《序〈升官图〉的演出》，《陈白尘文集》第八卷，江苏文艺出版社，1997年，第326页。

两人居住在群益出版社，开始了自己在大西南生活的最后一段时光。

三幕五场讽刺喜剧《升官图》是陈白尘的扛鼎之作，也是中国现代戏剧的经典之一。作品以两个强盗夸张、离奇的梦境作为叙事外壳，通过夸张的喜剧化形象和一个小县城里发生的荒唐故事，在"纵情的狂笑"中发出"怒声"，对国民党统治下的官僚政治进行强力控诉。主要人物有：闯入者甲（一个流氓、强盗，即假秘书长）、闯入者乙（闯入者甲的同伙，即假知县）、知县及知县太太、秘书长、省长及侍从、艾局长等各局领导，警察和听差等若干。序幕中，流氓强盗闯入者甲和闯入者乙在情急之下闯入了一座古老宅院，并与看门儿的老头儿展开了激烈交锋，最终达成共识，栖身于此以躲避风头。第二幕分为两场：第一场，百姓暴乱冲入县衙打死了县里的秘书长，强盗甲乙阴差阳错地卷入其中，情急之下扮演假县长及其秘书以保命，与各路人等交锋，最后与县长太太狼狈为奸，达成阴谋共识。第二场，假冒的县长、秘书、爪牙联合上演了一场腐败、肮脏、鱼肉百姓、贪污腐败的荒唐闹剧。第三幕则是整个戏剧的高潮：第一场，众人等迎接省长的巡视，艾局长与假知县、秘书交锋，作假应付省长巡视。第二场，省长巧立名目、强取豪夺，省长和假县长荒唐娶亲，真假县长辨认。尾声中，人民群众登场，强盗（闯入者甲乙）受到了人民的审判。闯入者甲作为一个八面玲珑、诡计多端而又善于逢场作戏的强盗，与其同伙闯入者乙联合愚弄了包括真知县、省长在内的一干人等，在与老头儿的交锋中，在假县长并与艾局长、县长夫人、省长等人的矛盾冲突中，淋漓尽致展现出一幅群丑图：省长是一个满口清洁廉明，实则贪污腐败、疯狂敛财、贪图美色的人物，作品通过"金条治病"、"迎娶原县长太太"、"与假县长互动"、面对艾局长煽动的百姓暴乱翻云覆雨的权谋计量，对其丑行可见一斑。而艾局长（县长夫人的情人），起初与强盗（闯入者甲乙）达成共识，还敲情人（原县长夫人）的竹杠为自己谋利。而县长夫人通过与假冒县长（强盗甲乙）勾结，做艾局长的情妇，乃至与省长订婚等显示出一个见利忘义、只为自己谋求最大利益的女性的内心世界。看门的老头儿，是从头至尾的见证者，最终与人民大众一起加入了暴动的队伍。闯入者乙只是作为闯入者甲助力者的符号存在。

"《升官图》讽刺了一小部分官僚是真的，但它所积极要求的是合理的民主政治。一个贤明的、有前途的、渴望走向民主之路的政治家，为了除旧布新，他不会否定我的讽刺。相反的，他应该让这种讽刺深入到民众中去，这才能彻底消灭这种官僚政治，才能为民主政治大道扫除障碍。"① 在这样一个腐败的官僚政治集团中，书生意气的卫生局钟局长被枪毙就不难理解了，当敲诈勒索、走私贩毒、贪赃枉法、中饱私囊、苛捐杂税乱行于世的时候，当钱权交易、官匪不分的时候，试想还有什么是不可能发生的呢？

丁易对剧中鞭挞国民党丑陋奸诈之态感触颇深，题诗两首，"'其一：现象今又见官场，直欲南亭俯首降。多少伤心多少泪，嬉笑怒骂化文章'；'其二：魑魅魍魉作人声，妖镜显来尽现形。如此官场如此戏，是真是假问诸君。'"②

香港《华商报》副刊主编吕剑读了《升官图》后，1946年8月在香港写道："陈白尘的《升官图》写的是一个梦，一个强盗做的梦。这个强盗梦见自己穿上了官服，做了知县，升了道尹，但一梦惊醒有人来追，可怜可怜，这才发觉自己依然还是一个强盗——玩笑开得可算够到家了。因为是梦，所以就写得夸张离奇，怪样百

---

① 陈白尘：《序〈升官图〉的演出》，《陈白尘文集》第八卷，江苏文艺出版社，1997年，第327页。
② 丁易：《题白尘兄〈升官图〉剧作》，《丁易选集》，白鸿选编，中国社会科学出版社，2007年版，第195页。

出。或许有人要这样疑问：'会有这种事吗？'但我们却不要被作者'骗'了，因为这确乎不是梦，而是中国政治的道道地地的真实。你能说那些知县、省长、秘书长不是我们今天的'公仆'们的当堂出彩吗？这戏，保险看了没有不发笑的，但这笑是痛苦的：有泪，有血。……'公仆'们终于在'奴隶'们的愤怒里垮台了。要说这是一个'象征'吗？但假若没有这一场，没有复仇的这一幕，看完了戏总会觉得不大舒服的吧！这是一个好戏，至少在现在的中国，这是一个好戏"。[①]

1946年，由于日寇侵华而生成的民族矛盾逐步让位于以共产党为代表的人民大众和以国民党为代表的官僚资产阶级的矛盾，在整个重庆地面上，新的政治对抗越来越迫近，文化人们深切感受着正义和邪恶之争。38岁的陈白尘显然是政治上的"活跃分子"。新年一过，重庆戏剧电影界知名人士阳翰笙、夏衍、曹禺、洪深、陈白尘等约50余人，公开发表了《致政治协商会议各委员意见书》，直接抨击国民党当局对戏剧电影事业的危害，要求废除话剧检查制度、电影检查制度，给艺术家们以自由。这份"新年大礼"让官员们颇感头痛，也更急迫地动用特务力量对付左翼戏剧影视人。2月10日，重庆各界在较场口举行大会，庆祝政治协商会议胜利召开，一批国民党特务窜进会场，对郭沫若、李公朴以及与会新闻记者大打出手，郭沫若等多人受伤入院。陈白尘随即赶往市民医院慰问。在"较场口事件"当天，作为目睹特务们暴行的当事人，陈白尘回到驻地就找到叶丁易，一起编了一个特刊，通过《新民报晚刊》公布了"较场口事件"原委，抗议特务暴行。他还以"马不驼"的笔名，在2月13日《新民报晚刊》写了长诗《我是较场口的土地》，

[①] 吕剑：《读〈升官图〉》，《燕石集》，湖南教育出版社，2007年版，第35—37页。

几天后又与洗群合作,用较场口事件题材写了独幕时事剧《新群魔乱舞》(署名O·S及S·Y),刊发在《新华日报》上。《新群魔乱舞》中的吴从周、乔大有、陈万兴、潘岐山、李步云、孙大娘、杨克诚等是一群如同行尸走肉般的恶人,他们丧失良知、没有灵魂,是邪恶统治力量的帮凶,眼中只有金钱,正如剧中吴从周台词所言:"诸位,别发火,这个不重要!狗就狗,咱们就当做是狗又怎么样?只要有钱拿,有官做,做狗不比做人光彩得多吗?"① 一帮恶徒在杨克诚带领下,破坏较场口的民主活动,成立假党派戕害民主运动,与杨克诚有私情的孙大娘在完成破坏任务后得到了额外照顾,进而担任"民意维持会"的党魁,以更加合法的身份进行破坏活动。

"较场口事件"所引起的,绝不仅仅是陈白尘等人的不满,实际上是整个进步文化界的愤怒。2月15日,重庆戏剧界举行盛大的田汉欢迎会,在会上,大家再次谴责这一恶行,并通过了声援较场口受伤人士的决议,田汉、阳翰笙、陈白尘等140多人联名发表了《致较场口受伤人士慰问函》,社会各界为之震动。"田汉先生自称是一匹老马,以此向戏剧界同人进一言。他带着泪声说:为了国家民族,为了民主团结,这一辈子牺牲定了,不要打算抗战胜利了可以享福。他觉得抗战到现在在戏剧技术上虽有进步,但缺乏热情,什么叫热情呢?他认为是不使戏剧运功和国家民族民主团结的要求脱节。"②

政治现场内外的较量如斯,戏剧剧场内外的较量也"惊心动魄"。进入1946年,陈白尘肩上的担子明显重了——1月,他受聘

---

① 陈白尘:《新群魔乱舞》,《陈白尘文集》第四卷,江苏文艺出版社,1997年版,第183页。
② 《戏剧界纪念戏剧节决议声援较场口血案》,中共重庆市委党史工作委员会:《较场口事件 重庆市档案馆供稿》,重庆市档案馆供稿,第137页。

担任了重庆《新民报晚刊》副刊主编，虽没有编制，只支取"车马费"，但编务并不轻松；2月，中央大学吴有训校长聘请他担任中文系兼任教授；国立社会教育学院聘请他担任戏剧系兼职教员，隔周要去璧山上课。而他一直介入的中华剧艺社由成都返回重庆，陈白尘也不免要承担一些事务。

这个时候，陈白尘最重要的作品《升官图》已杀青，演出在即，斗争也在即。一些前四川省立戏剧学校的师生，在重庆成立了"现代戏剧学会"，熊佛西、陈白尘和叶丁易等被推举为理事。学会的主要成员有刘沧浪、李天济、邓晓晖、程谦谋、谢继明、刘川、赖静、杜皋翰等，学会"先后在'国民公报'和'民主报'辟出专栏，以'现代戏剧学会'研究部名义，主编'舞台'副刊。副刊的主要内容是：针对当时形势中的逆流，呼吁戏剧界团结起来，积极参加争取进步、民主的斗争。同时也批判戏剧界的低级趣味和市侩习气"①。既然有了正式的"组织"，就考虑演一台大戏亮相，于是，一拨人筹划演出陈白尘的《升官图》。此时，在重庆的中华剧艺社听说后，提出《升官图》由应云卫导演、中华剧艺社演出。双方争执不下，最后商定两个团队联合演出，导演为刘郁民。排练随即展开。

《升官图》的上演亦与"天时"有着很大关系。在刚完稿后，"有不少朋友看了我的原稿并安慰我一番之后，都苦笑着摇了摇头。我知道这意思：认为不能演出"②。

1946年2月25日，是《升官图》正式演出的日子，"短兵相接"在所难免。从表面上看，国民党当局没有明令禁止，因为恰逢

---

① 屈楚、周特生：《从"现代戏剧学会"到"重庆新中国剧社"》，翁植耘等编著：《在反动堡垒里的斗争——忆解放前重庆的文化活动》，重庆出版社，1982年版，第75页。
② 陈白尘：《序〈升官图〉的演出》，《陈白尘文集》第八卷，江苏文艺出版社，1997年，第327页。

"较场口事件"发生不久,政协会议召开在即,整个社会一片群情激愤,禁演一定惹火上身。但是,任由陈白尘们公然"影射"政府,也不行。于是,图书审查委员会先是在"准演证"上为难,鸡蛋里挑骨头。然而,最终还是发了"准演证","由于国民党戏剧审查机关的狗子们正如剧本所描写的官僚们一样,他们接受了演出剧团的金条了"①。但是他们又千方百计控制剧院,让剧组找不到能演出的场地。等到剧组好不容易租下七星岗下江苏同乡会小礼堂作为剧场,到公演那一天,有组织的特务们在剧场外扔石块,敲锣打鼓地干扰演出。

与右派势力针锋相对,以董必武为首的中共代表团全体成员以及王若飞等人亲临剧场,观看了演出,观众购票也很踊跃,人们奔走相告。从2月15日到4月22日,联合剧组的《升官图》一口气演了两个多月,成为剧坛瞩目的"为广大人民所爱好,为反动集团所嫉恨"②的一出名剧。每场演出,整个剧组都如临大敌。陈白尘在《追怀云卫兄》一文中,生动表述了这场"战斗":"政治压力的重担是架在云卫双肩之上的。前台由周特生把风,后台由应云卫亲自坐镇。后台有边门通向一家民居,如有警报,他便掩护演职员由此撤退。"③

《升官图》是一块"试金石",也是"风波亭"。陈白尘曾写下这样的话语:"我知道《升官图》这剧本将要刺痛某一小部分人。但它是一个普遍存在的现实,谁要否认它,那是讳疾忌医;谁要承认它的真实,谁才有勇气改进它。今天不正是革新局面的时期么?

---

① 陈白尘:《〈岁寒集〉后记》,《陈白尘论剧》,中国戏剧出版社,1987年,第158页。
② 冯牧:《关于〈升官图〉》,《解放日报》,1946年10月17日。
③ 陈白尘:《追怀云卫兄》,《陈白尘文集》第七卷,江苏文艺出版社,1997年,第223页。

而承认与否认之间，这就考验出'自由'的是否存在了。"① 尽管观众愿意看，但当局就是要让这部戏演不下去，甚至派警察去监视演出，"这个戏是讽刺官场捞血态，此时此地的老百姓看来，就特别感到亲切可爱……为了讨好观众，常常增加一些'时势词'以博满堂彩……同时有警局人在看戏，以为演员在台上节外生枝，于法不合，次日派员拿了剧本去对……"② 由于他们暗地干预，江苏同乡会很快以"租期已满，无法续租"为由，收回了小礼堂，联合剧组的《升官图》就此被迫停演。

田汉由重庆飞沪之夕，受于伶邀请观看了《升官图》，他于1946年5月4日写下小诗一首以表对学生陈白尘的欣慰之情，"三月渝都未忍谈，又聆新曲到江南。升官类此常千百，捉鬼何尝有二三。赖有黄金医脑疾，怜她红粉偶衰男。邻翁漫道天将晓，胜利而今更不堪"。③

《升官图》是中华剧社在重庆排演的最后一个戏，此后他们顺流而下、沿途卖艺，于1946年的秋冬之际返回了上海，完成了历史任务，宣布解散。而"中艺"的演员回到上海后，恢复了上海剧艺社组织，第一个大型演出的剧目就是《升官图》。上海版《升官图》由黄佐临导演，丁聪做舞台设计，蓝马等主演。这部戏从四月二十五日上演，场场爆满，持续了很久，创造了可观的票房收益。蓝马深情回忆说："戏上演后，剧场门口拥挤了四个月之久。轰动的情况，在上海话剧演出记录上是空前的。观众说，这个戏为老百姓出了气，说这个戏写的就是国民党，骂得好，骂得痛快。在剧场里，人心是沸腾的，感情是激动的，当戏演到最后，群众拿着武器

---

① 陈白尘:《为〈升官图〉演出作》,《陈白尘文集》第八卷，江苏文艺出版社，1997年，第329页。
② 北方:《警局监视"升官图"》,《大都会》，1946年第4期，第9页。
③ 田汉:《看白尘新作〈升官图〉》,《田汉全集》第11卷，屠岸、方育德编，花山文艺出版社，2000年版，第448页。

冲上去把统治者打倒时，观众站起来热烈鼓掌，有几次也欢呼起来。"①联合剧组的《升官图》的导演刘郁民，演出了该剧后就奔赴延安，由此，此剧传至解放区，多个剧团争相演出。

《升官图》在各地的演出非常红火，各地剧团演出不下百余场，各阶层百姓都很感兴趣，交口称赞。与此同时，国民党的破坏、迫害也如影随形。因为《升官图》的演出，有的演职员被捕，有的剧社成员遭到通缉，台湾某校演出《升官图》，学校负责人不仅被捕，还公然被判刑12年！即使上海艺术剧社这样有影响的大社演《升官图》，导演黄佐临也被传讯，受到训诫和威胁，而蓝马饰演的"省长"，剃光头，说宁波官话，也很"犯忌"，警察局派人传讯他，一再要他交代：为什么剃光头，为什么说一口宁波官话？可见，这部戏多么地令权力拥有者们恐慌不安。当天津的新中央戏院也开始上演《升官图》，天天满座，北平也将着手排演此剧时，评论界也出现了些许反对之声，有人刻意抹黑这部杰作，称"《升官图》的内容，既无深邃思想，也无文艺意味，只是一种眼前事实的讽刺喜剧，它能反映官僚政治的腐恶，遂特取了一大批不满现实的人之快感，它的一些虽不深刻而颇尖刻的台词，又能使浅薄者和妇女们拍手，所以便能连演一百多场而不衰。"一些人见不得《升官图》的声势蔓延到北方，不无讥讽道"真是天下乌鸦一样黑，升官发财人人憧憬，连《升官图》这出戏也南北亨通咧！"② 但反过来说，这种讥讽，这种眼红，正是《升官图》南北成功的有力注脚。

七、"触电"之后：《幸福狂想曲》《乌鸦与麻雀》

由于抗战已结束多时，大批文化人离渝转赴上海、香港等地发

---

① 蓝马：《胡风集团是怎样诬蔑〈升官图〉的》，《戏剧报》，1955年第8期。
② 春明：《升官图南北亨通》，《风光》，1946年19期，第8页。

展。应云卫一边为《升官图》的演出而苦斗，一边为陈白尘弄来"奇货"——两张船票，让他夫妻俩当晚上船。原来是应云卫怕他遭受国民党的明枪暗箭，催其先行。1946年5月，思归心切的陈白尘和妻子金玲急急忙忙收拾行装，乘江庆轮离开重庆顺流东下。船过大都市武汉时，他去拜访了老朋友邵荃麟、葛琴夫妇，谈及往事，心生万千感慨。他的目的地是上海，"而上海却正是'五子登科'的年代"，"没有金条便没有去处"，于是，陈白尘夫妇在九江下船，上了庐山，寄居在岳父金浩如的街房中。陈白尘在此是有事要忙的，此时的庐山安静舒适，他泡在传习学精舍的图书馆查阅有关袁世凯的资料，准备写一部关于袁世凯的戏，在封建帝制走向共和的过程中，这个狡猾的莽夫可以说扮演了非常重要的角色。

然而，令陈白尘始料未及的是，住了两个多月后，庐山却成了"真官宦之地"，总统蒋介石上山避暑，美国特使马歇尔先生也上了庐山，一大帮民国要人也来了。而陈白尘是享誉南北的火爆剧目《升官图》的作者，自然和他们水火难容，而且时时面临着危险。正在这时他接到了一封来自吉少甫的信，信中写道："庐山不是你住的地方，快下山来！"唯恐陈白尘不解，吉少甫在信中补充道，"这封信我是奉命写的。"陈白尘有些紧张，思忖吉少甫应该是奉冯乃超的命，但冯乃超又是奉谁的命呢？可形势已经容不得陈白尘多想，他和金玲连忙下山，奔往上海，刚住进一家旅馆，就接到了一封来自"周公馆"的请帖。周恩来从宾客丛中，走过来欢迎陈白尘到来，周恩来异常高兴地握住他的手说："你可下山来了！真替你担心呀！"原来是周恩来及时给这位戏剧家以援手，托人带信催其下山。陈白尘握着这双温暖而有力的手，感动得说不出话来[①]。

[①] 陈白尘：《我站在那腊梅树下》，《陈白尘文集》第七卷，江苏文艺出版社，1997年，第243页。

8月,正逢国民党积极反共,不断挑起内战,上海的气氛格外凝重,天色也都是乌沉沉的,话剧界似乎没有一丝生气。"在上海不是曾有过二十家左右的戏院同时上演话剧与连演数月的盛况?在后方不也有过连演七八十场的纪录和三个戏院同演一个剧目的盛事?但是到今天,上海却几乎维持不住两个戏院,原来的大后方——被目为剧运的灯塔的所在,也同样荒芜凋零得不堪了!"①陈白尘苦思冥想,希望自己能为话剧发掘一条出路,在10月31日至11月3日的《华西晚报》,他发表了论文《一个问题——略论目前戏剧创作的形式》,又在11月18日的上海《新闻报》发表了短论《抢救话剧的两点意见》等等。他反思说:"我们的话剧目前正遭遇到一个劫运,这劫运,主要的是由于政治原因。我们曾拿抗战来稳定人心,以最后胜利来诱惑观众,到头来抗战是坚持下来了,最后胜利也盼望到了,然而在事实上所给予观众的却仍然是无边的失望。"话剧工作者"为人受过"了。话剧观众究竟到哪里去了?他环顾其他剧种,在同样的政治环境下,越剧在话剧低潮之际,"却拥有三十几家大小戏院了"。他认为剧作形式问题是更基本的问题,如何变革话剧的形式以争取观众是相当重要的问题,故提出"应该创造一种合于现在中国观众的新的近似莎士比亚的形式"②。

战后特殊的社会环境下,话剧运动陷入了低潮,创作和批评都十分萧条,以戏为生的陈白尘自然难逃失业的命运。他终日在自己的住所——北四川路新祥里三十三号楼上,埋头写剧本《悬崖之恋》。三幕话剧《悬崖之恋》改编自俄国奥斯特洛夫斯基的《没有陪嫁的女人》,演出时名为《卖油郎》,他把故事中国化了,写了一

---

① 陈白尘:《一个问题——略论目前戏剧创作的形式》,《陈白尘文集》第八卷,江苏文艺出版社,1997年,第27页。
② 同上,第25—32页。

群趁国难发财的商人。"但是,对于有着丰富创作经验的陈白尘来说,这种'炒现成饭'的路子是不足取的","既未能保持原作精华","又不能真实反映中国现实"①。

写作之余,陈白尘也忙些杂事。比如,10月19日,上海全国文艺界协会等十二个团体在辣斐大戏院举行鲁迅逝世十周年大会,丁聪、陈白尘、沈同衡等都是负责大会秘书工作的,他们忙里忙外辛苦筹备。会上,周恩来及著名作家郭沫若、茅盾、叶圣陶均发表了演讲,高度赞扬鲁迅的伟大业绩。到了11月,受京沪路局邀请,茅盾夫妇、阳翰笙、洪深、陈白尘、凤子、葛一虹等文艺家,一起游览了杭州西湖,千顷碧波,百舸争流,心旷自然神怡。这一时期,39岁的陈白尘可谓年富力强,他和杨晦一起协助郭沫若为上海《文汇报》编辑周刊《新文艺》。

1947年春天,周恩来和中共代表团从南京、上海撤回了延安,不少聚居在上海的文艺界人士纷纷离沪,或去香港或奔赴延安,因妻子金玲怀孕在身,陈白尘留在了上海。这时,"地下党找上门来了:'你留在上海不怕么?'我自觉自己的目标不大,而且听出话中有因,便毅然说:'不怕。'于是他开门见山,说党有些工作,需要我出面去做,其实后来也并没有太重要的任务,除了在留沪的文艺界前辈间做些联络工作外,也只找到熊佛西和黄佐临组织了一个地下的'上海戏剧电影工作者协会',做些团结和安定人心的工作。"②

话剧剧运依然低迷。老朋友陈鲤庭有一天突然邀请陈白尘到法租界一个咖啡馆畅谈,动员他写电影剧本,因戏剧和电影之间的亲缘关系,陈鲤庭认为他启动电影创作一定会顺理成章,得心应手。陈白尘"临危受命""触电"是有一个背景的,他回忆道:"那是

---

① 董健:《陈白尘创作历程论》,中国戏剧出版社,1985年,第205页。
② 陈白尘:《我站在那腊梅树下》,《陈白尘文集》第七卷,江苏文艺出版社,1997年,第243页。

1947年初,第三次国内革命战争实际上已经爆发,国民党的'戡乱令'即将出笼了,抗战时期即参加国民党中央宣传部所属的中央电影摄影场做导演的陈鲤庭突然找我去旧法租界一家咖啡馆里喝咖啡,并提出要求,让我写一个电影剧本。最严正的理由是,'中电'的头头已在动员导演们拍摄'戡乱'为题材的影片,现在马上得提出我们的剧本来,好抢先占领摄影棚,也就是抢先占领阵地。这自然是个不容推辞的革命任务。再说,那时话剧运动已被扼杀,剧团零落殆尽,我的文章还要为稻粱谋,只好放下舞台剧临时改行写电影剧本了。"① 象每个热爱艺术的青年一样,陈白尘早年就很热爱电影,但并没有想过要搞电影,"在二十年代,我也曾经一度和现代青年一样,是个'影迷'。……1927年在上海艺大读书,不知怎么被田汉同志看中,硬要我在他拍的《断笛余音》里担任一个主要配角,并说我那角色是代表善的,与代表恶的周存宪君是个对照。可惜这部影片并未拍完便进了当铺,我这颗'明星'始终未亮过。"②。

在陈鲤庭和赵丹鼓励帮助之下,陈白尘写出了电影文学剧本《幸福狂想曲》。作为陈白尘电影剧本创作的首次尝试,《幸福狂想曲》成功塑造出了一批独特的人物形象,王金富与吴志海,一瘦一胖,言语、形态皆充满喜剧性,对应着都市中的不同面孔类型。王金富,性格简单、胆小羞涩、朴实细腻,可以奋不顾身地救下陌生人张月华,也可以默默地为张的孩子准备玩具,最终因为无法承受都市人性险恶而选择回归乡下。而吴志海这一人物亦是如此,由于在上海已经逐梦多年,学着流行的上海话,自信对都市的生存规则十分了然,就如其对王金富说的那样:"笑话了,在上海滩上混了

---

① 陈白尘:《〈陈白尘选集·电影卷〉编后记》,《陈白尘文集》第八卷,江苏文艺出版社,1997年,第400—401页。
② 同上,第400页。

十来年，什么门槛不懂？"。然而，吴只是看到了都市生存逻辑的表层，却无法看见"吃人"的实质，就像他可以学着上海人一样时髦地拿着钻戒向张月华求婚，也可以模仿着姜世杰的浪荡派头管理公司，但最终是黄粱一梦，他精心"创造"的"财富"被流氓霸占，自己最终也被都市抛弃。张月华在外表上有着上海都市女郎的摩登新潮，实则是被流氓控制的可怜女性，内心对都市的丑恶充满着深深的厌恶，时刻企图逃离以回归乡下。并且，此剧对都市中的小人物亦有着讽刺批判的笔触，如嚣张的撞人司机、驱赶平民的警察、充当打手的泼皮等，这些角色亦在剧中有着一定的喜剧呈现。

《幸福狂想曲》是陈白尘生平第一个电影文学剧本，是他"触电"的处女作，由陈鲤庭亲自导演，赵丹、顾而已、黄宗英主演，当年11月由中央电影摄影场完成拍摄。1982年，陈白尘根据拍摄时期的剧本原作与分镜头资料，将其进一步加工整理发表于《当代》杂志，而后被选入《陈白尘选集》。《幸福狂想曲》在中国电影史家眼里，是一部"社会派电影"，影片的主角是几个命运多舛的小市民，作品通过勾勒其悲惨经历，真实反映了战后国统区的种种黑暗情形。剧本的故事发生地为上海，讲述了一个看似荒诞却又引人深思的现实故事，反映出了陈白尘讽刺喜剧的独特魅力与扎实的创作功底。它借王金富、吴志海两人在上海的幸福狂想，成功构建起一个关于都市的现实寓言。一开篇，作品就勾勒出一个浮华混乱的上海形象，在满大街贴满着"接收委员会"等封条的环境下，一方面是富人的灯红酒绿，一方面是穷人的居无定所。王金富和很多从乡下涌入上海的普通农民一样，希望能在这一个繁华之地生活下去。而表哥吴志海在上海混迹多年，住着一敲石灰都往下掉的狭小公寓，时刻不忘发达之梦："首先要有个幸福的家庭，有个漂亮而贤惠的太太，还得有一处小洋房，带有花园；有辆小汽车，自然，摩托车也行！……不！我就这么平凡么？我要做个大发明家，要有声望，有名誉，要用我的名字办一个医院，对！叫'志海慈善医院'，不收费!"① 可以说，吴的想法代表着那个年代多数底层民众的"上海梦"，对上流社会生活充满幻想式的追逐。然而，现实却将二人的幸福狂想彻底敲醒。王、吴二人依靠乡间土药发达，却被来自城市的强权巧取豪夺，最终犹如黄粱一梦，狂想梦醒后选择回归乡下，与城市生活彻底决裂。王、吴、张三人既是城市逐梦游戏的出局者，同时也是城市资本争夺的受害者，由此可见剧作《幸福狂想曲》对城市罪恶渊薮的强烈讽刺与批判。同时，陈白尘对都市生活趣味也不无讽刺之笔，如王金富从乡下带来的土药，却成为都市人趋之若鹜的减肥灵药。剧本将其讽刺性地命名为"消瘦丸"，并借助王、吴二人的口吻进行调侃。在售卖之初，吴说道"有钱的人脂肪过多，身体肥胖，就该泻泻肚子"②。在历经一系列变化后，王又说道："我们错了，错了！什么瘦尔康！我们应该发明一种新药，让人发胖，叫"使汝胖而康"!"③ 从这些地方既可以看出剧作台词上的喜剧营造，也可以看出作者对追求时髦、逐利资本的都市生存逻辑的辛辣讽刺。

《幸福狂想曲》被观众投票推选为当年最受欢迎的十部影片之一，当时上海《大公报》上发表的潘尼西的《梦的破碎》一文，诠释了该片的价值：《幸福狂想曲》"指出了我们所处的这个社会，是怎样一个不合理的、大鱼吃小鱼的流氓社会！……说明了如果我们要做明朗的梦，如果要'幸福'对千千万万人物不再是'狂想'或'妄想'，我们便得重新改造这社会，消灭那威胁我们希望的梦的

---

① 陈白尘：《幸福狂想曲》，《陈白尘文集》第五卷，江苏文艺出版社，1997年，第6—7页。
② 同上，第23页。
③ 同上，第70页。

阴影。"[1]

《幸福狂想曲》以巧妙的戏剧结构搭建了一部平民的都市悲喜剧。在剧作中陈白尘巧妙设置了一个叙事驱动——一本名为《幸福之路》书籍，其可谓是吴志海逐梦都市的指引读物，吴对于都市生活的诸多狂想与价值观念，也多源于此书。在剧本第一章中，吴志海如此向客人推销此书："此地还有一本《幸福之路》，它会告诉侬如何追求幸福，如何保持幸福，如何享有幸福，侬要得到幸福，格本书会指拨侬一条幸福的道路……"[2] 吴志海后来的种种做法，如开药厂、追求爱情等，也大多受到此书影响。除了《幸福之路》，吴志海认为表哥王金富急需洗去乡下带来的土气落后，劝其读一些发财读物："你看，《实业致富》、《投机致富》、《交易所致富》……上海有的是发财门路，你不信？"[3] 这些被吴志海视作幸福指引的读物最终将其引入人生陷阱，作品以此揭示了"上海梦"的虚幻与可笑，并对资本逐利的浮华之举予以强烈讽刺。

《幸福狂想曲》的尾声富含深意，艺术性地表现了王、吴、张三人对都市生存逻辑的最终抛弃：吴志海脱下代表着都市生活的"旧皮鞋"，换上了王金富给的代表着乡下的布条编织鞋，与浮华的"上海梦"彻底告别："他（吴志海）打开包袱、将里面的书本一本一本丢去。路上散落着《处世秘诀》、《恋爱成功秘诀》、《上海——冒险家的乐园》等等，最后是一本《幸福之路》。"[4] 自此剧情首尾相接，一场现代人上海滩逐梦喜剧就此谢幕。

《幸福狂想曲》成功后，陈白尘的电影剧本创作可谓是"一发

---

[1] 潘尼西：《梦的破碎——我看〈幸福狂想曲〉》，上海《大公报》1947年12月6日。
[2] 陈白尘：《幸福狂想曲》，《陈白尘文集》第五卷，江苏文艺出版社，1997年，第2页。
[3] 同上，第21页。
[4] 同上，第77页。

不可收"。7月,陈白尘加入了由中共地下党领导改组成立的昆仑影业公司,"陈白尘亦在这场建立与巩固自己的阵地的斗争中,被赋予了统帅的重任——先是担任昆仑影业公司编导委员会的副主任。"① 阳翰笙骄傲地说:"'昆仑'的阵容是很强的,编、导、演、摄、录、美等电影从业员都是一流的。我当时担任编剧委员会主任,还有陈白尘、于伶,特约的编剧有田汉、夏衍、欧阳予倩;导演有蔡楚生、史东山、沈浮、陈鲤庭,他们都能编能导,还有郑君里、徐韬、王为一这些导演;并从演剧队调来张客、赵明、严恭,由老导演应云卫带他们,女演员有舒绣文、白杨、吴茵、上官云珠、黄宗英、凤子、黄晨、王苹等,男演员有陶金、赵丹、蓝马、魏鹤龄、周伯勋、卫禹平、沈扬、齐衡、李天济等人;摄影有吴蔚云、朱今明、韩仲良;录音有郑伯璋、丁伯和;美术设计有丁辰、韩尚义等,一时人材济济。"②昆仑影业公司不是一般的影业公司,在地下党领导下曾拍出《八千里路云和月》《一江春水向东流》《万家灯火》《三毛流浪记》等一系列堪称经典的优秀影片。对昆仑影业公司"编导委员会"的工作及其特点,程季华在《中国电影发展史》中指出:"由于'昆仑'编导委员会所实行的集体领导原则,使各个创作工作者既有分工负责,而又能密切合作,互相尊重。为了保证艺术质量,提高创作水平,每个剧本都经过了'编导方面的人无数次的集体研究、讨论和修正',以便求得全体一致的共同认识;'演员与演员之间又还必须要经过互相的研究、修正和探讨',从而使'编、导、演和全体技术工作者自始至终贯穿着一种民主集中制的精神'"。③

---

① 陈虹:《陈白尘与电影》,《艺术百家》,2006年第1期。
② 阳翰笙:《泥泞中的战斗——影事回忆录》,《阳翰笙研究资料》,知识产权出版社,2009年版,第182页。
③ 程季华:《中国电影发展史》(第二卷),中国电影出版社,1963年版,第253页。

陈白尘为有中共背景的"昆仑"写的第一个电影剧本是《天官赐福》，以接收大员们的可笑行径，揭露国民党"劫收"的丑行，"因为'接收大员'都是从天上飞来的，所以称之为'天官'。"①这部电影又名《天外飞来》，其风格辛辣搞笑，堪称《升官图》姊妹篇。《天官赐福》运用"误会"和"呼应"剧作手法突显批判主题。"误会"既是剧情发生与发展的推动力，也是喜剧风格的来源，更是巧妙讽刺国民党官场媚权媚钱丑恶风气的利器，以"五子登科"（金子、房子、女子、车子、票子）为交际手段与人生追求的天官们，其荒唐可笑，由之可见一斑。因扮演《升官图》里的秘书长，钱克明开罪上级而失业。在一系列的巧合下其被误会为现实官场中的"秘书长"，一时交际、金钱、爱情纷至沓来。同时，该剧运用戏中戏的处理方法，将讽刺喜剧《升官图》和电影剧本《天官赐福》进行了互文处理：钱克明在话剧《升官图》中扮演的角色为"秘书长"，而在现实生活中也被迫成为"秘书长"。如第3场第2景中，剧本对《升官图》进行了电影化再现，台词也具有多重讽刺含义："左边头痛，一根够了；右边痛要两根，前脑痛，三根；后脑疼，四根；最厉害的是前后左右都疼，那，那就……（以笑示意）并且每根金条只能治一次病。"②这些都是对国民党污秽官场的辛辣讽刺与批判。另一方面，钱克明短暂的"秘书长"之旅犹如《升官图》中的升官之梦，充满荒诞和讽刺意味，在钱具有"秘书长"这一身份之时，众人犹如《升官图》中的官员极尽谄媚，而在其"秘书长"身份被揭穿时，众人纷纷倒戈，立刻去巴结另外一个秘书长，剧作用强烈的对比处理方式讽刺了"接收"时期国民党官

---

① 陈白尘：《〈陈白尘选集·电影卷〉编后记》，《陈白尘文集》第八卷，江苏文艺出版社，1997年，第401页。
② 陈白尘：《天官赐福》，《陈白尘文集》第五卷，江苏文艺出版社，1997年，第89页。

场的混乱与黑暗。

　　《天官赐福》塑造了一大批鲜明的人物形象。虚荣苦闷的青年、唯利是图的商人、欺下媚上的官员、昏庸媚权的市民都在剧中一一亮相。剧中的主人公钱克明本是演喜剧的进步青年，却被官员弄权而失业，想着"回家先吹吹牛，像演戏那样表演几天，不要给家里突然的一个失望"①，结果骑虎难下，被迫扮演起官场的"秘书长"。钱克明充满矛盾的内心引人深思，如其对着镜中自然自语道："我看你这样下去怎么办！见了人，你又没有勇气说你不是秘书长！到现在，又有人似乎爱上了你这个秘书长！怎么办？……！"② 剧本将人物由享受虚荣到畏惧权力的情感变化如实描摹出来。随后，厌倦演戏的钱克明几次欲说出真相，却因畏惧世俗眼光而不得不退缩："实在是因为我感觉到今天这样的社会里，像我这样的人是终究不会得意的！在今天这样的社会里，谁能保得住今天的他就是明天的他！"③ 这些都反映出了当时社会对权势的盲目追求与畸形崇拜。诚如程季华所言：《天官赐福》"一针见血地揭开了'接收'即'劫收'的重重黑幕，淋漓尽致地暴露了'劫收'的本质，就是一场赤裸裸的可耻的权势和金钱的肮脏交易。"④。与当局的态度相反，《天官赐福》剧本写成后，即刻获得中共方面的积极认可，昆仑影业公司立即决定投拍，由史东山、王为一导演，蓝马主演。然而，由于"陈白尘"以及他的《升官图》此前引起的"争议"，剧本送审阶段就遭到审查机关的百般挑剔和刁难。作为昆仑影业公司编导委员会经集体讨论所决定拍摄的第一部影片，这部影片实际上代表国共双方在电影界直接政治对垒的开始，《天官赐福》自然得

---

① 陈白尘：《天官赐福》，《陈白尘文集》第五卷，江苏文艺出版社，1997年，第91页。
② 同上，第129页。
③ 同上，第148页。
④ 程季华：《关于〈天官赐福〉》，《当代电影》，1993年02期，第125页。

不到国民党审查机关的批准，"它就这样被扼杀在了摇篮里，甚至还包括了导演史东山为之所写出的分镜头剧本。"①

1948年春天，陈白尘携妻赴九江给岳父奔丧后，返回上海就开始写新的电影剧本《狱啸》。许许多多镜头，各种题材和风格，不断尝试，他似乎陷入了电影创作的痴迷中。终究是因为临时起意，仓促起笔，他前后几部作品均未能最后成篇。在"五四"纪念日前夕，他陷入了对中国电影业的思考，其将风靡剧坛的"礼拜六派＋文明戏＋摄影技术＝中国电影"视之为"黄色电影"，认为只有"反对黄色电影"为电影艺术本身而搏斗，"才能把中国电影艺术水准普遍地提高"，"才能使进步的电影阵容强大！"② 夏日，在庐山陪金玲待产的陈白尘，迎来了长女陈虹的出生，40岁的陈白尘看着女儿粉嘟嘟的小脸，喜不自禁，爱不释手。8月返回上海后，由于主任阳翰笙去了香港，陈白尘接任了昆仑影业公司编导委员会主任的职务，开始主导该公司的电影创作。这时候，面对国民党溃败前的高压，政治局势的变化，文艺界人士、中共地下党员们纷纷离沪，陈白尘更忙了，忙得顾不上照料出生不久的宝贝女儿。他接替洪深管理戏剧人福利基金会的工作，介绍几个年轻人去北平转入解放区，受地下党组织的委托，给周信芳、巴金、梅兰芳、郑振铎、叶圣陶等人做工作，动员他们去解放区参加政治协商会议。

也是1948年，作家张天翼由成都来到上海，老朋友相见，令陈白尘非常高兴。餐叙之时，张天翼想去香港，陈白尘托赵家璧帮他买了机票，并送他登机赴香港。此时的上海，可谓人心涣散，特别是文化艺术界人士，都面临"何去何从"的选择，国共双方都看到了这一点，因此极力做联络工作，意图让更多的文艺家站在自己

---

① 陈虹：《陈白尘与电影》，《艺术百家》，2006年第1期。
② 陈白尘：《"五·四"谈电影》，《陈白尘文集》第八卷，江苏文艺出版社，1997年，第45页。

这一边。中共上海地下党"主动出击",找到熊佛西、陈白尘、黄佐临等人,组建地下的"上海戏剧工作者协会筹委会",团结戏剧电影工作者,稳定人心,迎接新上海的文艺建设。经过周密筹划,协会筹委会宣告诞生。熊佛西担任主任委员,陈白尘担任副主任委员,黄佐临、吕复、刘厚生、吴琛等都列名委员,筹委会工作成效显著,到上海解放前夕,除了很少一部分人去台湾外,上海大部分戏剧电影工作者都被吸收为会员,成为新中国文艺的中坚力量。这时的陈白尘和党靠的越来越近了。刘厚生曾回忆道:"党的上海地下组织'文委'决定,在文委之下,建立一个'戏剧电影中心组',由吴小佩、吕复和我组成,任务是统一联系剧影界的党员。实际上相当于建立剧影支部,我们三人等于支委……文委指示,由吕复和我出面,邀请几位知名戏剧家,发起组织一个剧影协会,作为我们的外围组织,用以广泛联系戏剧电影工作者,开展迎接解放的各项活动。我们考虑,熊佛西、陈白尘、黄佐临三位是当时留在上海的声望最高的代表人物,吴琛原是话剧著名编导,那时已转人越剧,正可以代表戏曲方面,加上吕复和我共六人组成。这是有很大风险的,因为当时反动派走向末路,更加疯狂,他们四人都是知名人物,目标大,我们担心他们可能会有顾虑。大约在12月间我们第一次碰头见面,后来剧影界都称为'地下剧影协'……我们的聚会不可能太多。聚会地点有三处。一是熊佛老的家里,那时他是上海剧校校长,住在闸北大约是窦乐安路一所一楼一底的房子。比较僻静,人去多了容易引起注意。一是四川北路路西的一条弄堂里白尘先生的家,但他是挂了号的左翼人物,也不宜多去。最后是佐临先生给我们找了一处好地方,在福州路江西路附近的一座大楼中的一套华贵的公寓里"。① 陈白尘接受了党交给的任务，物色和介绍中央电影摄影场护厂委员会成员，都是有头有脸的人物，并积极向党汇报工作进展。当时，具体和陈白尘沟通联络的是吴小佩，在工作中，他和陈白尘多次深入长谈，陈白尘第一次系统而全面地了解了党的宗旨、目标和任务，内心非常激动。他诚恳地向党提出了加入中共党组织的申请。

辽沈战役的胜利，令国民党当局愈加恐慌，形势越发严峻。从当局内部流出的"黑名单"上，陈白尘每次都赫然在列，他随时都可能被捕入狱。此时，陈白尘躲进昆仑影业公司老板任宗德家中。在任家寓居的日子里，陈白尘、郑君里、赵丹、沈浮、徐韬、王林谷多次畅谈，共同策划，集体创作了电影剧本《乌鸦与麻雀》。根据郑君里回忆："当时白色恐怖日益严重，有些同志已经撤退了，留下的几位同志在很紧张的情况下进行工作。写一页，藏一页，藏到了摄影棚顶的大梁上面。"②

由陈白尘执笔的电影《乌鸦与麻雀》讲述了解放前夕上海一栋老房中，各类人群因为住房问题而产生的种种冲突，在整体上延续了陈白尘一贯的讽刺喜剧创作风格，以充满艺术性的手法表现了国统区黎明前的黑暗，同时预示着新时代即将到来。它以上海弄堂一栋房子逼仄的空间为主要场景，展开了作为房东的国民政府官员侯义伯与众房客的尖锐矛盾，由于风雨飘摇的环境，这一矛盾迅速白热化，并演绎成两个阵营（乌鸦与麻雀）的较量。代表强权的侯义伯依仗自己的权势，强占了老校对员孔庆文的房子，眼看时局变化，大势已去，他准备将房子兑换成现金逃之夭夭，而这对于蜗居

---

① 刘厚生：《简忆上海地下剧影协会——纪念上海解放五十周年》，《剧苑情缘》，中国戏剧出版社，2004年版，第142—143页。
② 郑君里：《纪录新旧交替时代的一个侧面——追忆〈乌鸦与麻雀〉的拍摄》，《电影艺术》，1979年第3期，第11页。

在这里的房客——中学教师华洁之夫妻、小商贩萧老板等，无疑是一个晴天霹雳。肖老板夫妇为盘下房子，把首饰和盘尼西林押给侯义伯，竟被私吞，指望用纸币兑换黄金，又遭到黄牛毒打；华洁之对侯义伯的德行非常气愤，转而向学校校长借房子，校长要他以监视学生运动作为交换，被拒绝后，遂被诬告煽动学生而遭到囚禁，华妻去找侯义伯帮忙救夫，反遭侯义伯的调戏侮辱……作为旧时代象征、恶的象征的侯义伯们，贪婪、虚伪和阴险，他们不顾廉耻对底层社会的人们进行讹诈、盘剥和掠夺，为了个人目的不择手段，充分显示出乌鸦似的阴鸷、冷酷。而在众房客之间则流淌着相互关照、彼此帮衬的人间真情——侯义伯的女佣小阿妹，偷出盘尼西林，救了患肺炎的华洁之女儿；孔庆文被侯义伯逼迫搬家，萧老板、萧太太、华太太都挺身而出；当侯义伯、余小瑛拼命查找偷了盘尼西林的疑犯时，孔庆文等老房客们几乎都宣称是自己偷的，以使小阿妹免遭责罚……影片真实面对动荡历史中的旧上海，以现实主义视角关照弄堂社会各色人等，表现其喜怒哀乐，以小见大，知微见著，由此而成为一个时代的别样世俗图卷。

  作为一部电影剧本，《乌鸦与麻雀》的人物塑造十分成功，小广播、华先生、侯义伯等人性格突出饱满，且具有深刻的时代性特征。根据郑君里的回忆："作为影片的导演，当我看到陈白尘同志执笔写成的文学剧本时，立刻就被其中鲜明的人物性格所吸引，和我自己的生活感受以及对这些人物的想像结合起来，具体的人物形象开始在头脑中活跃，并且有了把它们搬上银幕的冲动。这是塑造好人物的基础，是首先应当归功于文学剧本的作者的。"[①] 在对"麻雀"群体的塑造上，陈白尘赋予人物更多的市民性特征。如在

---

① 郑君里：《纪录新旧交替时代的一个侧面——追忆〈乌鸦与麻雀〉的拍摄》，《电影艺术》，1979年第3期，第12页。

面临房屋被卖时，租户们"各怀鬼胎"，都不愿意首先与"乌鸦"侯义伯发生直接对抗，并且"麻雀"内部也发生了分裂。作为教师的华先生，性格清高，独善其身，胆小怕事，在面临侯的无礼驱赶时，首先想到的是搬家离开，远离是非之地，但仍然无法躲过被盘剥的命运，最终身陷牢狱；萧太太对读书人亦是充满成见："读书人心眼才多哪，什么叫'后盾'啊？让你这个傻瓜去打冲锋，人家在后头享现成！"可见，"麻雀们"局限于自身利益，相互猜忌互不认同，这更是刺激了"乌鸦"侯义伯的肆无忌惮："这班家伙啊，我早看透了，搞不出什么名堂来的。"[①] 在经历一系列的事件后，"麻雀"们终于觉醒，意识到只有团结起来，才能从被欺压的命运中走出来。于是，"麻雀"们逐步从自私自利中走出，抛弃了小市民思维。剧作运用了大量的讽刺批判性的语言，如儿歌的使用："猴子猴，有来头，当汉奸，住二楼，住了二楼翻筋斗"。"翻筋斗，又接收，做大官，不发愁，汽车老婆都有啰"。[②] 这些表面看似是对侯义伯卑劣行为的嘲笑，实质是对国统区污秽官场的辛辣讽刺。作者借孔庆文之口陈述了动乱年代中人民生活的苦难："一会儿内战了，一会儿'剿匪'了，一会儿和平了，一会儿'戡乱'了……搞来搞去，老百姓还是受罪的老百姓；人家明明是汉奸，一转脸就说成是地下工作者；而我这个老头子，连自己的独养儿子都要送出去抗战……"这些台词都反映出了陈白尘对强权之下普通百姓艰难生活的深深同情。

《乌鸦与麻雀》里满满社会现实的影子，可谓是新旧交替时期动荡现实的写照。比如，1948年10月，由于国民党当局金融政策的偏误，社会上出现了一股疯狂抢购黄金的风潮，而它在电影《乌

[①] 陈白尘：《乌鸦与麻雀》，《陈白尘文集》第五卷，江苏文艺出版社，1997年，第188页。
[②] 同上，第178页。

鸦与麻雀》中有清晰的表现——

夜雨倾盆，黑压压的人群像波浪似的在起伏，从高处下瞰，淡色的雨伞一朵一朵像荷叶。两条强烈的聚光灯柱从远处射来，"飞行堡垒"车子开到了。跳下来点点的白色钢盔，向人群围去；躲避着警车和警察，人潮显得格外汹涌了；有时雨伞倒下了现出一簇人头；一时又高举起来，仿佛是摇曳的荷叶迎风招展。

随着聚光灯的扫射，这儿有人被挤倒，钞票和食物撒满湿淋淋的柏油路。那儿一大簇各式各样的脚——长靴、高跟鞋、绑腿、赤脚——互相践踏……

作品以一斑而窥全豹，"房屋"寓意家国，侯义伯的恶行寓意着国民党统治政权分崩离析前的最后疯狂，影片通过华先生四户人家的兴衰成败，通过无数的细节场景，勾勒天亮之前上海的种种情形，指证一个时代的特征：在华洁之教书的学校，特务横行，警车呼啸，人身安全全无保障；在孔庆文编校的报纸上，赫然的消息是"东也'戡乱'，西也'戡乱'，越勘越乱"；在市场讨生活的萧老板，则在飞涨的物价和银行的欺瞒下痛苦不堪；即使侯义伯的办公室，也满是大溃败之前的慌乱和萧瑟。影片所包含的丰富的内容，和老舍的《茶馆》一样，具有历史性和现实感。观众透过这一切，领悟到了新中国的意义。

"《乌鸦与麻雀》是陈白尘在电影文学剧本创作上的一个出色成就，剧本的思想性和艺术性都达到了相当的高度。作者以锐利的笔触，辛辣的政治讽刺，异常真实地暴露了解放前夕国民党统治下的社会，一片黑暗、混乱、分崩离析末日临头的景象。同时又以饱满的革命热情，卓越的艺术技巧，展示出光明的即将来临。如果把《乌鸦与麻雀》与《天官赐福》联系起来考察，更可以看出作者艺术构思的精湛功力。在《天官赐福》里，显赫一时的国民党接收大员，俨然是'天之骄子'；而在《乌鸦与麻雀》里，曾几何时这批

'天之骄子'已经变成了夹着尾巴的丧家之犬。作者紧紧抓住了战后时期国民党反动派的一来一去，勾画出了蒋介石大地主、大资产阶级王朝最后阶段相当完整的一部罪恶史。从《乌鸦与麻雀》里可以清楚地看到，作者艺术创作的强烈战斗性和对社会生活敏锐的观察力"。①

1948—1949年，解放战争炮声隆隆，先是平津战役，接着是淮海战役，我军势如破竹，挥师南下，而国民党军一败再败，溃不成军，国共双方的政治和军事实力都发生了根本的变化。这时的上海，弥漫着紧张惶恐的气息，市面上到处是军警和特务，白色恐怖让整个城市处于一片灰暗的气氛中。41岁的陈白尘在任宗德处的住所，已被特务侦察发觉，不得已他只好另换住所，并且是一换再换。为了管控秩序，防止中共人员渗入，国民党当局规定晚上八点开始戒严，任何人不得随意出入。而陈白尘每天七点后还在街头游荡，寻找住处，先后住过刘开渠家、徐韬家以及青年木刻家陈某家，"打一枪换一个地方"，这种"灵活的策略"倒也蛮管用的，他始终未被密探和特务抓住。

这年4月，陈白尘等人创作的《乌鸦与麻雀》正式开拍，大家都非常兴奋，像是等待着一个期盼已久的宝宝的降生。陈白尘回忆拍摄《乌鸦与麻雀》时的情形，说："当淮海战役的伟大胜利鼓舞着全国人民的时候，留在昆仑影业公司里的一些同志们便兴起一个愿望：作为蒋家王朝崩溃的目击者，应该记下它的最后罪恶史，并以之迎接解放。就是这一点政治热情，鼓励我们完成了这部电影。"②

---

① 《陈白尘》，中国电影家协会电影史研究部编：《中国电影家列传》第二集，中国电影出版社，1982年版，第231页。
② 陈白尘：《从〈乌鸦与麻雀〉重映说起》，《陈白尘文集》第八卷，江苏文艺出版社，1997年，第341页。

这部影片的拍摄是真正的智与勇的较量，可谓跌宕起伏。《中国电影发展史》对其进行了真实的描述："'昆仑'的创作人员知道，这个剧本在反动派的电影检查处是绝对通不过的，这样，他们就'采取了阳奉阴违的办法，把送审本删掉一些场面和对话，而实际拍摄的仍然是原本。'但是，反动派还是发觉了这个秘密。1949年4月下旬，反动派'警备司令部'对影片的拍摄直接进行了干涉，下了一道禁令，说它'鼓动风潮，扰乱治安，破坏政府威信，违反戡乱法令'，应'着即停拍'。……但'昆仑'的创作人员并没有停止工作，……一方面保留下已经搭好的三堂布景，另一方面，则由陈白尘进一步修改剧本，……暴露得更为深刻、更为真实。……他们还把原剧本藏在摄影棚顶破麻袋包着的稻草里，'有时白天拿出来修改，夜晚藏进去，有时白天请它进稻草里休息，夜晚拿出来修改'。就这样，他们坚持斗争直到上海解放。影片于1949年9月继续拍摄。"①《乌鸦与麻雀》1950年初上映，很受观众欢迎，"在周恩来的关怀与推荐下，获得了由中华人民共和国文化部颁发的1949—1955年优秀电影一等奖"②。日本电影学者佐藤忠男评价道："这部影片以它具有的世界水准成为中国电影的杰作之一，1949年摄制完成。在同一时期的国际影坛上，意大利的新现实主义电影是令人瞩目的现象，虽然该片与它并无关系，但艺术类型基本相同；而且与其代表作品相比，该片的艺术水准有过之而无不及。如果这部作品当时就被介绍到国外，那么借助国际舆论的支持，中国电影艺术家的活动空间在那以后或许会更大一些。"③可见，《乌鸦与麻雀》不仅仅是"昆仑"的骄傲，也是中国电影的骄傲。

---

① 程季华：《中国电影发展史》第二卷，中国电影出版社，1980年版，第251页。
② 陈虹：《陈白尘与电影》，《艺术百家》，2006年第1期。
③ [日]佐藤忠男：《中国电影百年》，钱杭译、杨晓芬校对，上海书店出版社，2005年版，第97页。

第四章 政治和时代的"囚徒"（1949—1976）

黎明前的黑暗是最为阴晦的，也是最让人充满希望的。在旧中国最后的日子里，化名杜大年的陈白尘，隐蔽在上海施高塔路上的好友张雪澄家，终日闭门不出，静静等待着一个朝阳初升的早晨。这个地方很特殊，就在上海警备司令部附近，所谓最危险的地方就是最安全的地方，陈白尘多年的经验让他选择了这里。1949年5月27日，上海大部解放，苏州河以北部分敌军仍在负隅顽抗，零星枪战仍在持续，直到次日中午，苏州河以北敌人举起白旗投降，上海全城才真正飘扬起红旗。陈白尘过河会晤了军管会的夏衍、于伶和黄源等同志，这个时刻老友相见，自然是很亲切的。

一、新中国成立初的政治风云与《宋景诗》始末

新上海，新生活，对于陈白尘而言，是非常兴奋的，也是他梦寐以求的。他像一个小伙子一样精神饱满地投入了全新的文艺工作中，呼应着新时代的要求，以文艺为武器，一个和大众息息相关的全新文艺事业的春天到来了。和他一样激动的是地下的"上海戏剧工作者协会"的艺术家们，他们原本组织了数十个文艺宣传队，准

备上海解放后上街进行宣传，上海市长陈毅考虑到刚解放的上海比较乱，怕艺术家们出意外，阻止了他们的街头游行，但兴奋的各支宣传队，仍然分赴各大工厂、学校表演，庆祝上海解放。

陈毅市长对文化艺术界很关心，5月30日在八仙桥青年会专门举办招待会，款待各位文化人、艺术家，会上，陈白尘代表戏剧电影界发言，谈了自己对新上海的感受。很快，陈白尘就进入上海市军管会工作，统筹管理上海的电影创作生产，而能获此殊荣，既和他多年创作上的成就有关，也和他与中共一直以来的紧密合作有关，可以说水到渠成。这也在另一件事情上得到证实：6月18日，3000多名文艺工作者在天蟾舞台集会，地下剧影协会已完成使命，具有准"官方色彩"的"上海市戏剧电影工作者协会"正式成立，陈白尘当选为主席。这是上海解放后成立的第一个群众团体，也是最引人瞩目的团体。

自此，陈白尘在上海、在全国文艺界都发挥着重要作用。1949年7月，中华全国文学艺术工作者第一次代表大会在北京隆重召开，陈白尘以代表资格审查委员会委员、南方第二代表团副团长的身份，出席了这次大会，特别巧的是，会议中演出了陈白尘编剧的《等因奉此》，受到与会文艺家欢迎。在这次会议上，陈白尘当选为全国文联委员。同月的25号，中华全国电影工作者协会成立，陈白尘又当选为常务委员。

与此同时，陈白尘在上海的任务更艰巨了。这年秋冬之际，上海著名的兰心大戏院（Lyceum Theatre）由于经营不善，效益严重下滑，戏院方想把戏院赠送给政府，由政府管理。兰心大戏院由英侨集资创建，仿效英国著名的兰心戏院而建，于同治六年（1867年）3月在诺门路、圆明园路口开业，是中国第一座西式剧场。政府相关部门认为这个戏院是英国人的产业，中英两国尚未建交，贸然把英方产业纳入国家所有不符合政策，故而没有接受，但建议戏院方面出售给民间团体。于是，陈白尘作为上海戏剧电影工作者协会主席，出面与兰心大戏院方面交涉，最终代表上海戏剧电影工作者协会以旧币500元购得了全院产业以及一切附属品，做了一笔完美的"生意"，也使新上海多了一个普通百姓能参与的文化娱乐场所。

当年11月，为适应上海解放后文艺发展需要，上海电影制片厂宣告成立，陈白尘担任上影厂艺术委员会主任委员，总控全厂电影艺术生产质量，妻子金玲也加入进来，成了上影厂的一员，夫妻双双比翼齐飞。这年年末，上海军管会结束使命，军管会文艺处工作终结，上海市长陈毅任命政府工作人员，陈白尘被任命为上海市文艺处处长，黄佐临为副处长。由此，陈白尘开始以正式的政府工作人员身份服务于新上海的文化文艺事业，这注定是一个充满希望的开始，也是一个坎坷曲折的过程，但是，这位年富力强的文艺家，选择了一往无前。

新旧交接之际的陈白尘，1947—1949三年，主要成果如下：

在《文艺先锋》10卷2期发表了《检讨〈剧人在戏剧节谈戏剧〉》，完成了电影文学剧本《幸福狂想曲》（初未发表，后刊于《当代》1982年第6期），完成了电影文学剧本《天官赐福》（又名《天外飞来》，初未发表，现存导演史东山分镜头本），完成了三幕剧《悬崖之恋》（演出时改名为《卖油郎》），上海群益出版社1947年8月出版，和田汉、阳翰笙、于伶、顾仲彝等集体创作了三幕剧《清流万里》（又名《文化春秋》），陈白尘参加了第二幕写作，这是为祝贺沈钧儒寿辰而作的，上海新群出版社1947年10月出版，他在《文艺春秋》4卷4期发表了散文《疢》。次年，在《文讯》8卷5期发表了论文《五四谈电影》，在《影剧丛刊》第二辑发表了短论《关于"编剧"之类》，1949年8月22日他在《文汇报》发表了《剧影协会欢迎返沪文代会代表会上的讲话》，执笔创作了电影《乌鸦与麻雀》。

1950年，陈白尘42岁，投入忙碌的行政事务中。三月，上海市第一届人民代表大会召开，作为人民代表出席会议的陈白尘，担任文艺组组长。4月11日，经中央人民政府委员会第六次会议通过，陈白尘被任命为华东军政委员会文化教育委员会委员，毛泽东主席颁发了任命书。次月，上海市文化局成立，原来的文艺处撤销，陈白尘担任了上海市文化局艺术处处长。6月，参加筹备上海市文代会的工作，组织各区选举代表，审核名单，筹划会议日程……8月，上海市第一届文代会隆重开幕，陈白尘担任大会秘书长。也是在这次文代会上，他被选为上海市文学艺术界联合会常务理事兼秘书长，具体承担起了上海市文化艺术界的联络、协调和沟通工作，成为党和上海艺术家们联系的纽带。而尴尬的是，由于当年递交给吴小佩的那份入党申请书被遗失了，陈白尘仍是非党人士。在此情况下，于伶、钟敬之再次作为介绍人介绍他入党，很快陈白尘被吸收为中国共产党党员。

此期，陈白尘除公务之外，最重要的事，是创作电影剧本《太平天国》。1950年是太平天国起义一百周年，上海电影制片厂决定投拍一部电影，并商定由陈白尘做编剧，张骏祥任导演。这件事，陈白尘很用心，毕竟这是他在新中国成立后创作的第一部电影。他从2月份就开始跑图书馆搜集资料，阅读和查考史料，还和张骏祥一起登门拜访著名历史学家范文澜等人，虚心求教，梳理大致的脉络。搞历史的专家们听说了这件事，都鼓励陈白尘早日把电影剧本写出来，毕竟这段历史还没有在银幕上呈现过。3月初，上影厂召开了电影《太平天国》顾问会议，顾问们发表了许多高见，这使主创人员受到很大启发。3月中，陈白尘拿出了《太平天国大事年谱》以及剧本提纲（第二稿）。这中间，筹备上海文代会等等事情，让陈白尘花了不少心思。待这些事尘埃落定，陈白尘9、10月间集中精力创作，于当年10月底完成了电影剧本《太平天国》详细提纲（上下集，共3万多字）。提纲报送中央文化部和电影局审批时，适逢《李秀成供状》真本被发现，引起大哗，历史学界对李秀成的评价两极分化，出于政治上的慎重，文化部和电影局对电影剧本大纲《太平天国》迟迟不表态，最终，电影《太平天国》胎死腹中。

1950年10月，朝鲜战争爆发，以美国为首的联合国军进入朝鲜半岛，局势变得复杂。全国掀起了声势浩大的保家卫国、抗美援朝运动，一时爱国情绪高涨。陈白尘以上海市戏剧电影工作者协会主席的名义，在《解放日报》上发表文章，要求禁止美国电影的放映，获得积极反响，第二天上海的电影院就一律拒映美国电影了，随即，这一波"禁映"潮波及全国各地。

这前后一段时间，陈白尘几乎完全陷于行政事务而不能自拔。他由北四川路新祥里搬到了复兴西路玫瑰别墅7号二楼，住得宽敞多了，但入冬后，身体劳累，导致腰椎增生发作，时不时疼痛难忍。并且他头衔越来越多，分身乏力感一日甚过一日。除了上海市文化局艺术处处长、上影厂艺委会主任、上海市文联秘书长三项具体工作之外，他还担任着上海戏剧专科学校兼任教师等近二十个兼职，终日奔波于会议室、宴会厅、车站码头，安排工作，迎来送往，推杯换盏，根本无法从事创作，内心感到苦恼无比。然而，这还没完，5月，经政务院第84次会议通过，政务院总理周恩来委任，陈白尘又担任了上海市人民政府文化教育委员会委员。

不久，电影《武训传》改变了陈白尘的人生轨迹。

《武训传》是以清朝光绪年间武训行乞兴学故事为主要内容的一部电影，根据真人真事改编，由孙瑜编导、赵丹主演，昆仑影业公司出品。该片在1950年底全国公映后，即刻产生了极大反响，不少人认为"这是一部富有教育意义的好电影"，武训是"永垂不朽值得学习的好榜样"。然而，毛泽东在1951年5月20日《人民日报》上发表了社论《应当重视电影〈武训传〉的讨论》，认为电影宣扬了反历史唯物主义的思想，必须严肃批判。随即全国兴起了对电影《武训传》的批判浪潮。陈白尘也写了《武训、〈武训传〉及其他》一文。

围绕对电影《武训传》一边倒的批判，《人民日报》发表了毛泽东亲自修改的长文《武训历史调查记》，力图配合文艺界的批判，揭示武训作为"大流氓、大债主、大地主"的反动阶级本质。文中提到和武训同时代的农民革命领袖宋景诗，读者看了后，纷纷写信要求将宋景诗搬上银幕，文艺界出现了"宋景诗热"。于是，其时的中宣部动议拍摄电影《宋景诗》。

筹划《宋景诗》写作班子时，陈白尘"被点名去北京参加电影《宋景诗》的写作。这部电影从调查到创作以至公映的过程足足可以写一本书"[①]。陈白尘毕竟长期在南方文化环境中生活和工作，做事细致而周到，他在赴京前，就做足了功课，力求弄清楚宋景诗电影创作的"重心"所在，不要闹出历史的笑话。在研究宋景诗史料后，他发现，宋景诗起义远早于武训行乞，是在后者少年时期发生的，因而想让宋景诗与武训在银幕上"同框"，"形成政治上的对比"，几乎是不可能的；再者，宋景诗初次起义后，白莲教的五大起义军先后投降清廷，宋景诗也曾被胜保所诱降敌，这应该是个"问题"。在北京，陈白尘面见周扬时，当面向他提出了这两个问题，并问他怎么解决。作为中宣部领导的周扬，到底是政策水平又"高一等"，他明确指出：作为电影，不必强求让武训与宋景诗同时出现在银幕上；至于宋景诗投降胜保，是一时的策略，不影响他的形象，他其后始终是革命的。创作者对此不必有什么顾虑。

---

① 陈白尘：《〈陈白尘文集·电影卷〉编后记》，《陈白尘文集》第八卷，江苏文艺出版社，1997年，第403页。

在中宣部直接组织下，电影《宋景诗》创作组在9月初成立，马少波、陈白尘、虞棘、黄芝岗、钱宏、贾霁、范钧宏等名列其中。创作组的任务被指定为"前往山东省堂邑一带进行宋景诗的历史调查，以农民群众所提供的历史材料，来创作表扬农民革命英雄宋景诗的电影及舞台剧本"。从9月至11月半，他们"搜集了当时所可能找到的、散见各处的文字材料加以整理排比，编成约七万字的参考资料。同时举行许多次座谈会，研究并解决了若干历史问题，为实地调查工作做了必要的准备"①。为工作方便，陈白尘居住在北京南夹道中国戏曲研究院，对中国戏曲研究院已经搜集的资料进行初步研究与思考，他花了大约一个月的时间，埋首案头，梳理、核对和线索归档，把宋景诗黑旗军以及白莲教五大旗整个活动统起来，编制了一份长达七万字的《大事记》。主管部门邀请在京的历史学家如范文澜等前来座谈，解决了创作涉及的若干重大历史问题，电影剧本的创作意图获得了与会专家的充分肯定。

创作组原拟在11月份出发到山东进行实地调研，增加对人物和历史的真实感受，由于文艺整风开始，此事向后延迟。1952年三月，44岁的陈白尘参加宋景诗历史调查组，前往山东省（当时属于平原省）聊城地区做实地调查。有意思的是，原创作组成员中除陈白尘、贾霁外，都因各种原因未能参加，一些"新人"却出现在调查组中，如阿甲、翁偶虹、景孤血、吴南青、祁兆良、吴青、郑白涛等，平原省文联的王燕飞也包括在其中。调查组将三分之一以上的时间放在宋景诗的家乡岗屯与柳林两大集镇及其周围的调查上，以此为中心，分成两个小组，围绕岗屯与柳林进行外围七个县的调查，最后两组合并到菏泽地区，调查宋景诗所参加的太平军及

---

① 陈白尘：《农民革命英雄宋景诗及其黑旗军——〈宋景诗历史调查记〉提要》，《陈白尘文集》第七卷，江苏文艺出版社，1997年，第301页。

捻军联合部队歼灭僧格林沁大军的一次战役。访谈加现场勘察，历时两个月，一共调查了八个县一百六十三个村镇，先后访问了七百一十九位老人，仅仅原始谈话记录就约有十八万字。调查组工作勤勉，不仅深入各个区县探访，而且随时记录随时整理，随时刻写油印，根据新的线索，扩大调查范围。宋景诗的扮演者崔嵬在《农民和大帅》一文中记录了自己体验生活的点点滴滴，当地的群众称宋景诗为大帅，"无尽无休地谈着"宋的作风、思想和战斗生活，"欢乐而又兴奋，好像他们曾经生活在那个时代一样"，"群众对于这个农民英雄的推崇和爱戴，给予我们的感受是十分强烈的，晚上，当我们送走那些自动前来为我们提供材料的老乡后，我们常常激动得不能入睡。以后，当我们回到上海进行拍摄时，那些感受，总是在我们的心里回旋，并形成一种推动我们创作的力量。我永远不能忘记，在卫河宋营的一场戏中，当宋景诗下令处死一个强奸了妇女的黑旗时，群众对宋景诗阶级的崇高本质的讴歌"。①

　　回到北京后，调查组花费了两个月时间马不停蹄对谈话记录进行分类、提炼，最终写出了《农民革命英雄宋景诗及其黑旗军——宋景诗历史调查报告摘要》一文，加"编者按"发表在《人民日报》上。

　　这次调查有不少收获，主要表现在对宋景诗的估价问题上。出发前，不少人对革命英雄宋景诗是抱着怀疑态度的，因为根据清廷官方记载，宋景诗曾一度"投降"过，甚至"叛变"过革命，但调查结果是"在广大人民群众口碑中，纠正了、洗刷了'官'书所给予宋景诗的一切污蔑与侮辱"，他没有真的投降过敌人，还补充了

---

① 崔嵬：《农民和大帅》，《崔嵬的艺术世界》，中国电影出版社，1982年版，第14页。

鲁西农民和黑旗军起义原因①。

由于1952年冬第一届全国戏曲观摩演出要举行，在这年的7、8月间，田汉力主先创作一部京剧《宋景诗》，得到了上级认可。于是，八月，由田汉、阿甲执笔，京剧剧本《宋景诗》创作迅速上马，作品很快就完成了，由著名演员李少春主演。然而京剧《宋景诗》反应平平，效果并不如人意。

在加入创作组、投身电影《宋景诗》创作这段时间，陈白尘的个人工作和生活，其实发生了不小的变化。1951年11月在赴山东调查前，陈白尘像所有借调到创作组的同志一样，就近参加了中央电影局电影剧本创作所的文艺整风活动，一个月后，他又奉命返回上海，继续参加上海电影制片厂的文艺整风运动。1952年8—9月，陈白尘在中国戏曲研究院参加了整党，整党结束后，按期转为中共正式党员。10月，腰椎增生病复发病愈后的陈白尘，正式调任中央文化部剧本创作室主任。剧本创作室原先属于中央戏剧学院，后改归文化部领导，陈白尘任主任实属"众望所归"。当然最令陈白尘高兴的并不是这一点，而是妻子金玲和女儿的迁居北京，这意味着人到中年的陈白尘终于在北京有了一个家了。金玲也在剧本创作室工作，一家三口住在张自忠路三号，即剧本创作室所在地，上班很近，生活也很方便。

1952年11月—12月，与岗位有关，陈白尘参加了全国戏曲观摩演出大会的相关工作。

1953年，陈白尘45岁。他和贾霁合作，开始了电影剧本《宋景诗》的创作，由陈白尘执笔。这部作品颇费精力，写了改，改了又写，数易其稿，不断提升，直到1953年7月才最终完稿。《宋景

---

① 陈白尘：《农民革命英雄宋景诗及其黑旗军——〈宋景诗历史调查记〉提要》，《陈白尘文集》第七卷，江苏文艺出版社，1997年，第302页。

诗》最终分为十个章节:《序曲:"宁赠友邦,勿与家奴"》《第一章:没活路啦》《第二章:官逼民反》《第三章:祝捷》《第四章:黑旗被卖了》《第五章:黑旗回来啦》《第六章:非拔掉这颗钉子不可》《第七章:朝廷、民团、鬼子结了亲》《第八章:投太平军去》《尾声:曹州大战》。全剧讲述了清末农民领袖宋景诗带领"黑旗军"与清廷对抗的历史故事,情节曲折,历史厚重。在内忧外患的清朝末年,清廷加重了对农民的盘剥,朝廷官员与地方乡绅相互勾结,民众背负上了沉重的纳粮负担,以至民不聊生,怨声载道。在"没活路"的情境下,宋景诗带领民众揭竿而起,开展抗粮斗争,他们与白莲教等地方武装力量合作,共同打击地主武装势力,反抗清朝的压迫统治。宋景诗组织黑旗起义令清廷震怒,也让地主乡绅恨之入骨。清廷派遣大将胜保镇压,同时利用地方民团"柳林"围剿黑旗军。黑旗军一时危机四伏。宋景诗力排众议,决定向清廷投降称臣。而后,清廷内部矛盾加剧,宋景诗借机复起,重组黑旗大败地方武装民团,并处死地主。清廷深感惶恐,重新任命僧格林沁剿灭黑旗军。与胜保不同的是,僧格林沁引入了新的武装力量——洋人。在清廷军队、地方武装与洋人枪炮多重夹击下,宋景诗领导的黑旗军大败,其母亲与妻子也被残忍杀害,僧格林沁的做法激怒了黑旗军将领,众人皆欲将僧格林沁杀之而后快之时,宋景诗加以阻止,提出投奔太平天国的主张。在宋景诗带领下,黑旗军改换太平天国服饰,升起太平天国方形"宋"字旗,继续与清廷作战。最后,在曹州大战中,已经归入太平天国的黑旗军大败清军与洋枪队,宋景诗凭借自己的军事智慧,将十万清军悉数歼灭,并手刃清廷将领僧格林沁。

《宋景诗》的价值毋庸置疑,它"是我国电影史上第一部正面描写大规模农民起义的影片"。基于充足的前期创作调查,剧本《宋景诗》得以呈现出厚重的历史气韵,恢宏的史诗感,可以说,力透纸背。同时剧作故事情节设置精心,人物形象令人印象深刻。陈白尘对《宋景诗》的创作过程做了以下总结:"为写剧本而进行的宋景诗历史调查,是有意义的创举。证明近百年史是可以而且应该向群众采访,以补充、纠正官修史之不足和谬误。但由于人微言轻,更由于我们都不是历史学家,这一经验未得到重视和推广。但我自己确实从这次调查中获得不少教益。"①

《宋景诗》也表现出了陈白尘对民族化剧作形式的探索尝试。剧作全篇既有对传统戏剧起承转合叙事模式的承接,又在人物设计、语言运用等方面进行了民族化的探索。在开篇中,剧本这样写道:"一望无垠的沙窝地带,满眼看不见一点点青,干枯的矮树可怜巴巴地在发抖,风沙发疯似的卷来卷去,路上看不见行人。"②陈白尘以短短几行字勾勒出一片衰败肃杀的气象,同时又烘托出中国传统绘画具有的苍远意境。剧作在历史与文学等层面所构建起的厚重感,为电影《宋景诗》的民族化影视语言运用提供了方向。电影剧本《宋景诗》刊登在《人民文学》第9—11期,次年7月由艺术出版社出版,书后附有《农民革命英雄宋景诗及其黑旗军——〈宋景诗历史调查报告〉摘要》,获得读者普遍欢迎。

是年7月,陈白尘调至中国文学工作者协会担任秘书长,他的家也跟着搬到了东总布胡同22号,妻子金玲随调到中国文学工作者协会古典文学部工作。10月,陈白尘参与筹备的第二届全国文代会召开,他担任大会副秘书长,并当选中国文联全国委员会委员。同月,另一个盛会——中国作家协会第一次代表大会召开,会上,陈白尘被推举为秘书长并当选为理事,参加了中国作协党组。

---

① 陈白尘:《〈陈白尘文集·电影卷〉编后记》,《陈白尘文集》第八卷,江苏文艺出版社,1997年,第403页。
② 陈白尘.:《宋景诗》,《陈白尘文集》(第五卷),江苏文艺出版社,1997年,第289—290页。

1954年，时年46岁的陈白尘忙于中国作协的日常工作。这一年，中央文化部举行了1949年—1954年电影奖评选，陈白尘等人创作的《乌鸦与麻雀》起初被评为二等奖，颁发了银质奖章，后来又改为一等奖，补发了金质奖章。怎么会有这样的乌龙？原来是周恩来亲自过问，才使评审组纠正了对国统区电影工作者的偏见。黄宗英回忆说："周恩来同志在文化部的评选会上问道：为什么《乌鸦与麻雀》不能获得一等奖呢？为什么不看到国统区的电影工作者是在什么条件下工作的呢？对任何事物要做历史的、具体的分析。国统区的电影工作者们，在国民党反动派白色恐怖的高压下，拍摄了揭露蒋家王朝末日的影片，我们认为：是应该授予一等奖的。"①周总理的关怀，给予来自国统区的文艺工作者巨大精神宽慰，也使得一些优秀的作品没有被忽略，没有被忘记。历史是最后的评判者，时隔30多年后，在第一届法国娱乐片电影节上，《乌鸦与麻雀》获得优秀推荐影片奖。

伴随着新中国经济的恢复，文化事业迅猛发展，传统文化的研究开始繁兴，唐诗宋词明清小说都为学术界普遍关注，成为人们争相考索的热点。1954年李希凡、蓝翎的《关于〈红楼梦简论〉及其他》在山东大学《文史哲》杂志发表，引起毛泽东的浓厚兴趣，10月16日，他给"中共中央政治局和其他有关同志"写信，对两个年轻人批驳俞平伯《红楼梦研究》一书的观点，反对古典文学领域的胡适派资产阶级唯心论，给予了高度评价，从而引发了一场对俞平伯《红楼梦》研究中的"错误"展开批判的浪潮。10月至12月，中国作协和中国文联先后八次召开扩大联席会议，就《红楼梦》研究中的资产阶级唯心论倾向进行批判声讨。这场政治批判，触及了当代中国思想学术界的许多重要问题，影响深远。12月2

---

① 黄宗英：《星》，《人民文学》，1978年第9期。

日，中国科学院院务会议和中国作协主席团会议决定联合召开批判胡适思想的讨论会。两个机构推选出郭沫若、茅盾、周扬等九人组成研讨会组委会，并指定刘大年、陈白尘为正副秘书长。这场规模空前的研讨会，一共举行了21次，时间长达三个月，至第二年3月才最终落下帷幕。

从1950年到1954年，陈白尘忙于公务，个人著述不多：

1950年，陈白尘在上海《文艺新地》1950年第1期发表了短论《关于新爱国主义——以苏联电影为例》，在《戏曲报》1卷1期发表了短论《门外谈戏曲》，在《解放日报》7月9日发表短论《〈红旗歌〉与上海剧运》，在《文汇报》7月11日发表了短论《艺术—政策—真理》，在《解放日报》8月16日发表了短论《〈不是蝉〉与工人文艺斗争》，在《人民戏剧》1卷5期发表了短论《习剧随笔——主题与题材的分裂》，他也完成了电影剧本详细提纲《太平天国》（未发表），在上海电影制片厂的《上影通讯》发表了散文《守株待兔》。

1951年，陈白尘在《文艺新地》1951年第3期发表了短论《武训、〈武训传〉及其他》。

1952年，陈白尘在《人民日报》3月4日发表短论《〈巡按〉在中国》，在《人民日报》11月1—2日发表《农民革命英雄宋景诗及其黑旗军——〈宋景诗历史调查报告〉摘要》，并和田汉、阿甲、翁偶虹、景孤血等集体创作京剧剧本《宋景诗》（未发表）。

1953年，陈白尘和贾霁在《人民文学》第9—11期发表了合著的电影文学剧本《宋景诗》，1954年7月由艺术出版社出版单行本。

1954年，陈白尘和贾霁在《大众电影》第4期发表了两人合撰的《关于宋景诗的外貌和外号》，对于剧本中宋景诗横眉大眼、气势汹汹的人物形象疑惑问题进行解答："他实际上是在当时翻天覆地的农民革命斗争中一个叱咤风云的英雄人物。这样：一面是柔和、仁慈、义气、老实，一面是刚强、手黑、打抱不平、宁折不弯；以前者对待人民，后者对待敌人，这才真正地构成了宋景诗这一英雄底基本性格的全貌和特征。单单一方面抹煞另一面，都不是真实的，都是不正确的。"①

这一阶段，陈白尘的创作悄然地、逐步地游离电影，而复归戏剧，个中缘由值得深思，也耐人寻味。其标志事件是1955年，47岁的陈白尘编选了自己第一部剧作选《岁寒集》，这部选集只收录了他的三部作品：《太平天国》三部曲第一部《金田村》、《岁寒图》和《升官图》。三剧在收入《岁寒集》时，在当时的政治氛围和文艺政策之下，作者对其都进行了一番修改，涉及人物也涉及情节，陈白尘当时也不讳言修改的"不得已"："当十年后的今天进行这些修改，而又力图不违背十年前的历史现实，不能说不是一个困难的工作"。同时，他对于自己没有新作品而耿耿于怀，"我还在像补破古董似的修改着这些剧本，又不免有些浪费精力之感了！让我再努力写些新作品吧！"②

这年5月，陈白尘参加了批判"胡风反革命集团"的斗争，8—9月又参加了中国作协党组召开的批判"丁陈反党集团"的斗争，昔日熟悉的作家、文艺家纷纷变成了"反党分子"，陈白尘感到恍惚。

10月，陈白尘的工作岗位发生新变化，他成了中国作协新成立的"工作委员会"委员兼中国作协对外联络委员会副主任，给作家肖三同志当助手。或许是意识到他对戏剧创作的熟悉，又任命他担任中国作协创作委员会戏剧组组长。在对外联络的岗位上，陈白

---

① 张俊斌、陈白尘、贾齐：《关于宋景诗的外号和外貌（观众与电影工作者往来）》，《大众电影》，1954年04期，第30—31页。
② 陈白尘：《〈岁寒集〉后记》，《陈白尘文集》第八卷，江苏文艺出版社，1997年，第332页。

尘依然兢兢业业，希望自己不辱使命。次年2月，中国作协第二次理事（扩大）会议在北京举行，陈白尘在会上做了关于对外联络工作问题的发言。10月，在鲁迅先生逝世二十周年纪念大会上，作为大会主席团成员，陈白尘负责接待罗马尼亚、民主德国、匈牙利等国的代表，与国际友人相谈甚欢。11月4日，陈白尘等人奉命前往波兰出席波兰作家代表大会，乘飞机到达中转站莫斯科时，接到不受波兰欢迎的通知，只好逗留于莫斯科，等待北京的指示。戏剧家陈白尘马不停蹄瞻仰了列宁、斯大林墓，参观了列宁故居，每到夜幕降临就去剧场看戏，亲身感受了苏联这个国家的文明和先进的种种，感受了俄罗斯古老而多样的文化，直到21号离开莫斯科回国。12月，中国作协主席团决定将"工作委员会"改为"书记处"，陈白尘任书记处书记之一。次女陈晶的降生，给了48岁的陈白尘莫大的欢喜，寄居在北京颐和园邵窝殿的他，主动提出并自动停薪，做了"专业作家"。或许这个时候，他"愧于"自己的优厚生活，要向党表达自己的爱，表达自己和工农打成一片的决心。

然而，这位长期在国统区工作的作家，终究不会被"忘记"，他对左的意识形态的认识终究是需要在严酷的政治现实面前不断深化的。这典型地表现在电影《宋景诗》的创作上。电影《宋景诗》是1953年完成剧本创作，1955年完成拍摄的，导演为郑君里，主演为崔嵬、陶金、石挥等。作为中宣部亲自主抓的项目，其创作凝聚了包括陈白尘、贾霁在内的很多人的心血。只要看看，1956年春，48岁的陈白尘竟然写了儿童读物《黑旗宋景诗》，而此前的1952年，《农民革命英雄宋景诗及其黑旗军——〈宋景诗历史调查报告〉摘要》，竟然会在《人民日报》这样的大报全文发表……

1956年春夏，电影《宋景诗》摄制完成，这个正面描写农民起义的影片投资高达七十个亿（旧人民币），引起了人们的关注。《宋景诗》的宣传海报已经张贴在大街小巷，在电影院、剧场等人流密集的场所，更是随处可见。然而，就在影片"即将公映之前，突然掀起一场轩然大波，大有禁止放映，编导停职检查之势"①，中共中央宣传部召开专门会议，讨论宋景诗一度投降胜保问题，文艺界气氛突然变得非常凝重。参加讨论的不仅有中宣部主要负责人，还有史学界的著名学者、军委文化部负责人、与宋景诗历史调查有关的人员、创作团队中的共产党员等等，人数一共五六十人，整整开了三天的会。会上，军委文化部首长首先发难道："有着变节行为的宋景诗怎么可以如此地去吹捧和颂扬？"有人怪声怪气宣称："中华人民共和国不在乎七十个亿！"有人甚至落井下石道："所有的主创人员应该立即停职检查！"附和者不在少数。"会场上的火药味浓得令人战栗"，几天间"天塌地陷"。在这种否定论调主导下，就连范文澜等过去支持电影拍摄的历史学家们也面露难色，不知怎么表态。周扬也缄默不语。甚至一些过去参加过《宋景诗》创作、支持这一工作的人，也纷纷改了腔调，支吾了起来，因为宋景诗的气节问题，是阶级立场的大问题。陈白尘突然被置于"被告席"上，他冷静下来，搬出书来据理力争，说宋景诗的投降是假投降，并没有背叛过人民，其奉命去陕西剿贼，私下里却和农民起义军商议好进退②。陈白尘后来回忆说："支持我并为宋景诗辩护的，只剩下一个崔嵬同志（他是这部电影的主角宋大帅），我是准备完全败诉了的。但最后周扬同志做总结时，却奇峰突起，局势陡转，说宋景诗虽犯过错误，综其一生来看是革命的，应该肯定。电影中有缺点，可以修改的。一场风波，顿告平息。"③

---

① 陈白尘：《〈陈白尘选集·电影卷〉编后记》，《陈白尘文集》第八卷，江苏文艺出版社，1997年，第403页。
② 陈虹：《自有岁寒心——陈白尘纪传》，山西人民出版社，2000年，第211—212页。
③ 陈白尘：《〈陈白尘选集·电影卷〉编后记》，《陈白尘文集》第八卷，江苏文艺出版社，1997年，第403—404页。

为了改掉影片"缺点",化解各方面"批评",电影《宋景诗》增加了胜保和宋景诗谈判一场戏,凸显宋景诗的革命立场,同时补充了原先删去的围歼僧格林沁的场景。影片修改完成,再送中宣部审查,在最后一次审查中,周恩来亲自到场,在众人的沉默声中,周恩来右手一挥拍板通过。负责中国作协机关刊物《文艺学习》的作家黄秋耘在《重看〈宋景诗〉有感》中指出:"当时在教条主义的压力下,为了使这部新影片不至死于胎中,只好委曲求全,在艺术真实和'批评家'的要求中间寻求一种折衷和妥协。"① 电影《宋景诗》终于起死回生了,对于在中华人民共和国成立后创作的第一个电影剧本,陈白尘自谓"但求政治上无过,不求艺术上有功"。

晚年在编辑《陈白尘文集》时,陈白尘不止一次地提醒女儿陈虹一定要将《宋景诗》收入电影剧本卷,或许是因为这是中华人民共和国成立后十七年中他唯一一个被摄成电影的剧本,或许是因为《宋景诗》不可避免被时代烙上的烙印,或许是因为陈白尘想给这段岁月找个交代——"没有《宋景诗》,解放后的十七年我还能称为作家么?"说这句话时,他的脸上满是悲戚。②

讨论风波之后,12月,陈白尘续写《宋景诗历史调查记》,次年2月完稿,3月修改完毕,这是他与"宋景诗"不解之缘的又一部分。

1957年,注定是山雨欲来的天气。

49岁的陈白尘开年即遭遇了很悲痛的事,1月,他的儿子陈晴在莫斯科因病去世。3月6日陈白尘参加了党的全国宣传会议,4月27日中共中央发出《关于整风运动的指示》。党中央号召人们向

---

① 黄秋耘:《重看〈宋景诗〉有感》,《人民日报》1957年6月13日。
② 陈虹:《自有岁寒心——陈白尘纪传》,山西人民出版社,2000年,第212—213页。

党"提意见",大鸣大放,一时责任心强的知识分子们或主动或被动在各种场合表达了一些希望党更好,甚至希望单位或领导更好倾听群众意见的"意见"。陈白尘此时也写了几篇文章,包括《在剧协召开的座谈会上的发言》《稿酬·出版·发行——给〈文汇报〉记者的一封信》等等,从中不难看出这位经历了新旧两个社会的艺术家由衷的心声。

然而,电影《宋景诗》六月正式公演的喜悦还未消散,七月,"大鸣大放"风向就变了。"1957年大鸣大放中,我在剧协一个座谈会上发言时,这'潜台词'就揭底了。当时针对着解放以来话剧创作的不够繁荣,我发问道:解放以前许多剧作家(当然包括我自己),在国民党反动统治下能写下大量的作品,为什么到解放后反倒很少甚至没有作品呢?这本来是个值得'争鸣'一番的问题,但接着反右斗争一起,我这次发言便犯下'今不如昔'之罪,被视为'向党猖狂进攻的右派言论'了。幸而由于某一领导同志的'包庇',更幸而我所在的那单位右派分子成堆,已大大超额了,我这候补者才没挂上号。"①在毛泽东亲自组织下,全国掀起了与资产阶级右派斗争的热潮,一批文学艺术界的"右派"遭到了批判,作为中国作协书记处书记的陈白尘参加了这场大批判。随着越来越多的熟人、朋友被打成"右派",特别是一次次喧嚣的批判"丁陈反党集团"的大会,陈白尘内心翻江倒海,那些揭露的"事实"令他目瞪口呆,他以默不作声来回应。

1980年陈白尘回顾往事时道:"我那'今不如昔'观中之'昔',并非指国民党统治之'昔',而是指的在国民党统治区里由我们党领导的'左翼文化运动'以及抗战时期我们党在国统区所领

---

① 陈白尘:《文艺创作的领导,不同于物质生产的领导——〈陈白尘戏剧选集〉编后记》,《文艺理论研究》,1980年第2期。

导的文艺运动这个'昔'。因此，1957年我所提的问题，说得明确点，就是为什么同一党员作家或进步作家，同是在党的领导之下，在国民党统治的恶劣环境下能写出许多辉煌之作，解放后反倒很少甚至没有作品呢？说穿了，就是我认为党对文艺创作的领导，解放后那一时期有不如'左联'及抗战时期之处。"也就是说，陈白尘自觉对这一时期的文艺运动予以反思，对这一时期党对文艺创作的领导是"不满"的，他回忆道，从左联到抗战时期，"党对作家的领导主要是政治上的领导"，主要是路线、方针、政策的领导，是"大框框"的领导，党并没有干预具体的创作题材和创作方法。因而"作家们在创作上则是心情舒畅，毫无顾虑地各自为战，在其各自的'生活加工厂'里'八仙过海，各显神通'，生产出各自风格的作品来。"而在新中国的情形下，作家们都怕犯错误，纷纷搁笔了，冯雪峰曾说过"但求政治上无过，不求艺术上有功"。陈白尘对冯的这句名言深有同感，并进一步为自己确定"但求工作上无过，不求创作上有功"的准则。也就是说"不写，或尽量少写，工作忙，不过是托词，其实是个怕字"。[①]

于是，这时人们更多地在学术场合和创作场合看到陈白尘的身影。11月，他作为编委会成员，参加了编辑《中国话剧运动五十年史料集》的工作。同时，他被大型文学刊物《收获》聘为编委，工作岗位也由中国作协书记处书记，调任《人民文学》杂志副主编，协助主编张天翼负责该刊的编务。这时的陈白尘结束了"专业作家"的生活，而重新成为体制内领工资的"工薪族"，生活重新迈上正规。

[①] 陈白尘：《文艺创作的领导，不同于物质生产的领导——〈陈白尘戏剧选集〉编后记》，《文艺理论研究》，1980年第2期。

二、担任《人民文学》副主编与"大跃进"时期的喜剧创作

1958年,全国开展"大跃进",处处是"超英赶美""大炼钢铁""粮食夺高产""各条战线放卫星"的口号,不仅经济生产领域呈现"大跃进"景象,文艺领域亦要"大跃进"。1958年9月,中宣部召开文艺创作座谈会,着重讨论了"大跃进"中的文艺工作和国庆十周年文艺创作任务,与会者表示要像生产1070万吨钢一样,在文艺领域争取"放卫星"。

1957年底,年届"知天命"的陈白尘被任命为《人民文学》杂志副主编。在"文革"时期的交代材料中,陈白尘谈到其去《人民文学》的缘由。1957年冬天,因《人民文学》主编秦兆阳被划为右派,周扬等不得不换主编,于是让张天翼和陈白尘、葛洛分别担任正副主编。张天翼身体不太好,极少具体负责编辑工作,葛洛不久后又被调走,因而,从任命到1962年5月间,大概四年半的时间,陈白尘是《人民文学》的主要当权者①。陈白尘的一份"认罪书"写于1969年8月18日,他交代了其在《人民文学》工作期间的工作思路与作为:1959年刘白羽向陈白尘传达了他和周扬在北戴河的谈话,说"要团结作家,要让作家放手去写"。刘白羽强调的团结对象并不是广大的工农兵作家,而是指30年代的作家,依靠他们的作品来编辑《人民文学》,希望《人民文学》能编成30年代的《文学》杂志。陈白尘自认为,自己之所以会去《人民文学》当副主编,也是因为邵荃麟觉得陈和30年代作家的关系比较好,而陈也确实没辜负他们的期望。到1960年初,他和张天翼在编辑部提出刊物要由老作家、老干部和青年作家来"三分天下",

---

① 陈虹:《陈白尘与〈人民文学〉》,《读书文摘》,2016年08期。

并在编辑部大力推行《文艺十条》的指示纲领,尤其热衷于"多样化"。1961年5月,陈白尘在刊物检查会上说:"如今题材、风格形式都太狭隘,审稿一定要宽一些。"在题材方面,"有些题材并不是主要题材,主题也不是最积极的,但艺术技巧上有独到之处,而四项内容上也没有错误的倾向,如欧阳山的《乡下奇人》,也应该发"。在这个月的另一次会上,陈白尘反对大家一窝蜂写重大题材,说"大家都写一种重大题材、一种形式,那只能越走越窄","不能都放牡丹,都放兰花,都放菊花。——都放一种花,比如菊花,岂不成了'菊花会'!"到了1962年,在一次刊物检查会上,陈白尘说:"重大题材与题材多样化不是对立的,既要现代题材也要历史题材,既要写工农兵也要写其他阶层,既要写重大题材也要写一般题材。"并反复强调:"读者的口味是多样的,历史的、轻松的东西,读者也是要的。散文要多样化,诗歌要多样化,小说的风格形式也要多样化。"

在"多样化"思想指导下,《人民文学》所刊发的作品非常丰富:第一类是历史题材作品,体裁各异,有小说、剧本、散文,"借古讽今"。陈翔鹤的《陶渊明写〈挽歌〉》、孟超的《红拂夜奔》、曹禺的《胆剑篇》等就是其中的代表作。这些都是由陈白尘亲自去组稿的,在他鼓励下,陈翔鹤又为《人民文学》写了《广陵散》。第二类是"革命回忆录"或者是传记性散文。如有为刘少奇树碑立传的《安源矿史》,有为齐白石、梅兰芳、常书鸿树碑立传的作品,有梅兰芳写泰戈尔的文章。第三类陈白尘归结为"现代题材的反党反社会主义的大毒草",其中有"反对三面红旗的《锻炼锻炼》《山那边人家》,恶毒攻击社会主义制度的《在软席卧车里》《最有办法的人》……歌颂所谓'顶风'人物的《实干家潘永福》《乡下奇人》,歌颂'中间人物'的《赖大嫂》"等等。而这些后来被称之为"毒草"的作品,也是陈白尘千方百计组稿组来的。譬如欧阳山

《乡下奇人》的组稿经过：陈白尘向欧阳山约稿，欧阳山讲起广东农村那几年浮夸风的严重及恶劣影响，说他想写一篇反对浮夸风的小说，写一个实事求是的农民敢于顶上边刮下来的浮夸风，题目也已想好，叫《乡下奇人》，问道："《人民文学》敢不敢发？"陈白尘拍着胸脯说："你敢写，我就敢发！"

第四类是散文。"有的大谈神话传说、名胜古迹，抒发思古之幽情；有的大写吃喝玩乐、饮酒赋诗，宣扬堕落的生活方式；有的吹吹捧捧、自我标榜，为自己作宣传；有的风花雪月、无病呻吟，散发反党怨气……总之，它们都起着消磨人民意志、腐蚀人民灵魂的作用，是促进'和平演变'的麻醉剂。"[①]

平心而论，陈白尘担任副主编时期的《人民文学》丰富了"大跃进"时期的文学，也团结了不少作家，发表了不少作品。并且该刊发行量在这三年之中，从20多万册发展到38万册，成为全国最有影响力的文学刊物，也受到许多年轻人的欢迎。年轻作家碧野与陈白尘在北京相遇，多年后，他心怀感激之情写道："这时，他负责《人民文学》的编务，重担在肩的他为中国新文学事业鞠躬尽瘁。《人民文学》是中国作家协会机关刊物，读者如云。他日夜辛苦，孜孜不倦。他善于团结作家，刊物办得丰富多彩。像我这样一个普通作家，也在他的培养下接连发表了在北京写成的《去虎盘河》，在新疆写成的《十八盘山暴风雨》，在鄂西北写成的《武当山记》。他对作家的鼓舞和爱护，为中国新文学史谱写下了动人的一章。"[②]

"人在寂寞的旅途中，总是希望找寻一点安慰的，即使是空谷的回声也好。"编辑《人民文学》或许也是陈白尘一段寂寞人生旅

[①] 陈虹：《陈白尘与〈人民文学〉》，《读书文摘》，2016年08期。
[②] 碧野：《难忘的记忆》，《征鸿远骛——陈白尘纪念专辑》，江苏农垦机关印刷厂，1998年版，第358页。

途中的"安慰"吧。他道:"这种工作有苦恼,也有乐趣。苦恼在于每每为发表的作品担责任,受批判;乐趣则在于许多好作品得以先睹为快。尤其是当你发现一个新作者的好作品时,这种快慰是双重的!"① 谁能料到,在"文革"中,陈白尘因刊发这些"毒草"被定为"放毒犯",陈白尘"坦然"接受这些莫须有的罪名,用阿Q精神胜利法自我安慰,想着后世文学史自会有定评,大有"众醉独醒"之气概,"四人帮"一倒台,"毒草"果然变成了"鲜花"。

作为中国作协的最高刊物,《人民文学》编辑部在全国范围内搜集在群众中传抄、传颂的"毛泽东诗词",一共得到近二十首。为使这批作品早日面世,由陈白尘等代表全体编辑上书毛泽东同志,请求准予发表。后来其中一部分,即毛泽东《词六首》在《人民文学》上发表,在1962年那个特殊的年代,产生了极大反响。

在"大跃进"的背景下,陈白尘也加入了大炼钢铁、"超英赶美"的行列,除铁锅、菜刀外,家里的铁器都被送进了小高炉,有一次他不小心被小高炉的火烫伤了手臂,简单包扎后又继续投入了大炼钢铁的战斗。这时,戏剧界也出现了多写戏、多排戏、出好戏的热潮。陈白尘在"大跃进"感染下,又像当年一样,把自己的热情,投入了戏剧创作中。1957年年底,陈白尘和一些作家去参观北京近郊的农村,感受"大跃进"即将到来的气氛。回来后,他与他的学生——王命夫、刘沧浪、黄悌一起集体创作了一个独幕讽刺喜剧《哎呀呀,美国小月亮》,发表在1958年《人民文学》1月号上。定下选题后,离最后发稿只剩下一个星期了,几人轮流执笔,更换了四次稿,终于如期完成了任务。《哎呀呀,美国小月亮》是顺应时代反美帝的作品。在一种类似京剧锣鼓的音乐声中开场,开

---

① 陈白尘:《有所为有所不为》,《陈白尘文集》第八卷,江苏文艺出版社,1997年,第157—159页。

幕前的齐唱就已突显了这个小戏的主题和讽刺基调：

> 美国小月亮，妄想上天空。
> 牛皮吹得大，火箭叫"先锋"。
> 劈兹……，飞上去，一秒钟，两秒钟，
> 古隆咚！来了一个倒栽葱！
> 哎呀呀，美国月亮送了终！
> 哎呀呀，美国月亮送了终！

一开场就让人喷饭。作为是一部时事讽刺喜剧，陈白尘使用了惯用的油滑手笔，根据1957年12月中国报纸刊登的美国人造卫星发射失败这则新闻，反映"东方压倒西风"的国际政治形势。剧中淋漓尽致讽刺了美国总统、国务卿、国防部长等美国统治集团在"美国小月亮"发射失败后的窘态。有人评论其"嬉笑怒骂，皆成文章"，尤其是"美国国防部长不能自制地露出商人本色，随时随地兜销他的肥皂的场面，虽不过是一支插曲，但也使观众的确要替美国人民担心，让这样的'宝贝'掌握美国人民的命运，是多么危险的事情！"[①] 采用如此夸张的、讽刺的手法来表现这些反派人物的"愚蠢和丑态"，让中国观众对其尽情嘲笑之，这招让其时的中国观众很受用。

剧本完成，"距离美国先锋号火箭失败消息的发布日期只有八天"，很快此剧被搬上了舞台，北京人民艺术剧院自1958年1月23日将《哎呀呀，美国小月亮》连同其余三个写时事或反右派的独幕剧一起搬上舞台。如此迅速反应，人们不免觉得这很像是新中国成立前流行的活报剧。

---

① 李纶：《嬉笑怒骂，皆成文章》，《中国戏剧》，1958年第3期。

成昆评价道:"《哎呀呀!美国小月亮》虽然不能说它就是活报剧,但从它反映现实的锐敏,表现形式的灵活,那种以真人真事作为艺术概括的鲜明的报导性、战斗性,漫画似的夸张,都可以断言,它是继承着过去活报剧优良的传统。它能配以现代舞台的华丽布景当然很好,可是也一样能在简单的舞台条件下演出。这就大大地扩张了它活动的天地,能够最大限度地普及开来,发挥它宣传教育的艺术威力。"[1]

在北京人艺演出座谈会上,大家认为"我国话剧最宝贵的传统就在于它与政治的紧密联系,它始终是为政治服务的",因此在政治斗争中要重视使用独幕剧与活报剧这些武器。陈白尘当时很感慨:"我感到话剧在解放以来是不够活跃的,这与我国各方面朝气勃勃、欣欣向荣的局面是不相称的。抗战期间话剧很活跃,创作了许多尖锐的及时反映现实的活报剧,我们应该重视和发扬这个传统。我们需要具有一定思想和艺术水平的作品,但也需要活报剧。"[2]

《哎呀呀,美国小月亮》之类的戏,其时大受人们欢迎,鼓舞了人们的士气。欧阳逸冰回忆说,"高中时代,我在校戏剧队,为了排练《哎呀呀,美国的小月亮》,争相购买《剧本》月刊"[3]。其火爆情形令人难以想象。而时代似乎也呼唤产生这样的戏,"目前我国六亿人民正以十二万分的革命干劲掀起一个排山倒海、波澜壮阔的生产建设高潮,我们艺术界不能有愧于伟大的时代,必须阔步赶上,创作和演出反映当前伟大斗争生活的作品。"[4]

---

[1] 成昆:《谈最近几个刊物发表的独幕剧》,《剧本》,1958年03月,第96—97页。
[2] 《舞台上的政治小品文——记本刊举行北京人艺演出的四个小戏座谈会》,《中国戏剧》,1958年3月。
[3] 欧阳逸冰:《忘记献上的美人蕉》,《剧本》,2015年第5期。
[4] 李纶:《嬉笑怒骂,皆成文章》,《中国戏剧》,1958年第3期。

陈白尘"鼓足干劲，力争上游"，新年一过，他又与米谷、江有生、汪巩集体创作了三个独幕剧《愚人节的喜剧》《两兄弟》《相信美国》，合称为《美国奇谭》。陈白尘是执笔者，剧本发表于《人民文学》1958年第5期。当时，正在读小学三年级的陈虹问了陈白尘一个很奇怪的问题，"爸爸，为什么你写的剧本一定要找许多人合作呢？"陈白尘一时瞠目结舌，不知所对。后来陈白尘认真思考了"集体创作"这一问题。他认为集体创作不可能取得创作主导地位，但集体创作往往和中国话剧及时反映重大历史事件的传统有关系，因为集体创作能解决及时反映、出手快问题。《哎呀呀，美国小月亮》正是以集体创作的方式突击完成的，否则时机一过，以一己之力是不可能写成的。《美国奇谭》的完成也正是得力于集体创作方式。陈白尘和汪巩懂舞台艺术，但没有时间去研究大量的原始资料。米谷、江有生是著名的漫画家，虽不熟悉舞台，但喜欢搜集国际问题资料，特别是美帝政治经济方面的漫画材料，能提供大量讽刺素材。于是，他们四个人凑在一起，在午饭后上班前的一个小时碰头，研究资料，交换意见，初步结构，然后由汪巩写提纲，再度讨论后，由陈白尘执笔。正是靠流水作业方式，短短半个月的业余时间，就完成了三个独幕剧的创作。基于此，陈白尘认为，集体创作能及时反映其时社会主义建设事业，不妨"提倡"一下。①

除了上述剧作，陈白尘对现实题材作品也倾注了很大热情。当年春天，教育界开展双反运动，受北京市委委托，陈白尘五月份进入北京大学体验生活，采访大学生和教授，他和张天翼、邵荃麟等人被北大中文系聘为兼任教授，后腰椎病复发才离开。

运动进行得如火如荼，养病期间的陈白尘完成了四幕时事讽刺喜剧《纸老虎现形记》，发表于《收获》1958年第6期，起初题目

---

① 陈白尘：《关于集体创作》，《文艺报》，1958年第9期。

叫《东风纸虎记》（1959年1月，作家出版社出版单行本《东风纸虎记》），主题自然是"东风压倒西风"。上初中一年级的女儿陈虹在作文《我的爸爸》中这样形容陈白尘的写作情形：

> 这时的他躺在病床上，一动都不能动。"拿笔来！拿纸来！"他在口中不住地喊着，"我的腰不能动，可两只手还能动啊！让我写，让我躺在床上写吧！"……就在他的这张床的对面墙上，挂着一幅由他的学生们送来的条幅："人生五十不算老，乘风破浪正当年！"①

读来既生动又形象。陈白尘当时作品有着"大跃进"的精神，他写作的情形也是"大跃进"式的。他躺在床上，闷闷不得闲，看到新闻说，中东风云突起，伊拉克首都巴格达发生政变，推翻了费萨尔王朝的统治，建立了伊拉克共和国。"艾森豪威尔主义破产了，没了巴格达的《巴格达条约》寿终正寝了，这是全世界爱好和平人民的大喜事！"伊拉克革命的成功，使陈白尘产生了一种不可抑制的创作冲动，受这"大喜事"启发，陈白尘带病阅读了"不少工人创作的独幕剧、活报剧和相声剧，其中不少取材于东风压倒西风形势下美帝国主义的可笑处境和结局的，这也给予我很大启发。……反映了观众如何希望把这一切帝国主义分子和战争贩子们拉到舞台上去示众……"在病中开始酝酿这个剧本，久而久之，他形成了一个较为明确的意图："写一组包括三四个各自独立而又有连环性的活报剧。比如，一幕伊拉克革命的胜利，一幕写美军在黎巴嫩登陆的失败，一幕写英空军在约旦着陆后的尴尬地位和侯赛因朝不保夕

---

① 陈虹：《自有岁寒心——陈白尘纪传》，山西人民出版社，2000年，第228页。

的命运，还可以写一幕墨菲在开罗的遭遇……等等。"①

时事剧写作每每紧紧跟随时事的发展变化，国际形势变剧情则变。若是以集体创作方式，此剧恐怕早已完稿。但这次由陈白尘独自撰写，等他病愈开始提笔写作时，国际形势有了新变化，"两大阵营之间——正义与罪恶，和平与战争，反侵略与侵略的斗争形势愈益尖锐了"。活报剧形式很难反映这新的国际形势。因为活报剧形式会造成人物分散，难以集中刻画几个"头面人物"，并且排演方——青年艺术剧院也希望排一个大戏。因此，陈白尘重新搭了个三幕腹稿，8月底待他大体写了第一二幕出来后，发现又无法按照原计划进行了。因为，9月初国际形势又变了。"美帝原本是在地中海失足，而妄想在台湾海峡捞住一只救生圈"，9月6日，周恩来发布了对台湾海峡的声明，"我们就更看清楚美帝在绞索中不能自脱的那副窘急之态，真是原形毕露，现出纸老虎的空壳壳来了"。然而，台湾海峡的事端正在发展之中，既定的上演时间不允许他等待结果。于是，陈白尘只好重新改写前两幕，重新按照计划写第三幕，并将陈毅驳斥杜勒斯在联合国大会发言的声明作为增添的第四幕。9月29日写完全稿，剧院即刻排演，10月20日青年艺术剧院正式上演。这个剧依然要归结为时事剧，仍然可以看作是活报剧，作者用夸张、漫画式的手法将杜勒斯的"愚蠢"展示在中国观众面前，"我写的杜勒斯虽然粗糙，也还是真实的。因为他的所作所为在客观上确实证明了他的愚蠢，他在全世界人民、特别是在中国人民心目中也确实是这么一副愚蠢相。"②《纸老虎现形记》通过对伊拉克革命的成功和中国人民、阿拉伯人民反对帝国主义斗争的描

---

① 陈白尘：《〈纸老虎现形记〉新版后记》，《纸老虎现形记》，人民文学出版社，1959年。
② 陈白尘：《〈纸老虎现形记〉新版后记》，《纸老虎现形记》，人民文学出版社，1959年。

写，暴露出美帝这只纸老虎的现形。

这个充满着时事色彩的剧在排演时遇到了不少困难，因为"剧中人的台词是大量的政治性语言或者干脆就是声明、文告"，演出如何通过形象把它体现出来呢？导演、演员都感到十分的惶惑。陈白尘理解剧院的难处，并作了明确提示："一是思想要鲜明，二是排得要热闹，要出'鬼点子'。由此，剧院的艺术家发现，不应该拿一般剧作概念来衡量这一题材新颖的作品，这是一个不同凡响的特殊样式，它是建立在大量时事活报剧基础上的大型时事讽刺喜剧。剧本的不同样式，自然需要有不同的演出形式，金山将他的导演目标明确在"请大家畅快地笑一笑，这种笑声，意味着我们战斗和必胜的信心上"。①

《纸老虎现形记》的舞台调度建立在"纸老虎狂吠交响乐"这一基调上，舞美设计为张正宇，他以单线单色的手法勾勒了白宫的画面，既像一个酒馆，也像一个交易所，大大增强了其讽刺喜剧的效果。一开幕就是黑沉沉的背景，几根瘦瘦的惨白的骨架，构成了白宫的图案。在那些用线条组成的桌椅上，染着粉红、淡绿的颜色，与黑幕形成强烈对比，揭示了美国式的生活情调，也散发出低级庸俗的气味。剧末，舞台背景上放出中国人民游行示威的剪影，和舞台上出现的和平鸽图案，转换了戏剧情调，迫使一群好战分子不得不下台举手投降。在这个戏中，演员所塑造的形象，不是现实主义的风格，也不同于以往舞台上的形象。"他们有着在资本主义社会中已经'机械化'了的节奏，也由于爵士音乐的熏染而神经质地叫嚣着。但是他们每个人却又各具有自己的个性与特征，表现出粗暴的、阴险的、疯狂的、贪婪的等等不同的性格。导演帮助演员们各自创造了一套形体上的夸张动作，也掌握了帝国主义集团分子

---

① 余林：《话剧生存空间思虑》，民族出版社，2007年版，第257页。

中不同的典型本质。演员们所塑造的人物形象和艺术创造才能,就像许多音符一样,被成熟的作曲家所掌握,把它们写在五线谱上,这些'音符'被演奏者演奏在钢琴的键盘上,奏出了纸老虎狂吠的交响乐。"[1]譬如,杜勒斯、艾森豪威尔等人,他们的动作几乎都是痉挛的,甚至像机器转动那样,有着快速节拍的动作,语言则是像轻、重机关枪的连放。尤其是于村以"老疯狗"作为剧中杜勒斯形象的种子,塑造了一个漫画式的喜剧人物。

这样的"大胆"的艺术创造在当时"是受观众所欢迎的",也被评论家肯定"无疑是一个比较成功的演出"[2]。周扬看过此剧感慨道,"中国剧作家要写国际题材的戏,现在是太少了。"民主德国的一位文化部部长看了演出后,非常佩服作家的政治热情,当年演当年的国际时事,这在他们国家是完全没有的,他赞扬道:"你们真正掌握了艺术是锋利的武器。"[3]

作品在当时的社会影响确实不小,李之华评论《纸老虎现形记》时说:"1958年的'大跃进',我们在社会主义建设的各个战线上,都获得了空前的胜利。在文化战线的戏剧创作方面,也表现出非常繁荣的景象。'以揭穿帝国主义真面目为题材的讽刺喜剧',就是1958年开出来的新鲜花朵。"陈白尘"运用辛辣的笔锋,机智的穿插,以1958年7月到9月中间的时事为背景,把美帝国主义外强中干、色厉内荏的纸老虎原形暴露在我们的面前。当我们读这个剧本的时候,从内心里不时地和作者一同发出讽刺的笑声。""作者对杜勒斯、艾森豪威尔等帝国主义代表人物,不仅刻画出他们装腔作势的共性,同时,也注意到了他们的个性。……杜勒斯是假凶,不得不装做真凶的样子,艾森豪威尔是真弱,又不得不装出假

---

[1] 李超:《谈〈纸老虎现形记〉的导演创造》,《戏剧报》,1959年,第3期。
[2] 李超:《谈〈纸老虎现形记〉的导演创造》,《戏剧报》,1959年,第3期。
[3] 余林:《话剧生存空间思虑》,民族出版社,2007年版,第258页。

强的样子……美帝国主义的侵略成性和外强中干，帝国主义之间的矛盾，夏蒙、侯赛因的傀儡相，这一切反动派的本质，被作者从动的状态中，从国际形势的发展中，从中东事件以后的国际时事变化中来描写出来了。"剧场里，从头到尾不断听到观众的笑声，"只有那内里卑鄙，外表装做堂皇；内里脆弱，外表装作强大；内里愚蠢，外表装做聪明；这种矛盾的东西才可以引起讽刺的笑声。它的可笑，主要不在于它的矛盾，而在于它装做。一看到装腔做势的人，我们不是都要发出讽刺的笑声吗？"①

周丁认为陈白尘为时事剧和活报剧开辟了一条"跃进的道路"，他写道："作者通过这次尝试，比较成功地突破了一般的漫画式的讽刺画，而将原有的剧作水平提高到政论作品的高度。这就是说把时事讽刺剧从库克雷尼克赛的画架，引向了伊里亚·爱伦堡和萨斯拉夫斯基的打字机，赋予时事喜剧以更生动、更富于战斗性的生命力。《纸老虎现形记》就像一把利刃，刺穿白宫里那些纸糊的虎头，使他狼狈万状，成为善良人们嘲笑唾弃的对象。"②

导演金山出奇制胜、新颖别致的艺术创造也十分突出，他在舞台上用了两块巨大的银幕，既有效地烘托了喜剧舞台的气氛，又缩短了白宫和中东、西欧之间的距离。麦克风做成了拳头状和蓬蓬头，当杜勒斯被中国的声明驳斥得无言答对时，居然作犬吠……观众在狂吠中捧腹大笑不止。最后吓倒群魔的和平鸽的出现、天安门前抗议民众的剪影等等丰富了这出不以故事情节取胜的时事讽刺剧的艺术性和引人注视的色彩感。当然因为是跟着时事新闻走，前半谈中东问题，后半谈台湾问题，难免会有两半截的感觉，衔接的"痕迹"过重，结构欠工整，事件罗列过多等缺点也很明显。

---

① 李之华：《谈"纸老虎现形记"》，《剧本》，1959年第2期。
② 周丁：《纸虎狼狈东风紧——〈纸老虎现形记〉观后》，《戏剧报》，1958年第23期。

由于时代的原因，陈白尘面对现实无法用笔造剧，转而另辟路径从时事中选材，"开国际玩笑"，这虽满足了政治的需求，且所演剧目也受到了人们的欢迎，但此亦是出于无奈。从其后他在《人民文学》上努力拓展题材的"多样性"即可见出他对时事剧存有保留意见。对于这一时期的这几个反美帝创作，陈白尘在八十年代回过头来是这样看的："1958年前后，实在不甘寂寞，和朋友们写过几个和美帝开玩笑的小剧本以及独自写作的《纸老虎现形记》。这其实还是逃避现实的游戏之作，并不是认真的创作。"① 他反思说："十七年里，我只对帝国主义开开玩笑，写过几个所谓讽刺喜剧的小玩意，对于人民内部的讽刺对象却没有下过笔。这自然是胆怯，深怕遭受没顶之灾。""如果在十七年里能以作家的耳目为耳目，以作家的喉舌为忠言，我们十七年的灾难也许不致如此深重吧？"②

1958年，在构思舞台剧的同时，陈白尘在1月11日《人民日报》发表短论《从〈乌鸦与麻雀〉重映说起》，在《文艺报》1958年第1期发表短论《关于老舍的〈茶馆〉》，在《文艺报》1958年第4期发表短论《反对八股腔，文风要解放》，在3月19日《人民日报》发表短论《在广泛开展群众性的文学活动基础上大跃进》，在《诗刊》1958年第5期发表短论《放声歌唱吧》，在《文艺报》1958年第9期发表了随笔《关于集体创作》，在1958年7月5日的《北京日报》发表了短论《相声与讽刺剧》，在《文艺报》1958年第17期发表了杂文《杜勒斯听着》，在《戏剧报》1958年第22期发表短论《淮剧杂谈》。

1959年，陈白尘已年届51岁，许是新中国成立10周年的缘

---

① 陈白尘：《〈陈白尘剧作选〉编后记》，《陈白尘写作生涯》，百花文艺出版社，1986年，第245页。
② 陈白尘：《〈主任外传〉代序——给作者王少燕的一封信》，《剧本》，1980年第11期。

故，文艺创作为上级领导格外关注。仅仅在2月份，中国戏剧家协会就召开了"话剧发展问题座谈会"，广泛征求推进戏剧创作的意见建议，中国作协召开了"创作工作座谈会"，商讨繁荣文艺创作的方略。3月，中国戏剧家协会又召开了"戏剧电影座谈会"，从剧本创作角度发掘空间，这些都是以1958年文艺工作的总结为着眼点的。

三、《鲁迅传》："不求创作上有功"

在1960年代的创作中，电影剧本《鲁迅传》是有些独特的。大约在一九五三年，陈白尘所尊敬的作家冯雪峰说了句名言："但求政治上无过，不求艺术上有功"，陈白尘进一步为自己定下这样的"原则"："但求工作上无过，不求创作上有功。"文艺领导上的条条框框太多，陈白尘不敢轻易动笔写工农生活，写了时事活报剧《纸老虎现行记》后，就遵命写了电影剧本《鲁迅传》，这和前文所讨论的反美帝时事讽刺喜剧风格不同，故而另分一节专门讨论之。

1960年，陈白尘接到撰写电影剧本《鲁迅传》的任务。因1956年7月，由上海电影制片厂摄制的纪录片《鲁迅生平》上映，引发了一轮"鲁迅热"，该片史诗般地呈现了鲁迅的丧仪，还辑入了由明星影片公司拍摄的鲁迅遗容、群众在万国殡仪馆吊唁和群众送葬的悲壮场面，轰动一时。1958年，毛泽东更提出各地要有自己的鲁迅，于是各地鲁迅纪念馆遍地开花。7月周恩来到上海，指示上海文化部门的领导拍摄一部反映鲁迅生平的电影，以帮助广大群众了解鲁迅。上海市委文教书记石西民指定叶以群撰写，至12月，叶写出了《艰难时代——鲁迅在上海》的初稿，北京方面得知这一情况后，也准备拍摄一部关于鲁迅的电影，由赵慧深负责。当时叶以群所撰写的初稿，因过于拘泥事实，缺乏戏剧性，缺少故事片特质而没有通过。

1960年,上海天马电影制片厂导演陈鲤庭建议由陈白尘写电影剧本,上海电影局长张骏祥亲自到北京为陈白尘请了两个月创作假,于是,这个"扛鼎"工作落到了陈白尘身上。陈白尘"自觉力不胜任",本想退却,但"固辞不获"。另一方面,自《纸老虎现形记》后,陈白尘虽写了一些文章,如同往常一样关心戏剧界的创作、关心戏剧人物塑造、关心喜剧等热点问题,但一直没有紧跟新时代核心要求的作品问世。电影《鲁迅传》是用来纪念次年的鲁迅先生诞生八十周年的,应该很快就会拍摄,并且他曾为鲁迅先生守灵……经过一番思考,1960年初,陈白尘赶赴上海,和上海电影局商讨《鲁迅传》的写作问题,提出与叶以群、唐弢等合作的要求,而上海市委又允许加强创作力量,1960年初上海方面成立了创作组,由叶以群任组长,柯灵、杜宣、唐弢、陈鲤庭(亦是摄制组长)都是组员,而陈白尘是执笔人。另外还成立了一个强大的顾问团,团员有茅盾、许广平等,团长则是夏衍。在周恩来亲自作了指示后,52岁的陈白尘正式担纲主撰了。

1960年4月,更高层面的《鲁迅传》顾问委员会在北京成立,并举行第一次会议,许广平、周建人、茅盾、夏衍、巴金、阳翰笙、邵荃麟等委员悉数出席,会议对电影《鲁迅传》的创作提出了一些指导性意见。根据这些意见,次月,陈白尘和导演陈鲤庭、杜宣以及妻子金玲赶赴绍兴、杭州、广州等地采访。与此同时,创作组其他成员陆续访问了熟悉鲁迅的各界人士,被访者高达100多人。

7月,陈白尘返回上海,住在和平宾馆,他很快写出了《鲁迅传》上集的详细提纲,获得了批准。他打算分四章来写,涉及辛亥革命时代、五四时代、五卅至三一八、1927年大革命时代。同月,陈白尘赶回北京出席第三次全国文代会,在这次文代会及相关会议上，陈白尘继续被选为中国文联全国委员、中国剧协常务理事、中国作协理事、中国影协理事，参与国家文艺层面的交流、组织及管理事务。吊诡的是，他的中国作协书记处书记职务先是莫名其妙地被撤销，后来又莫名其妙被恢复了。但陈白尘没有多想，在听取各方面意见后，这年 11 月 27 日，他完成了电影文学剧本《鲁迅传》（上集）第一稿。

《鲁迅传》（上集）第二稿是次年在《人民文学》1961 年 1—2 期合刊发表的，同时，《人民日报》摘发了其中两章，一时引起人们普遍关注。陈白尘执笔的《鲁迅传》展现的是 1909 年—1927 年近 20 年间鲁迅的活动和"斗争"，与提纲相比，成稿增加了许多政治性的内容，尤其突出了毛泽东的作用及共产党人对鲁迅的影响。但其整体构思是要将鲁迅的经历和时代的演变交织起来写。贾霁在看过这个剧本后，认为剧本给人印象最深的是"斗争中的鲁迅和他同辈的早期马克思主义者以及不同年代的许多青年的英雄形象"，譬如李大钊、陈延年等。剧本也着重抓住"三一八"惨案后那段时期，女师大潮案事件对鲁迅的影响。贾霁认为，难处自然在于鲁迅形象的塑造，可以说一万个人心中有一万个鲁迅，"鲁迅的形象也确实可以说是早已深藏在我们这个时代的千百万读者的心中了，每个人是怎样地希望着将来银幕上的鲁迅和自己心目中的英雄相符啊！""在电影中表现鲁迅、塑造鲁迅这个伟大人物的艺术形象，这在创作上决不是轻易的事情。首先，鲁迅是这样的一个典型：在他的一生中，并不是哪一个年代里哪一个事件所能代表他概括他的；要正确地深刻地表现鲁迅，势必不能不接触到他和他所处的时代所经历的一些主要的生活和斗争事件，而这是多方面的、丰富的。那么，要怎样才能够在一个容量有限的电影里，把那许多年代里许多事件高度地集中起来，用以表现人，突出鲁迅的形象和他的思想精神面貌呢？这首先要看怎样选择材料，对材料又怎样'镕裁'。从

《鲁迅传》(上集)看来,剧作者们在这方面是下了很大的功夫。他们是以对鲁迅和他所处的时代的深刻研究和理解,从作品的思想主题的需要,并且从作品样式方面的特点来着眼、来构思,而选择了剧本所要表现的内容。"① 贾霁觉得剧本中鲁迅的性格还显得不够完整、不够丰满,最好是将剧本内容压缩,对人物和事件尽可能地挑选,减头绪而立主脑。3月上旬,《鲁迅传》顾问委员会会议对这部作品进行了讨论,与会者对剧作予以了基本肯定。陈白尘认真吸收了大家的建议,并融入自己的修改计划中。

万万没有想到,电影剧本《鲁迅传》的写作之路十分坎坷,历经了多次修改。写鲁迅这个人物并用电影手法表现出来,难度其实非常大,既要表现作为"伟大的文学家、思想家、革命家"的鲁迅,又要将戏剧性和艺术性完整统一,一不小心,就会引起许多责难。1961年《人民文学》第1—2期公开发表了电影剧本《鲁迅传》(上集),同时《人民日报》选载了一部分,公开发表时所用的是第二稿。随后,中宣部周扬同志召集电影《鲁迅传》创作组、摄制组在杭州开会,正在杭州的夏衍同志也参加了会议。除创作组陈白尘等人外,演员赵丹、蓝马、于是之、谢添、石羽、于蓝等也参加了会议。会上,周扬对《鲁迅传》(上集)的情节提出一些疑问,要求进一步提炼加工,并决定由夏衍同志帮助修改《鲁迅传》(上集)第三稿。究竟是什么情况,陈白尘完全不知情,他只是感觉到了周扬态度上的变化,从热情到冷漠……5月,由夏衍修改的《鲁迅传》(上集)第三稿问世,有关领导感到不满意。这时,文化部"文艺工作会议""故事片创作会议"先后召开,周恩来在讲话中,反复强调改变领导作风,发扬民主的重要性,指出贯彻"双百"方针是重中之重。由此,修改电影《鲁迅传》的重任又回到陈白尘身

---

① 贾霁:《〈鲁迅传〉(上集)读后》,《电影艺术》,1961年第2期。

上。整个9月,陈白尘都住在西郊西颐宾馆,一方面兼管《人民文学》编辑部工作,另一方面埋头电影《鲁迅传》(上集)第四稿、第五稿的写作,除了参加中国文联和作协召开的"鲁迅先生八十周年纪念大会",别的事一概婉拒。陈白尘如履薄冰,常有"力不从心"之感,"所幸的是创作组多数同志都是研究鲁迅的专家,由他们画出了蓝图,我总算赖以敷衍成篇,略具电影剧本的形式"。①

有一天,陈白尘苦闷地叹了口气,和夫人金玲说道:"李大钊这个人物竟然不让在影片中出现了!"

金玲听了后,也有些焦虑,问道:"鲁迅在北京期间与共产党的关系怎么表现呢?"

陈白尘摇了摇头,"上面说了,就是写,也不允许以我党的创始人的身份出现……中国共产党的缔造者只能是毛主席!"

金玲沉默了。这段对话被女儿陈虹听了,留心记了下来。由上可见,陈白尘一遍又一遍改写《鲁迅传》时该有多苦闷。又有一天,陈白尘有些高兴地拿着刚写好的稿子给金玲看,"我总算设计出了这样一场戏,用来表现鲁迅和许广平的恋爱关系……"

陈虹好奇地凑上脑袋一看,这恋爱戏只不过是送了一个香烟嘴、搀扶了一下……

金玲看后,淡淡地说:"真够谨慎的。"②

在特殊的政治气压下,面对"鲁迅"这样一个伟人,陈白尘变得格外谨慎,放不开笔写,他连同他所塑造的"鲁迅"都变得非常拘谨。后来陈白尘回忆说:"一位前辈曾批评我说:'你把鲁迅当着最尊敬的人去叙述他,而不是当着你笔下所创造的人物来描写他

---

① 陈白尘:《〈鲁迅〉(上集)校后记》,《陈白尘文集》第八卷,江苏文艺出版社,1997年,第352页。
② 陈虹:《自有岁寒心——陈白尘纪传》,山西人民出版社,2000年,第234—235页。

的',这许是对的批评。"①

11月,陈白尘完成的《鲁迅传》(上集)第五稿在《电影创作》第六期再次发表,1963年由上海文艺出版社出版单行本,改名为《鲁迅》,去掉了"传"字。

在《鲁迅传》定稿会上,林默涵摊了牌:"我看陈白尘的修改就到此为止吧,今后再有什么意见到镜头本上去改动……"这话似乎暗示着《鲁迅传》的修改之路还没有完成,或许也暗示陈白尘再一次被请出局了。

其实,1961年电影《鲁迅传》就成立了摄制组,演员阵容无比强大,有赵丹饰演的鲁迅、蓝马饰演的李大钊、于兰饰演的许广平、于是之饰演的范爱农、石羽饰演的胡适、谢添饰演的农民阿有……赵丹在1961年4期《电影艺术》上发表了他的创作笔记《鲁迅形象塑造的初步探索》。赵丹对于即将要扮演"鲁迅"这样一个伟大而光辉的人物,心中十分激动,为了扮演好角色,他去绍兴、杭州、北京、广州、上海等地访问鲁迅亲属等,又间接地从文字和图片中探索。赵丹对"鲁迅"形象很有把握,他是这样阐释"鲁迅"的:"鲁迅"一度"孤独"、"荷载独彷徨",但"在中国共产党对他的影响和启发下,他终于在思想发展中起了质的变化,开始掌握'阶级论'的武器而彻底否定了自己的旧信念。"从《二心集》至《且介亭杂文》,"他完全是以一个共产主义者的姿态出现了,和前期的作品有了显著的区别",而且"愈是往后就愈益表现出他那更加成熟的马克思主义者的特点"②。这种看法显然有问题,在第一次发表后的研讨会上,有领导毫不客气地指出:"作为文学家的

---

① 陈白尘:《一项未完成的纪念》,《陈白尘写作生涯》,百花文艺出版社,1986年,第226页。
② 赵丹:《鲁迅形象塑造的初步探索——创作笔记之一》,《电影艺术》,1961年4期。

鲁迅写得不够，而作为革命家的鲁迅则写得过火了。"① 当然，赵丹也注意到"鲁迅"性格的丰富性，而贯穿性格基调的是幽默，虽然对于"幽默"他们是有保留的。

实际上，电影《鲁迅传》（上集）所出现的问题，也是革命历史题材电影创作中常常会碰到的问题，即如何处理人物与时代的关系，即人必须是作为时代中的人来描写，但实现的方法不尽相同，最后达到的效果也不尽相同。在第五稿完稿以后，瞿白音也提出了专业批评意见，他认为该剧主要是将人物放在特写和近景中表现时代，而在史诗性的画面中却看不到鲁迅的影子。他认为该剧受传记束缚过多，最好是按照传记片要求——择取人物生平的动人的一段或几段，舍弃或者简略交代动作性不强、形象力薄弱的部分，重新取舍材料，他认为"鲁迅"形象有点过于分散："一部文艺作品中总有一个或几个突出描写的人物。在电影里就是主角。主角是作家精神最灌注的人物，所以剧作家往往集中力量，为主角写戏。自然，这并不是说主角可以孤立地存在，不需要次要角色，不需要为次要角色写戏。但是，为次要角色写戏，目的还在于烘托和突出主角。《鲁迅传》的主角应该是鲁迅，这是无可争论的。但上集中，为次要角色写的戏似乎多了一点。属于正面人物的有李大钊、郭小朋、张棣华等人的戏，属于反面人物的就有胡适、陈西滢、段祺瑞等人的戏。这些人物和戏，并非都不需要（段祺瑞这一人物是否需要是要和"三一八"惨案场景联系起来考虑的），而是说，在分量上还可以斟酌。照目前的情况来看，有些次要角色的戏，还不能说'万流归海'地和主角的戏紧密联系了的。那些戏的确有许多美妙的笔触，但从整体看，似乎有点累赘，因而结构也显得冗长了。"②

---

① 陈白尘：《一项未完成的纪念》，《陈白尘写作生涯》，百花文艺出版社，1986年，第224页。
② 瞿白音：《〈鲁迅传〉琐谈——向白尘同志请教》，《电影艺术》，1962年02期。

一直等至1962年，电影《鲁迅传》还没有启动迹象，陈白尘内心有些委屈，却也十分无奈，1962年8月他写道："当时不自量力，竟贸然挑起这副重担。两年中……创作组同志更做了无数次反复的讨论，为它升梁设柱；影片摄制组的同志们也参加了长期的、不懈的争论并为之搜集大量材料；自己呢，也算为它耗去了不少的精力；但改来改去，改成的现在这个上集的本子，依然远难令人满意！"《鲁迅传》还会按照原先计划拍摄吗？陈白尘心中没有底。在他提笔写《校后记》之时，上海已经提出"大写十三年"的口号，《鲁迅传》这个不属于"十三年"的题材，命运究竟会怎么样呢？他在纸上写道，"它如果要拍成电影，那是先要经过电影艺术家们的'手术'，然后才能进入再创造过程的。那么，这本小册子姑且如舞台剧之有书斋剧一样，先让它作为一本电影的书斋剧来印行吧。"① 不久，张骏祥到北京告诉他，上海电影局所属各厂的历史题材电影一律下马了，不过《鲁迅传》是唯一例外被批准了。然而没过多久，1964年上海传来消息，《鲁迅传》摄制组被张春桥下令解散了，理由是，"摄制组腐烂了"。更没想到的是，在十年浩劫中，摄制组中的所有成员，从导演、演员、工作人员以及集体创作参加者竟无一幸免地在上海市万人大会上惨遭批斗。

陈白尘曾感叹《鲁迅传》的写作过程："好文章是不怕千锤百炼的，可是落笔就写歪了的字，怎么描也是描不好的了。几番折腾，改到后来，真是味同嚼蜡，欢喜全消。"②作家带着沉重的"镣铐"所进行的创作，注定不会是愉快的创作，束缚了作家的才华，压抑了其写作的天性，这样的"创作"自然是不美好的。

---

① 陈白尘：《〈鲁迅〉（上集）校后记》，《陈白尘文集》第8卷，江苏文艺出版社，1997年，第351—352页。
② 陈白尘：《一项未完成的纪念》，《陈白尘写作生涯》，百花文艺出版社，1986年，第224页。

四、"山雨欲来风满楼"

在推进《鲁迅传》创作的同时，陈白尘个人作品也在修订中。1959年夏，多个剧团要上演《结婚进行曲》，陈白尘只好翻出旧作，"像修补破罐似的将它修补一遍"，1960年1月，该修改本由中国戏剧出版社出版。陈白尘自己说："修改的地方很多，其实是重写了一遍。……可是不管你如何把自己拉回到历史的回忆里去，我毕竟是生活在解放后新中国的今天。要在这个修改本里把历史作一次还原是不可能的，因此它不免总要露出今日修改的破绽来了。"陈白尘觉得修改本没有达到所企望的目的，前后风格仍然不统一、不和谐，不禁"深悔这个修改本出版的孟浪"。很奇怪的是，1959年打算演出的许多剧团后来不知因为什么原因，纷纷都取消了演出计划。或许是因为喜剧剧本缺乏的原因，至1961年冬天起，各地剧团又纷纷提出重新排演此剧的计划，并且都问其如何将前三幕的喜剧与后两幕的悲剧性相统一？陈白尘只好含糊地说，"第一，最好不再演它；第二，一定要演，请导演全权自由处理。"而中央实验话剧院的耿震坚持要排演这个戏，并坚持要解决问题，他将第五幕全部删去；只留个尾巴接在第四幕后边，说是权宜之计。陈白尘看了总排后，根据耿震的建议删去了第五幕，对第三四幕做了相应修改，文字也略加润色，成了新一版的"修订本"，于1963年由中国戏剧出版社出版。[①]

1962年9月份，中央实验话剧院排演的《结婚进行曲》获得了很大成功。贾霁评道，中央实验话剧院所演出的喜剧《结婚进行

[①] 陈白尘：《〈结婚进行曲〉（修订本）校后记》，《陈白尘写作生涯》，百花文艺出版社，1986年，第196—198页。

曲》，无论是在编剧艺术上，还是导演艺术，都有许多精巧的构思，深受广大观众喜爱和赞赏，它使新中国观众看到了逝去的旧时代的社会面貌，感受到轻喜剧艺术的趣味。贾霁称："这一切，对于我们今天这个伟大时代里的青年人来说，好像是海外奇谈，不可理解；但是从那充满矛盾和苦难的旧社会走过来的人们，都还记忆犹新：在国民党反动派统治下的那个黑暗时代里，很大一部分青年人的生活遭遇，往往就是这样。这出戏的辛辣的嘲讽和强烈的喜剧性正是从这个真实的生活基础上产生的。它的思想性和认识作用也正在这里：它让我们在笑声中回忆一下过去，从而更加理解革命的伟大，同时也让青年一代看了戏之后更加增强对我们的今天的幸福感。"①

《结婚进行曲》在其时"千篇一律"的喜剧创作之中，独树一帜。陈白尘在创作上充分掌握了"编"的权利和规律，充分利用夸张、巧合、误会等手法把"戏"组织起来，引人入胜，并且这次修改使得"整个剧本有了一种新的面貌"，突出了主题的积极意义。贾霁钦佩陈白尘"精益求精"，"力求作品能更好地为时代为人民服务的严肃态度，和力求作品的思想艺术更加臻于完善而一再修改和重写的创造精神"。而此次舞台呈现，导演耿震为使戏更具有时代精神，运用了具有时代气息的"幕间曲"，并在舞台装置和布景方面大胆地打通了舞台上的"墙"，突破了舞台框框，给人耳目一新的感觉。②

1962年2月17日，陈白尘应邀到中南海紫光阁参加一个小型座谈会，这是他第一次进入中南海，第一次参加高规格的座谈会，

---

① 贾霁：《〈结婚进行曲〉观后杂谈》，《戏剧报》，1962年第10期。
② 同上。

心里不免有点忐忑。这是专为即将去广东参加"广州会议"的同志举行的。周恩来、陈毅副总理亲临座谈会听取大家的意见，并讲了话，陈白尘就"话剧为何不够繁荣"做了发言。3月初，他和其他北京文艺家赶到广州，参加"全国话剧、歌剧、儿童剧创作会议"（即"广州会议"），这是一个盛大的会议，周恩来、陈毅副总理向与会艺术家们发表讲话，中心话题是解放思想，提高话剧艺术创作的水平。陈白尘聆听了两位国家领导人的讲话后，极度兴奋，感受到戏剧艺术的春天即将到来，他兴致勃勃地做了《喜剧杂谈》的发言，讨论了社会主义的新喜剧这一概念，指出"喜剧的武器是笑，因笑分辛辣尖锐的讽刺的笑、婉而多讽的幽默的笑、愉快喜悦的抒情的笑，于是喜剧分为讽刺喜剧、幽默喜剧、抒情喜剧"。中华人民共和国成立后，讽刺喜剧很少产生了，因为武器的使用者和对象变化了，人民内部矛盾使用"讽刺"很难，因为"讽刺的火焰一经燃烧，它会蔓延开去，越过界限"，其最适合应用于敌我矛盾，譬如和帝国主义之间的矛盾。而幽默喜剧最适合反映人民内部矛盾，陈白尘认为电影《五朵金花》和《今天我休息》是抒情喜剧，和幽默喜剧一样作为阶级内部矛盾的武器，但"更偏重于对正面人物和生活的赞美"。并指出"戏剧冲突是以社会矛盾为基础，但社会矛盾并不等于戏剧冲突"。"作家对生活进行观察、体验、研究之后，认识了矛盾，理解了矛盾，还要在这一切有普遍性的矛盾之中（和生活中原始材料一起）进行选择、提炼、概括以至升华的工作，才能把它锤炼成一个具体的戏剧冲突"，陈白尘强调，戏剧冲突是尖锐的，但尖锐性并不决定矛盾之是否有对抗性，要具体看作家的锤炼与安排，因为观众并不喜欢社会矛盾图解式的作品。[①] 陈白尘的

---

① 陈白尘：《喜剧杂谈——在全国话剧、歌剧、儿童剧创作座谈会上的发言》，《剧本》，1962年05期，第23—29页。

《喜剧杂谈》是对当时那些只从社会矛盾的概念出发,"等同或混同社会矛盾与戏剧冲突的关系"、"只能把千变万化、各个不同的生活,变成千篇一律的作品"提出了批评。这样的批评在当时的喜剧创作、戏剧创作中是十分中肯和贴合实际的。

笔者前述1958年《人民文学》编辑部曾在全国搜集在群众中传抄、传颂的"毛泽东诗词",并上书毛泽东,请求准予发表。1962年4月22日,毛泽东选择了1929—1931年间作的六首词,题为《词六首》。陈白尘等人很高兴,再次上书毛主席,请求为刊物题字。毛泽东随即书写了《词六首》小序:"这六首词,是1929—1931年在马背上哼成的,通忘记了。《人民文学》编辑部的同志们搜集起来寄给了我,要求发表。略加修改,因以付之。"《词六首》和题字以及临时敦请郭沫若撰写的《喜读毛主席〈词六首〉》同时刊发在《人民文学》1962年5月号上,引起了很大反响。最高领导人对《人民文学》的首肯,显然让包括陈白尘在内的编辑部同仁们欣喜不已,这让那些经历了新中国一系列复杂而又敏感的政治风波之后的文艺家们,多少吃了一颗定心丸。后来陈白尘又请郭沫若写了《"枯木朽株"解》和《"温故而知新"》二文,对《词六首》中《渔家傲》的诠释作了澄清,这才弥补了陈白尘未向毛泽东请示擅自将郭文与《词六首》同时刊发的过失。

六十年代初的陈白尘,繁忙的事物占了他大量精力,以至于他连自己以往的创作被搬上舞台,都无暇顾及。但自1962年5月始,陈白尘实际已不再是《人民文学》的实际掌管者,他被"疏离"了,成为一个文化使者,一名国际文学联谊工作者。

五月份,陈白尘被中国作家协会派往罗马尼亚出席罗马尼亚著名剧作家卡拉迦列逝世五十周年纪念大会。在赴罗马尼亚前,中国作协对《人民文学》杂志领导班子做了调整,陈白尘、李季同时担任副主编,两人可轮流执编,轮流创作,陈白尘摆脱了编务。到达布加勒斯特后，他前后待了两周多，参加了卡拉迦列纪念大会，也游览了这座美丽城市的风光。6月中旬，陈白尘由布加勒斯特抵达保加利亚首都索菲亚，按照此前签订的中保文化交流协定，对保加利亚进行访问交流，他先后考察了十一个城市，足迹遍布这个东欧明珠的山山水水。7月4日，应苏联作家协会邀请，陈白尘又顺访莫斯科一周，受到苏联作协的热情接待。

这次欧洲行，陈白尘访问了三个国家，观摩了24台戏剧，历时41天，可以说收获满满。是年8月，他写了《访问罗、保、苏三国的汇报》，在中国戏剧家协会做了《罗、保、苏三国戏剧现状》的报告，这是新中国戏剧家对兄弟社会主义国家戏剧的直观印象，也是一场场戏剧观摩后的心得，具体而详实，引起听众普遍的兴趣。

而在这时，新的访问日程又摆上了陈白尘案头。出于加强中日睦邻友好交流的考虑，1962年10月20日我国政府派出以朱光为团长、陈白尘、焦菊隐、张瑞芳为团员的中国戏剧家代表团赴日本访问。临行前，周恩来亲自召见朱光、陈白尘、张瑞芳交待政策。代表团21日由深圳抵达香港，10月25日抵达东京，在日本的25天先后访问了八座城市——东京、京都、大阪、神户、名古屋、奈良、箱根等，观摩演出达二十二次，其中话剧有十一次，雅乐、能乐、狂言、文乐、歌舞伎、人形剧（木偶剧）、新派剧、女剑剧、舞蹈、民间歌舞、漫才（相声）、民谣各一次；参观戏剧学校、戏剧博物馆、访问戏剧团体等十四次；和戏剧界举行专业座谈会、报告会、对谈和个别访问三十次，一共和日本各界友人七千多人见了面，与东京百分之八十以上的话剧界人士进行了接触……可以说是收获满怀！

陈白尘特意写了《东游散记》，其中有一篇专门介绍日本新剧界的文章——《团结、斗争、前进中的日本新剧界》。他们落地于东京羽田机场，中日文化交流组织者中岛健藏前来迎接，半空中爆发出"一阵海啸似的欢呼"。原来东京戏剧界和各界朋友都在欢迎宾客的高高的栈桥上候着他们，红旗翻飞，鲜花挥舞，几百双热情如火的眼睛像一股暖流冲向他们。第二个致辞的是一头银发、满面红光的千田是也，体格魁伟、举止潇洒，那热情的风度立刻让陈白尘联想起了田汉先生，千田先生和村山知义等都是当时剧坛的领导者。戏剧评论家尾崎宏次为他们做了日本戏剧史的报告。他们还欣喜地看了日本话剧团所演的《关汉卿》，由日本著名女演员山田五十铃演朱廉秀、泷泽修演关汉卿，演员阵容十分强大，由民艺、文学座、俳优座三剧团联合组成，轰动了全日本。然而，在访问中，他们发现日本话剧界的处境也是艰难的，千田先生在一次报告中说，"在日本娱乐企业资本之中，演剧所占地位很小。垄断资本集团都拥有制片厂、演员、电影院，经营电影事业。像'松竹''东宝'只是兼营演剧，它的重心是在电影；'大映''东映'则完全经营电影"。包括在演剧事业中的话剧，是由新剧人自己经营的，在整个娱乐企业中所占比重更小。在东京有三座歌舞伎剧场，有两座能乐剧场，话剧剧场只有一座仅容四百席位的俳优座剧场。演剧剧团演出得去租赁大剧场或者公共会堂。并且观众方面也不容乐观，电影电视的观众与话剧观众的比率大约是二千比一，千田先生一再感叹日本的话剧观众挺少的。五百日元以上的票价需要征百分之二十的税，因此日本话剧界为了减轻观众的负担，票价一般不超过五百日元。日本话剧剧团的演出经常是赔本的，只能靠宣传机构、观众组织维持。所谓靠宣传机构，其实就是以电影、电视、广播来养话剧。[①] 日本的话剧团因为没有自己的剧场，不能经常公演。这

---

① 陈白尘：《团结、斗争、前进中的日本新剧界》，《陈白尘文集》第七卷，江苏文艺出版社，1997年，第62—77页。

陈白尘访问日本（1962年）

次，在日本戏剧界周到的安排下，中国戏剧家代表团大饱眼福，看到：俳优座的《三分钱歌剧》，千田是也导演、德国布莱希特原著；文学座的《守钱奴》，岩田平雄和戌井市朗共同导演、法国莫里哀原著；民艺剧团的《锻炼》，菅原卓导演、美国阿瑟·密勒原著；葡萄会的《明治之枢》，竹内敏勤导演、宫本研作；东京艺术座的《野火》，冈田丰导演、诸井条次作；泉座的《秃山之夜》，津留达儿导演、大桥喜一作；新人会的《月明星稀》，田中千禾夫作，作者和岛田安行共同导演；关西艺术座的《有烟囱的街》，道井直次导演，早船千代原著、蓬莱泰山改编……这些专业剧团的演出，无论是编剧、导演、演员的演技，还是舞台美术、音乐、灯光，都具有很高水准。而陈白尘对日本本土剧作家创作的戏更感兴趣，尤其是《明治之枢》，它以明治维新时代众议员田中正造（戏中改姓旗中）帮助农民反对铜山矿毒事件为线索，写其一生。而陈白尘也常被日本话剧界友人问，"中国话剧如何继承传统的？"陈白尘自觉惭愧，因为中国话剧目前并没有多少经验可以借鉴，但他开始思索这个问题，觉得这可能是日本话剧界急待解决的问题，认为不与民族传统相联系的革新只能流于猎奇，温故而知新，只有从民族戏剧传统中汲取精华，才能创造出自己民族特色的话剧。

无论从哪个方面看，这都是一次极其成功的访问。周总理的嘱托，显然给了戏剧家们空前的动力和巨大的精神力量，他们不辞辛苦奔波，架起中日文化交流的桥梁。而这次与日本话剧界同人的交流，也促使陈白尘对中国话剧的道路产生了思考，产生了对话剧民族化的思考。1963年春天，中国作协党组下了文件，《人民文学》的编务工作由李季接替，陈白尘名副其实"挂名"了，或许是国际视野的获得，或许是编务的暂时抽离，陈白尘的创作欲望在这年再次焕发出来，他准备仍然去做专业作家。他从1936年就开始酝酿《太平天国》三部曲的写作，第一部《金田村》搬上舞台后，陈白尘享誉剧坛。1963年，55岁的陈白尘重拾《太平天国》三部曲写作计划，开始续写第二部、第三部。这是一次"脚踏实地"的寻访，足迹遍布了南中国。陈白尘2月17日在料峭寒冬中离京赴广西，主要任务是调查太平天国起义有关遗迹并访问知情老人，尤其是冯云山的资料。他19日刚抵达南宁，就和自治区文联接洽关于去金田村等地调查的事宜，地方文联很重视，派出专人陪同。从27日开始，陈白尘先后到桂平、大宣、三江墟、大冲、茶地、金田、江口等地寻访，接着又到了藤县濛江镇及贵县石达开故里访问，每到一地，他都马不停蹄地考察与太平天国有关的遗迹、村貌，听当地老人摆龙门阵，不断增加自己对太平天国起义的感受，在《紫荆山中》一文中，他曾如此表达自己的心情："在这里，才充实了我对历史的想象，第一次感到满足。"① 但他最想找的冯云山的资料，却收获甚少。在老农的指引下，他到了大冲的书房坪，相传是冯云山教书处，看到老农们竞相艳称的冯云山写的一副对联"暂借荆山栖彩凤，聊将紫水活蛟龙"，陈白尘摇摇头，觉得倒有些像洪秀全的手笔。带着一堆笔记和资料，收获满满的他，回京途中在风景如画的桂林小住，随同恰巧在桂林的郭沫若游了阳朔，两人从创作到工作谈了许多。

1963年4月，中宣部在北京新侨饭店召开文艺工作者会议，讨论"大写十三年"。5月2日，为采访和查询太平天国"天京"时期的资料，陈白尘再次离京，抵达南京，走访有关人士，参观太平天国遗址，到相关文化单位搜集资料。这次，夫人金玲随行。陈白尘在古城南京整整花了十天时间，遍访与太平天国有关的遗迹，边走边听边看，晚上做功课梳理材料，试图重回当年的历史现场。这之后，他又乘坐火车、汽车，先是苏州，接着是镇江、扬州、淮阴，然后折返南京……一路寻访故地，约谈有关老人，基本上摸清了太平天国在江南活动的主要情形。6月6日，陈白尘乘船抵达九江，转武汉，回到北京，拉开架势准备进入写作。

然而，天有不测风云，刚刚回到北京，陈白尘就接到周扬通知，说太平天国写作计划必须下马，原因是戚本禹所撰的有关李秀成的文章，已在中央内部传阅，毛主席在该文按语中说"白纸黑字，铁证如山，忠王不忠，不足为训"，这使太平天国题材一瞬间就进入敏感和冰封期。此时的陈白尘感到无语，感到心痛，感到迷茫，一时进退无路。

"专业作家"当不成了。从六月开始，陈白尘就在各地辗转和

---

① 陈白尘：《紫荆山中》，《陈白尘文集》第七卷，江苏文艺出版社，1997年，第115页。

忙碌。先是奉命前往深圳欢迎以作家木下顺二为团长的日本作家代表团访华，陪同一行人访问了西安、延安、上海、杭州、广州、北京，然后送至深圳。而五月《中共中央关于目前农村工作中若干问题的决定（草案）》出台，大规模的社教运动在全国开展。陈白尘也要去农村体验生活。8月，他赴山西文水县孝义镇参加"四清"工作组，其间返回北京处理了一些事务，作为中国文联及中国作协代表到太原参加了山西省文代会，其他时间都在文水县孝义镇参加"四清"工作，投身"社会主义教育运动"。在这过程中，陈白尘发挥戏剧家优势，写了独幕喜剧《队长回来了》，在当地演出，加深了人们对"四清"运动的感性认识。返京后他又写了《吹唢呐的人——阎洪元家史》，讲述一个1910年出生于民国贫民家庭的二儿子阎洪元，为生计所迫，少年行乞，后学吹唢呐过活一生，主人公历经了民国、抗日、解放、"大跃进"，他和家中兄妹的多舛命运，具有即兴的政治应景的性质。这也是"文革"前陈白尘发表的最后一篇东西。

1964年，酷热即将来临，苦夏前的闷热，令陈白尘周身不爽。这年夏天，他56岁，"文化革命五人小组"成立了，文学界与艺术界成了被革命被批判的对象。陈白尘知道自己的"问题"，想努力跟上时代，跟上潮流，他认真琢磨了大的政治风向，以农村阶级斗争为题材，写了三幕话剧《第二个回合》，试图描述在建设社会主义的道路上，农村发生的不同思想观念的冲突和对抗。然而，不容他"跟上"时代，"盛夏"就已来临，中央"文化革命五人小组"从七月起，批判所谓"中间人物论""有鬼无害论"等，一批电影、小说、戏剧被点名批判，田汉、夏衍、阳翰笙、邵荃麟、陈荒煤等不少知名文艺家被点名批判。在这个过程中，中国作协书记处书记、《人民文学》副主编陈白尘自然不能幸免，他被迫在相关会议上做深刻的"思想检查"，随后在11月末被安排和各文艺协会干部，去山东曲阜东陶洛大队第三队搞"四清"。与此同时，他已付出巨大心血的电影《鲁迅传》也被正式扼杀，上海市委第一书记张春桥以《鲁迅传》摄制组存在"生活问题"，而强令将其解散。

转眼就是新年春节了，陈白尘从曲阜返回北京过年，节后再去山东曲阜，整个"四清"运动中，他坚持和贫下中农"同吃同住同劳动"，广交贫下中农朋友，直到半年后"四清"运动结束，才回到北京。曲阜东陶洛大队的生活，丰富了陈白尘对现实乡村的感受，使他对人有了更深入的认识。因此，返京后，从7月开始，他花了很多时间修改话剧《第二个回合》，断断续续，一有空就拿出来修改。然而，对于他的"创作"，现实政治并不买账。这个剧本的主题是"千万不要忘记阶级斗争"，但他一直拿不准，写信向老友沙汀这位擅长于农村题材的高手请教，沙汀看了剧本后，睡不着，觉得白尘"写得不错""很吸引人"，但总觉得受了限制，矛盾挖掘得不够深，"觉得他把问题简单化了。像'社教'这样史无前例的伟大革命斗争，仅仅参加了一次工作，解放以来又很少到农村，这怎么行呢！而且目前也还不是写的时候，因为运动还刚开始，同时我们还不能不从鼓舞人心和敌情观念来充分估计它的影响。前次我向艾芜就提出过：我不赞成马上就写'社教'。最好是写'社教'后出现的新气象。……"①

1964年冬天，陈白尘随同作协的大队人马去山东曲阜搞社教运动，他的房东牛德山对他不错，白天如影随形地保护他，晚上干脆和他睡在一条炕上，还让亲戚们轮流在屋外站岗，以防意外或不测。在特定的政治氛围下，陈白尘的工作也发生了巨大改变。1965年11月，中国作协新领导宣布一些干部要下放到各省市工作，陈

---

① 沙汀：《沙汀日记选》（1964年10月—1965年4月），《新文学史料》，1989年第2期。

白尘被安排去江苏,他的夫人金玲也在 48 岁的年纪被强迫退职。

1966 年春天,陈白尘心情黯然,带着全家坐上了南下的列车,当火车开动时,女儿陈虹忍不住号啕大哭。陈白尘什么也没有说,为了转移女儿注意力,他故意打岔出了个题考她:"南京还有什么别称?"陈虹不回答,眼泪簌簌地往下淌。在震耳欲聋的轰鸣中,陈白尘离开了工作 13 年的北京,去南京,去江苏省文联,一路沉默无语。离开北京之前,他去老友陈翔鹤的寓所告别,两人相对着坐了许久,"他也知道我为什么非离开首都不可,我将去的地方虽然是风景秀丽的江南,但在那阔别近四十年的故乡却缺少知交,心情也是不佳的"。① 因此,他俩就默默地坐着,很少说话,虽然知道此后会是聚少离多了。

关于这一段历史,陈白尘回忆道:"1963 年被迫去当专业作家了,刚准备重写《太平天国》三部曲,但一个'大写十三年'的口号堵住去路,后边又有个小爬虫戚本禹追杀过来,把太平天国后期的支柱李秀成打翻在地,断了我的后路,我便进退无据了。于是下农村,搞'四清',和贫下中农滚稻草铺,到 1965 年底终于完成我第一部以农村阶级斗争为题材的剧本,暂定名《第二个回合》。老实说,尽管严格地'四同'了,以一年半载的时光要深刻了解农民,是办不到的。这个剧本的思想内容不过是人云亦云地随声附和罢了。所谓'领导出思想'的提法虽属荒谬,根据我的体验,也还算是'实事求是'的。当时你如果不跟着领导的思想转,看你能写出什么?尽管如此,第二年"文化大革命"一开始,这个剧本虽然并未发表,也未及演出,仍不免遭受口诛笔伐,其罪状之一是:'你把地主分子写得那么凶狠,是鼓动他们变天!'当时我真后悔:

---

① 陈白尘:《哭翔鹤》,《陈白尘文集》第七卷,江苏文艺出版社,1997 年,第 138 页。

为何又搞这劳什子创作呢？不写不是更好么？果然，十年浩劫时期，全国作家都搁笔了，我们也就再没犯新的错误了。"①

"旋踵而来上海举行华东会演，和广州会议大唱对台戏，文艺创作的路子越走越窄，最后终于导致出林彪和江青炮制的《纪要》来。这是一篇更大的'紧箍咒'，它不仅箍住作家，也箍住了过去念'紧箍咒'的文艺领导。因此，"文化大革命"中林彪'四人帮'的文化专制主义便畅行无阻了。而文艺界首当其冲，受害最深，好端端一个中国文坛便成了'白茫茫一片大地真干净'的景象了"。②

五、难忘的记忆——"牛棚"往事

1966年春节过后，58岁的陈白尘"被逐出都门"③，从上海市委发来的公函说他"不宜在中央工作"，他领着全家"凄楚而又悄然地离开了首都北京，说得好听，是'调动工作'；说得不好听，是'扫地出门'"。④ 陈白尘"由北京中国作家协会贬至江苏省文联"，⑤ 他们迁往南京，先是住在太平路沙塘湾28号，后搬迁至中央路141—2号，这是一座位于中央路西侧的小楼，离玄武湖畔不远。在新环境中，陈白尘以一贯的乐观精神来应对新的变化，笑对人生坎坷路，独自肩负起黑暗的闸门，迎面给家人的是笑脸，是温暖和快乐。陈白尘的大女儿陈虹回忆道："这一切，也如同当年在北京一样，我们是浑然不知，浑然不晓。记忆中只有父亲带着我们

---

① 陈白尘：《〈陈白尘剧作〉编后记》，《陈白尘写作生涯》，百花文艺出版社，1986年，第245—246页。
② 同上。
③ 陈白尘：《为〈大风歌〉演出致首都观众》，《陈白尘文集》第八卷，江苏文艺出版社，1997年，第353页。
④ 陈虹：《自有岁寒心——陈白尘纪传》，山西人民出版社，1999年，第255页。
⑤ 陈白尘：《〈牛棚日记〉前言》，《缄口日记（1966—1972，1974—1979）》，大象出版社，2005年，第3页。

登中山陵、游玄武湖时的欢悦，每人的手中高举着一串棉花糖——那种从一个大铁桶中飞快旋转出来的如同棉絮一般的糖，一边吃一边笑，父亲的胡子上沾满了银白色的糖丝丝……"①陈白尘重拾信心，力图以自己扎实的创作，开启自己作为戏剧家的新创作阶段。正因为如此，2月份，江苏省文联的同志座谈《第二个回合》，陈白尘认真听取意见，不时记下大家的好想法。4月，在山东曲阜搞"四清"时的房东牛德山到南京"走亲戚"，带了两大口袋的"煎饼"，陈白尘热情接待，不时询问熟人的情况，脑子里还在构思自己的剧作，他做好了当"专业作家"的准备。一个月后，陈白尘主动提出去苏州吴江县农村体验生活，在吴江一待就是七天。在吴江县的日子，可以说，陈白尘找回了自己的创作感觉，酝酿着自己新戏剧的场景。

然而，仅仅一周后，省文联的电话就到了。江苏省文联通知陈白尘即刻回南京参加"文化大革命"运动。接着，"五一六通知"发表，形势愈发严峻，而六月一日，《人民日报》在显著位置发表社论《横扫一切牛鬼蛇神》，革命舆论愈发高涨起来，工作队也正式进驻了江苏省文联。文联本来就属于"敏感地带"，特别是1966年2月，林彪委托江青召开的《部队文艺工作座谈会纪要》，明确宣称建国以来，文艺界被一条"反党反社会主义黑线专了我们的政"，这使广大文艺工作者人人自危。夏衍被戴上了反革命的帽子，周扬也被公开点了名。有一天，在省作协举办的学习会结束后，艾煊悄悄地问："周扬怎么会是反革命呢？"陈白尘幽幽地吐了一口气，说："连周扬也在劫难逃，我们的文艺界可地地道道成了洪洞县了。"②一个划时代的悲剧拉开了帷幕，陈白尘自然也难以置身

---

① 陈虹：《我家的故事：陈白尘女儿的讲述》，江苏凤凰文艺出版社，2015年，第25页。
② 陈虹：《自有岁寒心——陈白尘纪传》，山西人民出版社，2000年，第258页。

事外。果然，工作队负责人高玉书找陈白尘谈话，警告说："你是黑线上的人物，要为子女们想一想！"高压之下，陈白尘不得不写交待材料，仅仅七八月份就写了十余份，而文联大院的大字报火药味也越来越浓，8月27日出现一张大字报："陈白尘，谁派你来江苏的？你来江苏干什么的？"①……其时，陈白尘的腰椎病已经很重了，疼痛难忍，只能仰卧在榻上，但即使这样，也无法安心休息。

9月11日，中国作协派人来南京带陈白尘回北京，到中国作协"牛棚"所在地——顶银胡同甲15号旧居集中。而从1966年9月10日开始，陈白尘开始了日记写作，或许他预感到了什么，这就是后来震惊文坛的《牛棚日记》。陈白尘说："自这天开始，整整七个年头，我被半幽禁在'牛棚'之中，每逢夜深人静时，便偷偷地写下最简单的日记，以记录这个'伟大'的时代，数年来从未中断过……"②

陈白尘记录了他变成"牛鬼蛇神"的过程：1966年9月10日上午，滕凤章以小组长名义找他谈话，谈了他和三十年代文艺黑线的关系，谈了8月间关于周扬"四条汉子"的材料，一再让他"相信党、相信群众"。夜10时，他被通知将被带到北京去参加斗争张天翼大会，陈白尘恳请缓行，不可。11日，"晚与玲及孩子告别，以'相信党、相信群众'互勉。我说自信是'十六条'中第三类干部，玲说应是第二类，笑应之。晚八时文联车来，我先上，张、刘二人各由左右二门进，夹坐两边，其状可笑。但不知玲和孩子们还记得《起解》一剧否？"13日早晨他从顶银胡同旧居起来，"见刘白羽在院中扫地，继又见邵荃麟在北房西头出现，我原住的六间房子都做了'黑窝'了"。10时，被叫去《人民文学》编辑部"认

---

① 陈虹：《寻人启事》，冯克力主编《老照片第69辑》，山东画报出版社，2010年，第117页。
② 陈白尘：《牛棚日记·前言》，生活·读书·新知三联书店，1995年，第1页。

罪",小将们连珠炮似的提出质问,"约有与吴晗的关系,彭真派去北大写作的经过,以往所写的太平天国数剧影射谁,改编《结婚进行曲》意图何在,《鲁迅传》一剧的目的何在,对柯庆施'大写十三年'的态度,与匡亚明的关系及陈翔鹤、孟超、欧阳山等人的毒草出笼经过等等,甚至连《第二个回合》《队长回来了》也都追问其'反动目的'何在,但都是空炮"①。陈白尘一时难以招架,嗫嚅之际,即被认为是"态度不好"被勒令写揭发张天翼的材料。9月15号,张天翼批斗大会在中国青年艺术剧院举行,中国作协"革命群众"拉来陈白尘陪斗,数度登台"陪绑"。陈白尘以一种异常清醒的眼光来看待这变了形的世界:"最后是群众喝令全体黑帮登台'示众',于是二十余人鱼贯而上,自报家门。刘白羽自称'黑帮大将',于是严文井等都是'干将'之流了,我自然也未能免俗。但张僖迟疑之后,却自称'黑帮爪牙';陈翔鹤是川腔十足,抑扬顿挫,令人忍俊不禁;白薇老太太身躯臃肿,满台乱转;臧克家衣衫瘦小,耸肩驼背,都可笑亦复可怜。只可惜没有穿衣镜,不自知是副什么怪状了。"②

9月29日,《人民文学》杂志社的"革命群众"召开斗争陈白尘大会,责令陈白尘交代自己的罪行。"革命群众"提出一系列问题要他坦白:1. 解放后和周扬的关系以及是如何炮制电影《宋景诗》的?2. 如何吹捧《武训传》的?3. 在《鲁迅传》写作过程中,是如何执行周扬指示的?4. 为什么一直要写太平天国特别是李秀成的戏剧、电影?5. 重演《结婚进行曲》目的何在?……面对一连串的问题,陈白尘努力想说清楚原委,但这谈何容易,光是电影

---

① 陈白尘:《牛棚日记》,《陈白尘文集》第七卷,江苏文艺出版社,1997年,第412—413页。
② 陈白尘:《牛棚日记》,《陈白尘文集》第七卷,江苏文艺出版社,1997年,第414页。

《宋景诗》《鲁迅传》的创作经过,就谈了三四个小时而未能过关,"革命群众"最终的结论是"态度顽抗"。最终,陈白尘被责令"滚蛋"。也是在这个月,南京,陈白尘家,他家的住房被勒令退出五分之三,其所借用的公家家具被要求立即退还。

10月1日,仍旧在北京接受批判的陈白尘去中国作协旧址看大字报,所见触目惊心,其中在中厅走廊看到一份极刺目的大字报是批陈白尘的《石达开的末路》的,真是"诛心之论",说陈白尘是以石达开影射党的领导,"并举出我在一篇论文中说过的话——最初对石达开是如何如何之爱,后来又对他是如何如何之恨云云,以此来证明我对党有着刻骨的仇恨"①。到10月5日,陈白尘完成了第一次交代材料的书写,全文长达六万余字。13日收到金玲的信,云,"虹儿对她批判,压力极大,她又揭发不出我的罪行,很痛苦"。陈白尘倒很平静,"我们这儿四壁都贴有各人子女写的大字报,这是大势所趋,不得不然。但将来孩子们了解真情后,又将作何感想?又将产生什么后果?写信给玲安慰之"。②

陈白尘所记日记,除了写他在"牛棚"中的所见所闻,记载翻天覆地的社会,记录人与人之间的隔阂,也不忘记录人与人之间的温情,哪怕是一星半点。譬如十一月二日帮助机关搬家,搬《人民文学》编辑部的杂物时,"楼秋芳同志递给一张凳子,感到了人的温暖"。而后"多日来机关里没有批斗的丝毫动静,至闷闷",而大街上的秩序又乱了,机关里搬来了一个"所谓革命群众的组织,叫什么司令部的,强行霸占。其成员多似流氓及农村儿童"。果然第二天,"大楼后院贴出大字报,题曰《反共老手陈白尘的狰狞面目》,竭尽丑化之能事。M的谈话又不足信了。我的错误既已全盘

---

① 陈白尘:《牛棚日记》,《陈白尘文集》第七卷,江苏文艺出版社,1997年,第417页。
② 同上,第418页。

出，M等又加首肯，这张大字报的目的何在呢？难道非把我等推到敌人一边去不可么？想不通！或者是非置于死地而后快么？党之发动文化大革命的目的在此么？如果以此等材料作定论，是死不瞑目的！"① 运动渐渐地扩大了，小涂来"黑窝"，说外边乱得很，陈白尘在这种情况下，仍以乐观的笑容答之："还是这儿安静！"

1967年的初春格外寒冷，到北京串联的革命群众络绎不绝，长安街上到处是一队一队打着红旗，来自天南地北的"长征队"。元旦刚过，59岁的陈白尘就被派去文联大楼劳动改造，先是运煤，而主要任务是清除来北京串联的"革命群众"留下的稻草铺，清理因坑道不通导致的满地粪便，上下五层的大楼跑上跑下二十六次，第一天下来陈白尘腿软如泥，返回宿舍后，已不能动弹了。陈白尘在劈木柴、打扫大楼之余也注意到文联大楼贴出了打倒刘白羽、张光年、张天翼的大标语。从二月开始，陈白尘成了"陪斗大户"，刘白羽批斗大会，阳翰笙批斗大会，他都是"陪斗"，隔不多久就参加一次。并且外面来人要他谈镇江监狱情况，意在卢正义。又听说"薄一波等61人叛徒集团案"公布，中组部门前宣布了三百余人的"叛徒名单"，陈白尘被列名其中，他在南京的家，被中国作协去的"革命群众"抄了……他被不断要求写交代材料、写思想汇报、写外调材料，国庆假日也不准休息，不老实坦白，决不罢休。4月18日，陈白尘写了匡亚明材料。"在反省院时他曾和我同囚一室，对太平天国的石达开倾倒备至，每为我吟石的诗作，嗟叹不已。……匡欣赏石达开与韩宝英的故事，极怂恿我写成剧本。……但如今《石达开的末路》被视为毒草，匡公大概也为之遭到牵连

---

① 陈白尘：《牛棚日记》，《陈白尘文集》第七卷，江苏文艺出版社，1997年，第421—422页。

了！"① 陈白尘万万没有想到，他们患难之交而生发的《石达开的末路》，竟然成为匡公遭难缘由了。至5月9日，陈白尘等人又迎来了严峻的考验，他发现有可能被划为四类了，H让他们继续写大字报，自己认罪，别人揭发，准确评定各人的类别。六月，X让陈白尘"写一份如何美化叛徒（指作品中的李秀成、宋景诗等）的材料，极踌躇。"八月，Z以革联的身份外调《鲁迅传》创作过程。北影有人来谈《宋景诗》创作经过，约谈了四个方面："第一，首先肯定宋的历史无问题；第二，问《宋景诗》京剧本创作过程，至详；第三，问孙瑜企图以《武训传》全体人马演出《宋景诗》（电影）的问题；第四，问在电影中为何只提英法而不提美帝。"② 11月2日，《人民日报》发表了一篇批判国防文学的文章，文章专门点到了《石达开的末路》的"投降"问题，这似乎是一个不好的预兆。

被揪回北京交代问题近一年了，星移斗转，春华秋实，陈白尘仰天长叹。在北京，他虽然蜗居牛棚，生活困顿，身体劳苦，但每逢星期日还是自由的，在宝贵的自由日，他或者去石油学院看侄女陈锡芬，或者去红庙电气工程师经强士家做客，或者和商业部老友夏如爱在浴室会晤，亲友朋友们一起聊天吃饭，严寒中能度过快乐的一天，陈白尘也感到很满足。

"文化大革命运动深入发展"的1968年，1月25日，陈白尘突然得知隶属中央专案组的"陈白尘专案组"成立了，组长是北京大学生王洁如，组员有朱祖雄、侯聚元等人。2月8日专案组正式与他见面，全面审查他的历史，连续三天，共谈了二十小时以上，让

---

① 陈白尘：《牛棚日记》，《陈白尘文集》第七卷，江苏文艺出版社，1997年，第436页。
② 陈白尘：《牛棚日记》，《陈白尘文集》第七卷，江苏文艺出版社，1997年，第448页。

他交代问题。此后专案组经常找他谈话,问其问题。具体到抗日战争后由重庆回上海的经过,坐的什么船都问得很具体。陈白尘被审查得十分焦虑,不知如何才能获得专案组信任,"从所掌握到的材料上来看,审查者是明白的,被审查者则有如在暗中摸索;从被审查者一生的历史来说,被审查者是明白的,而审查者则是暗中摸索"[1]。

他在《云梦断忆》里回忆了当时的情景:"三位组员各据一案而坐,让我坐在中央一张折椅上,四边不靠,这自然是审讯的样子了。……于是我就从出生之年起,像编年史般地一年一年'如数家珍'讲下去……倒是口若悬河,滔滔不绝。但审讯者并不满意我这态度,不时来个打断、插问,或者加以评论,诸如'老奸巨猾','你不要欺负我们年轻!我们有的是显微镜和望远镜!',我这整一花甲的编年史,足足讲了三个整天。"陈白尘形容这是一次"三堂会审",一位是动不动作挥拳动武状的"武生",一位是经常冷言冷语、阴阳怪气的军师型"小花脸",还有一位是正面教育的"须生"。这种貌似认真,其实颇有喜剧感的交代,每到"终场","须生"就出面问:"你所交代的都敢负责是真实无误的?你敢依照所讲的写出书面材料而无出入?你敢在所写材料上打手印?我回答了三个'敢'字,'那你在二十四小时以后,即明天此时此刻写出交来!'……二十四小时以内要写出两三万字材料,能行么?但我忽然想到明天正是我六十大庆的日子,人生不能有两个花甲,能不自我庆祝一番?……便说,'好吧,明天此时此刻我交卷!'"次日,陈白尘埋头写作,一刻顾不上休息,五时三刻去交稿,并要求打手印。专案组的人有些意外,迟疑地说:"等我们看了再说!""这时

---

[1] 陈白尘:《牛棚日记》,《陈白尘文集》第七卷,江苏文艺出版社,1997年,第467页。

下班铃响了,我扭头就走,拖了张天翼直奔东华门大街春华楼菜馆……叫了三菜一汤,六两水饺和两瓶啤酒……吃到杯盘狼藉,我才告诉他原委,是请他来为我祝寿的。然后抚掌大笑,感到无比痛快。"① 陈白尘说他有些"飘飘然","颇有阿Q气"似乎是获得了精神上的胜利,然而把这段故事讲给家人听,他们却只有一丝苦笑。

此时,陈白尘的处境显然更加恶化了。整个三月里,他都在赶写所谓外调材料。4月1日,专案组又招他去问话,当他胸佩毛主席像章,走进审讯室,立即被喝令取下像章来,言下之意他根本不配。4日,在广大革命群众召开的斗争黑帮大会上,有人追问他说过哪些黑话,并对他猛击数拳。二十日,在学习会上对张天翼批判发言约一小时,自以为下了功夫,却被看作是"攻守同盟",当即令他俩相互揭发,"体会到某些家属被迫揭发亲人的痛苦"。因这"攻守同盟",25日陈白尘被通知搬到东总部胡同46号原司机班过道旁的一个小房间居住,那是属于他的"黑窝",阴暗的空间让人很不舒服。与此同时,也是在4月,江苏省文联冻结了他的工资,每月只给他发80元生活费,两月后改为100元,但两个女儿已不能读书。当年10月,金玲又告以文联已如数发给工资,"冻结"停止了。五一节休假两天,陈白尘被责令在家"闭门思过",写思想汇报材料。他敏感觉察到自己在别人心目中的变化,Z的小女儿前年常追着喊"爷爷",现在却以满怀敌意的眼光,低声咒骂"大黑帮!大坏蛋!"。陈白尘脸上笑而不答,心中却十分苦涩。上班后,专案组再次传讯了他,斥责他交代不老实、不彻底,令他一一交代出所有罪行。王说:"你不要以为我们年轻,不了解过去的情况,

---

① 陈白尘:《云梦断忆·忆探亲》,《陈白尘文集》第六卷,江苏文艺出版社,1997年,第72—74页。

我们什么都会搞明白的,因为我们有毛泽东思想!"朱则威胁说:"看你这一百几十斤,能够熬多久?"陈白尘坚定地回答:"绝没有重大问题了!"接着,一些作协群众召开"斗争叛徒大会",陈白尘、臧克家、杜麦青、王真被一同揪到台子上批斗。几天后,专案组再次对陈白尘展开"疲劳轰炸"——上午提审后,马上让他写书面材料,下午再次提审,审完再写交代材料,深夜展开第三、第四次提审,第二天责令他一天之内交出一万多字材料,并打上手印。

从5月到6月,陈白尘数次被批斗,纪念《讲话》发表26周年,他和一批"黑帮"被批斗,连续站立三四个小时,他腰痛如针刺;去南苑红星公社参加夏收劳动,他又和一批"黑帮"被作协和生产队联合批斗,坐"喷气式",戴"高帽子",挥汗如雨。此时,陈白尘实际上已基本失去了人身自由。专案组明确指示:1. 不许与任何人包括家庭通信;2. 不许与外界任何人接触;3. 离开住处要请示;4. 每周写一次"思想汇报",报告一周行动。

在被严格管制的日子里,陈白尘思念妻子和孩子,他千万百计设法联系妻子金玲,与之秘密通信,他的信件都交由经强士或西单张慕韩的家转,利用星期日去取,每一封信都给两人带来无限温暖,了却一份深深的记挂。

1969年,"文化大革命"渐入"高潮"。从这年年初起,军宣队和工宣队广泛进入工厂、学校和各级文化事业单位,中国作协也被派驻了相关组织。他们一进入中国作协,就命令所有"牛鬼蛇神"都集中起来,在文联大楼的四楼上睡地铺,准备交代问题。61岁的陈白尘自然无法幸免,月中,他就搬到了大楼上。2月初,工宣队政委宣布,先从牛棚中放出九个人,也就是问题不大的,在群众中接受教育,颇有"样板"的味道。很快,军宣队政委就召见陈白尘谈话,直言:"你的错误性质尚未确定",意思是你不是敌我矛盾,属于可以挽救人员,在作协全机关"表忠心"大会开过后,清队运动就开始了。

邵荃麟、刘白羽、张光年、陈白尘是重点关注对象，专案组代表在"清队运动"大会上宣称："不把邵荃麟、刘白羽、张光年、陈白尘打倒，誓不收兵！"很快，邵荃麟、刘白羽被捕入狱，而24个"牛鬼蛇神"被放出"牛棚"，回到群众中去；接着，张光年、陈白尘继续接受审查，又有12个"牛鬼蛇神"回到群众中去。

直到这年6月，陈白尘才逐渐被允许参加一些活动，比如革命群众的"天天读"、看《地道战》《地雷战》等电影。他甚至被允许和革命群众一起到小汤山参加夏收劳动，尽管要步行走45里，陈白尘依然情绪饱满，积极性很高。然而，长时间的精神压抑使他的血压居高不下，终于他被命令提前回城，回城后就被批准"回到"革命群众中，不过，由于是中央专案组对象，所以，通信和用钱自由还是被严格限制的。

自1969年下半年起，文联大楼中的人日渐被下放到五七干校，陈白尘等也有了星期日放假的"自由"，但不允许回家，他和张天翼、张光年在每个星期日结成"三角同盟"，共同出游，请假去华清池洗盆浴，去东风市场逛逛旧书门市部，去东风餐厅之类的地方会餐。这难得的半日"自由"是他在北京"牛棚"期间最愉快的时光了。

六、"五七干校"的生活与《牛棚日记》

时光到了1969年11月，中国作协几经周折，宣布陈白尘与张光年、张天翼、冯牧、侯金镜等人下放到湖北咸宁文化部五七干校劳动。陈白尘回忆道："1969年末，我终于到达梦想已久的古云梦泽边那个'五七干校'。这是当时北京文化艺术界人士'荟萃之所'，据说总数应达一万人，实到的已有五七千人。单说作家，我就见到冯雪峰、沈从文、张天翼、谢冰心、楼适夷、严文井、李季、郭小川、孟超、韦君宜、侯金镜、冯牧、张光年，以及李又然等等不下百人，中国作家协会和文化部门的头头脑脑，大概都去了。我虽是从南京被揪回北京的，在经过三年多大轰大嗡、神魂不安的日脚之后，能在农村享受恬静的田园生活，真是心向往之的了。更何况那些先头部队去视察过的人们回来说，那儿是如何山清水秀，又是鱼米之乡，怎能不动心？至于说那儿蚊虫多，地近沼泽等等，自然不在话下：蚊虫叮人，总比恶语伤人要好受得多，何况还可用避蚊油当胄甲。"①

当时校舍尚未动工，陈白尘被分在第五连，住在贾家湾的一户姓贾的房东家，房东有三个儿子，把右边相连的两间房腾出来给他们住。据说那一带是古云梦泽的一部分，然而现实中只残留着几处荷塘。在"五七干校"流传着一种说法，"这一群文化人从此在这儿扎根落户，彻底改造成自食其力的劳动者，永远也不让回到原有的文化岗位上去。"② 陈白尘的主要任务是种菜。元旦过后，又被派去沙场筛沙、去大堤外挑土、在大田里种地。此时陈白尘时常感到胸口隐隐作痛，伴有绞痛。云梦泽春天多雨，而他们出工多在雨天，所谓"大雨大干，小雨小干，晴天不干"。在田里干活，破胶鞋进了水，无法晾干，穿着非常难受，陈白尘正为此发愁时，贾家老二铲些炉膛里的热灰灌进靴筒，帮他弄干了湿乎乎的胶鞋，并说："你受苦了，陈大爷！"这一句关切，让62岁的陈白尘心头暖呼呼的，彻夜难眠，劳动人民的真诚、善良，让他深受感动，他也看到了生活的希望。

然而，风雨终究是寒冷，甚至刺骨的。1970年5月24日晚，

---

① 陈白尘：《云梦断忆·忆云梦泽》，《陈白尘文集》第六卷，江苏文艺出版社，1997年，第1页。
② 陈白尘：《云梦断忆·忆云梦泽》，《陈白尘文集》第六卷，江苏文艺出版社，1997年，第5页。

陈白尘在广播中听到下期《红旗》的目录，有批判《石达开的末路》的文章，并冠以"反共历史剧"的帽子，他大吃一惊。6月，在建筑工地劳动的陈白尘，在休息时被叫去开会，没想到竟然是领导当众朗读《红旗》杂志发表的一篇批判文章，题目是《毛主席领导的红军是英雄汉——批判反共历史剧〈石达开的末路〉》，署名者是"钟岸"，听时"全身沸腾，几欲发狂，但极力镇静自己，未动声色"，"把石达开的失败说成是影射红军，咒骂红军，这真是罗织人罪！主观唯心主义的批评！"他明白，欲加之罪何患无辞，这时他的任何辩驳都是对抗组织，都是"负隅顽抗"。在精神重压之下，陈白尘有些恍恍惚惚，第二天在工地干杂活因地滑摔了一跤，他向冼宁借阅《红旗》，读完批判文章后，"心痛欲裂。作为中央的党刊，对一个党员作如此批判，其势有如泰山压顶，是无从分辩的了"。不能接受，也不能申辩，陈白尘在日记本上，沉重地写下"我将何去何从？"

6月22日，上午出工回来后，陈白尘发现"中午食堂内贴出打倒叛徒陈某某、打倒反革命分子陈某某的标语若干张"，斗争大会果然来了。他们对《石达开的末路》的批判都是重复《红旗》上的观点，又说《虞姬》一剧中的项羽是影射红军，还有一个人问"你反对洪秀全，是影射谁？"在这种场合怎敢"申辩"，会场上回荡着陈白尘的名字。暴风雨果然来了，但却没有想象中那样猛烈。"批判者除了根据那篇文章材料重复一下之外，只有那位老'朋友'用索去的子弹向我乱射了一通。而且发言人数不多，证明批判者似乎也缺乏战斗热情了。"最终批判者们下了个结论：陈白尘"拒不认罪"，勒令他再写书面检讨了事。本以为这次斗争大会就这么过了，谁知到了尾声部分，又拖出张光年来陪斗，因同一刊物前一期有文章批过张光年的《黄河大合唱》，这次奉命又批了一通，这种批判自然也是无力的。总会有水落石出的一天，这样一想，陈白尘反而坦然了。这中间还有个小插曲,当时陈白尘在会场中间是被允许席地而坐的,他在洗耳恭听时,"忽然看见皮鞋底上沾的泥土不少,便从地上捡根树枝剔除泥巴"。① 这一动作被人发现了,虽然没在大会上责难,但在晚上的班排会上自然不免对他这玩世不恭的动作乱批一通。这段凄惨的生活,陈白尘却像个旁观者,冷静地看待这些灰暗的日子,回忆的文笔轻松幽默,但却让人久久不能平静。事实上,在最艰难的日子,陈白尘依然不忘用一双剧作家的眼光去观察这个世界,不忘去搜集写作材料,不忘去审视人的千奇百态,甚至以向来乐观的精神苦中寻乐,自谓曰"利用光阴"。他回忆道:

> 只要被批判的是一群人,我总找个最合适的位置,即尽可能不站在前排,而站在后排靠墙处。这样既可以免于被众目所注,而且还可以偷偷看一下场景。比如,被批判者只许低头认罪,不许仰视的;但我忍不住,每借打呵欠或欲打喷嚏的姿态以双手掩面,略一抬头,便可以从自己指缝中望去。如此,我从主席台的位置上可以推论出当时当权者群是些谁,可以看出谁是真个激昂慷慨,谁是虚张声势,谁个随声附和,谁个又怡然自得——比如某位"革命群众"在这严肃的斗争大会上,竟然左手托壶品茗,右手在高跷的二郎腿上敲打,以至搓脚丫子,其各自神态,大可摄影留念!②

晚上,陈白尘躲在一个角落里偷偷喝酒,借酒浇愁,贾家老二看见了,见左右无人,低声安慰他,愤愤不平地说"陈大爷,别放

---

① 陈白尘:《云梦断忆·忆房东》,《陈白尘文集》第六卷,江苏文艺出版社,1997年,第14页。
② 陈白尘:《云梦断忆·忆房东》,《陈白尘文集》第六卷,江苏文艺出版社,1997年,第14页。

在心上！我们相信你！"又一次跌到人生低谷的陈白尘听到一声"大爷"，听到代表当地老百姓的"我们"一词，全身陡增了勇气，他对贾家老二笑笑表示谢意。

自那次批斗大会过后，贾家老二反而与陈白尘更接近了，甚至敢于在公开场合称呼"陈大爷"。约莫两个月后，干校宿舍盖好，大家相继搬进了宿舍，陈白尘离开了贾家湾。临行，他把刚合"法"买来的猪肉及水果罐头送给了贾大爷，向来沉默寡言的贾大爷要推谢礼物，贾家老二沉默不语，让贾大爷找来根粗竹竿，竟自把陈白尘的行李、小木箱、衣物、书籍等挑上，送他去了新宿舍附近。

在干校的日子，陈白尘们被分配的任务是繁重的，白天要和下湖的革命群众跟班劳动，晚上还有看守菜园的任务，防止牛群和孩子闯进菜地，来工棚过夜的每个看守人眼睛都瞪得贼亮，一刻也不敢懈怠。多年后，回忆起这段往事，陈白尘对以菜园看守人的身份入住"茅舍"——单人"牛棚"待遇"津津乐道"，这被他雅称的"茅舍"不过是"以油毛毡盖顶、以芦席围墙的、不过十平方米的工棚而已"，天冷之后他以秫秸捆在四周将工棚严密地围了起来，远远地确似茅舍了。然而这里"处于一个'动辄得咎'的境界。劳动慢一点，被斥为磨洋工；快一点，又说是太马虎。……如果真出点差错，那又少不了来次地头批判。"有时甚至会张冠李戴地被错误批判，比如"倒饭事件"——被冤枉往厕所倒饭。大约阴历十月半的光景，由于工棚无门，夜里棉衣等物被盗，陈白尘自然少不了挨一顿训斥。不料他因被盗得福，原来在作协北戴河休息所看守房屋的老赵，被派来和陈白尘一起看工棚，白天他帮忙干活、打饭，晚上两人一起聊天、还敢喝上两杯大曲。这两个月"是我在湖里生活得最好的日子。有一个和我平等相处的人了。在劳动上对我的帮助很多，且不说。在星期日和假日，他也并不回连部去休假，而和我厮守在湖里。因此,每个星期天他都让我去附近的甘棠镇或窑嘴走走,他看园子。而在新年和春节那几天里,我们过得特别高兴,因为酒禁开放,更可以开怀畅饮了!"①

好景不长,春节过后不久,茅舍被撤销,陈白尘和投缘的老赵都被撤回连里,虽然不在一个班,虽然每日仍能见面,但陈白尘颇感孤寂。每逢夜晚来临,他想到因《石达开的末路》而被宣布为"反共文人"、"蒋介石的御用文人",以"影射"为题罗织"莫须有"的罪名,一时心绪难平,"徒唤奈何!"

1970年底,隆冬时节,陈白尘为住工棚过冬发愁,"手脚冰冷,无处藏躲,在这工棚里如何度过冬天?东西北三面都是薄薄一层芦席,到处透风,南面开门却无门扇,棚中有如冰窖。"年底,他向干校的T支生活费,她突然说:"我们商量过了,你的钱全部交给你自己保管,以后注意节约就是了。"②陈白尘颇感意外,经济上的限制取消,他心情也为之一振,他猜大概是江苏省文联未扣工资,专案组和连部也没了限制生活费的理由,他一边种土豆一边想着这事,高兴得忘了劳累。2月4日,待他不错的老赵走了,陈白尘颇"恋恋不舍",晚上"再读《红旗》上文章,不能终卷。抛书疾走,仰天长呼者三,仍然悲愤难平,乃作短歌一首"。平生第二次作诗,"思之凄然"③。不久,他由菜地工棚搬回了连部,住上了新宿舍,但去菜地劳动的活儿并未减少,挑粪运菜,从早到晚,疲劳不堪,且精神上的压力也时时"追随"着他。1971年4月13日,在《人民日报》批判"国防戏剧"的文章中,又一次扯到了陈白尘,他既要写汇报谈对这篇批判文章的认识,又要谈来菜棚后对

---

① 陈白尘:《云梦断忆·忆茅舍》,《陈白尘文集》第六卷,江苏文艺出版社,1997年,第29—30页。
② 陈白尘:《牛棚日记》,《陈白尘文集》第十卷,江苏文艺出版社,1997年,第541页。
③ 同上,第545页。

于群众监督的态度。4月18日，连部后勤排的黑板报直接批评陈白尘"拒不认罪"："一是对《红旗》上的批判，不承认主观上反共；二是对最近《人民日报》上的批判，若无其事。"陈白尘抑郁不已。4月20日批判陈白尘大会又召开了，是由排长R主持，陈白尘似乎忘了是在批判自己，"不禁回想起1966年刚返北京时他所主持的那场批判张天翼的大会了"。他以一个戏剧家的敏锐发现这两次的规模已大不相同了，"今天的会仅仅是排里组织的，会场也只挤在一间宿舍里，人们都坐在床上或蹲在被窝上，就连R自己也是在墙犄角里，毫无当年领导全作协的威风了"①。而这次会以陈白尘的态度为中心，结论是陈白尘"不老实"，但"还是挽救"，"斗争也是挽救的方式嘛"。5月18日，陈白尘得到金玲的私信，这是批判会后收到的第一封私信，读后心潮起伏，不能自已，立复数行，高兴地大呼："玲知我！玲知我！"

夏初时节，陈白尘忽然被调进湖中，与侯金镜等人一起放鸭子，他挺高兴，这多少有点"提升"的意思，就此"脱离苦海"也未可知，但"少受精神上的折磨"是肯定的。陈白尘高高兴兴收拾一下，就来到了湖里。哪知道，放鸭子真不是什么"好差事"，七八月的盛夏，气温高达40度，湖中无树木，无树荫可遮，唯靠一柄雨伞"聊以蔽头而已"。并且，这里中午不能休息，吃的东西只有香瓜等等，作为63岁老人，陈白尘备受摧折。而到了冬季，湖上风大，湖中工棚几乎撤空，陈白尘和几个人依然在湖中养鸭，耳畔终日是嘎嘎嘎的鸭鸣。陈白尘曾调侃说在三年半的干校生活中，鸭子和他相处最久而又感情最深，鸭子是他最亲密的伙伴。11月27日，他在日记中记道："今日大鸭群与小鸭子同牧，仍是'貌合

---

① 陈白尘：《牛棚日记》，《陈白尘文集》第十卷，江苏文艺出版社，1997年，第549页。

238

神离'。小鸭子为北京鸭,有如小天鹅地高傲,根本瞧不起大鸭子。其实,所谓大小是从年龄上说的;从体重讲,小鸭子早就超过大鸭子了,每只都在七八斤以上。说起这批'贵族'也是很可爱的,周身雪白,毫无一点杂色。"① 字里行间,充满了对鸭子的喜爱之情。然而,残忍的事情还是发生了。连部因鸭群无饲料过冬,宰杀了老弱者,大概六七十只,陈白尘为此"连日不安"。当听 Z 说,连部又有宰鸭之意时,陈白尘脱口而出:"要宰全宰!"Z 大不悦,批评道:"讲话为什么这么冲?"②

1972 年春节,陈白尘是在寒冷的湖上度过的。春节过后,他第一次获准了十天探亲假,陈白尘难抑兴奋,"背上背包,提上行囊,欣然奔向县城火车站去了。'归心似箭'这句话的滋味,这次才真正体会到。车到汉口,等不及买第二天的船票,便在车站混进一辆经过郑州的列车,从郑州又换乘南去的列车,真恨不得一步跨进南京城③。"在南京站,与亲人相逢的一刻,陈白尘潸然泪下。六年不见,小女儿陈晶竟指着车上人问:"那是我爸爸么?"64 岁的陈白尘将小女儿紧紧搂在怀里,久久也不愿松开。与妻儿欢聚,陈白尘格外开心,加上又逢六四初度,陈白尘带上妻女,和老友们去中山陵美美吃了一顿。一连几天,他和家人、亲朋好友游湖、拍照、讲笑话、做游戏,表现得很高兴。其实,和亲人们一样,他心头有朵挥之不去的乌云:短短的假期马上就要过去了。

回到咸宁干校的陈白尘继续在新工棚放鸭子,业余生活单调而乏味。春天很快就来了,伴随树木生出绿芽,花草钻出土壤,陈白尘心境也渐渐开始好转。春夏之交,陈白尘和吴松亭为鸭子找好料

---

① 陈白尘:《牛棚日记》,《陈白尘文集》第七卷,江苏文艺出版社,1997 年,第 558 页。
② 同上,第 558—559 页。
③ 陈白尘:《云梦断忆·忆探亲》,《陈白尘文集》第六卷,江苏文艺出版社,1997 年,第 68 页。

场时，不知不觉走到了一湾湖水，他有意无意地驱鸭去水浅处，那就是贾家湾附近了。两个鸭倌躺在草地上抽烟看鸭时，贾家老大前来请陈白尘去家中喝茶，自己替他看鸭子，原来贾家老爹在家中大摆筵席，端上了红烧肉、煨蹄髈、腌咸肉等，还有一碟陈白尘赞不绝口的泡蒜头，那一屋的温暖让他十分感动。离开后他十分怅然，何日能再来呢？果然这一次是他最后一次访贾家湾了。

陈白尘期待自己能重新开始写作，能自由地领略生活的美。回到干校之后，"形势有了变化，斗争的弦松下了，'敌我'界限也不再如前森严了。特别是掌管我专案组的两位上级同志从北京来找我谈话，又写了一份三千字的材料以后，连里的同志们有的向我暗示：我不是敌我矛盾了！有的竟向我表示祝贺：归期有望了"。但等待比想象中的长。然而就在这年冬天，陈白尘照看的鸭群全部被宰杀了，他"在干校的精神支柱垮了"，后来又被分配干了不少杂活，但陈白尘就是提不起精神来。①

1972年底，咸宁干校里探亲形成了高潮，有事无事都有人借口探亲，干校只剩下了不到五分之一的人。由于鸭群被宰杀，"专业鸭倌"陈白尘失业了，被调去连部守夜，时间是从晚上六点到第二天凌晨六点，这对于一个六十多岁的老人来说，是挺熬人的。《云梦断忆》这样写道："'众睡独醒'却颇苦闷寂寞，难熬煞人……当时又值隆冬，只有走路暖足，兼驱睡魔！可是盼到早晨六点下班了，我虽可倒上床去，而别人又纷纷起身、上工，反而睡不着了。……这十二小时并不劳动的守夜，比十六小时的牧鸭更苦。"②

1973年春节，陈白尘又一次获得了探亲假，他和家人又燃起了新希望，干校濒临解散，也没人找他去汇报，探亲无疑就是一个

---

① 陈白尘：《云梦断忆·忆探亲》，《陈白尘文集》第六卷，江苏文艺出版社，1997年，第75页。
② 同上，第10页。

陈白尘在"五七干校"（1973年）

愉快的假期。但陈白尘没敢在家久待，因为专案组的结论还没下来。等他再回到干校以后，领导好心不让他干重活，只管值班守夜了。

1973年开年，各种传闻很多。有人说上面有政策，尚未解放的干部，都进入所谓"落实政策工作组"，陈白尘也被江苏相关单位编入某组中。已患极度神经衰弱症的金玲听到陈白尘已被批准回南京的消息，多次电报催问归期。在金玲催促下，陈白尘多次向上级请示归期，但却毫无结果。陈白尘请金玲问是否由南京出公函调回去，但金玲碰了许多钉子，虽没有结果，但她依然充满了希望，因为说陈白尘确实在"落实政策工作组"名单上。恰恰此时，因为守夜，因为精神上万分紧张，陈白尘的心脏病发作，经干校校医同意，他请了三个月病假回南京医治。

回到南京后，陈白尘得以与家人团聚，自然欣慰，但他的日子并不好过，他发现所谓的"落实政策工作组"并未成立，他的政治身份仍然不明了。其次，孩子们因为他的关系，都有其各自未能解决的问题，故心中难以安宁。再则，作为省会，南京像当时其他大城市一样，奇谈怪论满天飞，搞得人心惶惶。好在咸宁干校寄回来了陈白尘留在干校的最后一件行李，似乎是暗示他可以不用回去了，这让他有了一点点"自由了"的欣喜。在家中休息的陈白尘开始整理"文革"七年的日记。

说起来这也属于"意外收获"。陈白尘说："我过去是不写日记的，但从被揪回北京之日起，不知由于什么念头，却偷偷记下极为简单的日记，这只有自己懂得的、极为简略的文字。"① 这是一段历史的记录，一个时代的记录。在南京养病的日子，陈白尘"将这些日记重抄一遍，并据回忆所及，略加补充。但当时思想活动，则仍存其真，未加改动。"1973年12月30日，陈白尘抄完了第一年的日记。

整个74年，陈白尘差不多都是在整理文革日记中度过的。这一年注定不平凡：年初就开始的"批林批孔"运动，到二三月份矛头已明显指向周恩来总理，社会上各种议论纷纷，每个正直的人都忧心忡忡，陈白尘更感到憋闷，联想到自己的"问题"，他不能不陷入深切的忧虑中。三月末，听到陈毅夫人张茜逝世，他颇感意外，深切悲悼。五台山的万人大会、省级机关召开的批斗大会、郭小川参加创作的《友谊的春天》被批为丑化文化大革命、艾芜发表的作品被批判、郭沫若被冷落等等，获悉这些情况后，陈白尘心中的块垒无形之中又增大了。幸好此时，"咸宁干校来信，说因病而

---

① 陈白尘：《云梦断忆·后记》，《陈白尘文集》第六卷，江苏文艺出版社，1997年，第78页。

不能返校者，可请医生开一证明。"① 也就是说，陈白尘可以暂时不用返回干校了，他立即写了一篇有关身体情况的报告，并附上黄元铸医生开的心肌劳损证明，这之后，他每三个月续假一次，再也没有返回咸宁干校，但依然与之保持着联系：他汇去党费，干校汇来粮票。五月十日，形势似乎有些明朗，"闻昨晚中央来文，午夜又派专人来，以宣布吴大胜四大罪状。今晨全市奔走相告，民心大悦。不管全国运动的结果如何，江苏人民是胜利了！"他在日记中幽默地写道："'吴大胜'者，吴地人民大胜利也！——此之谓欤？一笑。"② 五月中，接到好朋友、原四川省立戏剧学校学生屈楚的辞行信，信里所附的诗触发了陈白尘的心弦，他几乎是不假思索写了《打油答屈三》回赠："与子十年别，不意竟白头。高谈犹侃侃，低吟转悠悠。七载孤如雁，今日闲似鸥。何时山水绿，同作少年游。"③ "白头"、"孤雁"、"闲鸥"道尽陈白尘内心的寥落和苍凉，他渴望回归社会，渴望工作，渴望能过正常人的生活。但形势比想象中的要复杂，原以为树倒猢狲散，谁知"原来是一面倒的（坚决打倒吴大胜），如今成为两派意见——'好得很'和'好个屁'。"④ 恰恰此时有了周恩来身体不好的传闻，北京文艺界老友如石羽、赵慧深、金山等近况都不佳，联想起近来的种种现象，陈白尘顿觉前途茫茫又不可知了。

虽然忧心忡忡，却又无从申诉，陈白尘只能无奈地在日记中写道："自批林批孔运动以来，党、政、军各方面暴露的问题尤甚，有所怀疑，有所忧虑，每每感情冲动，想向毛主席上书，但一想到自己如今的处境又颓然了。可是我毕竟还是一名共产党员，心所谓

---

① 陈白尘：《听梯楼日记》，《缄口日记（1966—1972，1974—1979）》，大象出版社，2005年，第162页。
② 同上，第163页。
③ 同上，第164页。
④ 同上，第165页。

危，焉能默然？应该对若干现象作深入了解，细致分析，以等待时机，作如实的、恳切的反映才是。只要不牵涉自己的问题，又何必顾虑重重！从此是做一个安分守己、只图个人安危、裹着退休'养老'生活的废物呢，还是做个西汉时期折槛的朱云式的人物呢？我感到惭愧。"① 很快，陈白尘接到文化部干校政工组的通知——凡中央专案组的全部返回干校学习，而陈白尘继续请病假，好在干校复信说续假报告已转上级批准。陈白尘终日在埋头抄改整理文革日记，直到12月底，完成了"文革"日记第四册。至1975年5月，整理出了第五册，至此日记全部弄完。

七、聆听春天来临

又一个迟到的春天即将来临了。

1975年1月10日，陈白尘收到了邮局退回的寄往咸宁干校的一月份党费以及致四连的挂号信，批曰："干校已迁"。他想到两天前去安置组领工资，在鼓楼花木公司门口偶遇了镇江的狱友施亚夫，文革初期他被戴了大叛徒、大汉奸、大特务、大流氓这四顶大帽子，最近拟对其平反②，陈白尘感觉春天或许快近了吧。但文艺界的情形似乎仍然不容乐观，他"纵观整个文艺界是打算彻底换班子了，却又后继无人，这便造成了如今这半死不活的状态！"③ 心绪万千，陈白尘读起岩崎昶的《电影的理论》，探究起电影与戏剧、小说的关系。3月，陈白尘终于被通知参加省里的安置组北片支部学习，每周学两个下午。省干校总算给了回南京两年多的陈白尘一

---

① 陈白尘：《听梯楼日记》，《缄口日记（1966—1972，1974—1979）》，大象出版社，2005年，第167页。
② 陈白尘：《云梦断忆·后记》，《陈白尘文集》第六卷，江苏文艺出版社，1997年，第187页。
③ 同上，第190页。

"文革"后期的沉思照

个着落。但政策迟迟未能落实,苦闷之余,3月27日下午他去看施亚夫,询问老干部的"解放"与使用问题,施宽慰道,"前途是光明的",老干部的问题也一定会解决的①。

等待总是焦灼的,而他的等待却是那么地漫长,小女儿陈晶、大女儿陈虹的前途还紧密地系在这难熬的等待上。但陈白尘却以另一种连自己想都不曾想过的闲适方式——"闭门只是栽兰竹,留得

---

① 陈白尘:《云梦断忆·后记》,《陈白尘文集》第六卷,江苏文艺出版社,1997年,第197页。

春光过四时"生活,他在院子里扦插秋海棠 8 株、种下 24 头唐菖蒲、4 枝令箭荷花、菊花等。得知小女儿终于分配到无线电厂工作时,陈白尘十分欢喜。四月,翘首以盼的工作组终于登堂入室,陈白尘再次重复表达了他希望有生之年为江苏人民做有益的事情,并表示"可以干点轻微的工作,但不希望再搞文艺创作了。"① 然而"只听楼梯响",事情并未解决。5月,听到学生刘沧浪的问题终于解决了时,他欢天喜地,"满天的云雾,皆消散了。"② 果然北京传来解放文化界一百余人的说法,不久后传来周扬等人"解放"的消息,又传来老友于伶"解放"的消息,陈白尘一边为老友们感到高兴,一边期望着……5 月 31 日,他整理完"牛棚日记","心中还是放下一块石头——有了它可以向儿女交代了!"或许是因为"解放"的消息接二连三的传来,面对着这些在"不公开状态"下写的日记,握惯了笔的他想写作了,他提起笔在日记本中写道,"从明天起,我要开始新的创作了——酝酿已久的那部笔记体的作品。"③

　　这之后,陈白尘就开始写笔记体散文《"唯物主义者"》,久不提笔,提笔分外滞重,这也是那些遭遇苦难岁月的文人共同的状况。写着写着,陈白尘觉得"越来越像小说了",就将之改写为《夜行记》,后又将之再改写为《失帕记》,颇费笔墨。但他依旧写,写完《冒险家》,行文似乎畅快了些,恢复了写作信心,此后一发不可收,写《甲骨文》,写《"人道主义"与"哲学家"等等》,写《哼哈二将》……每篇都有数千字,写作成为他最重要的寄托,写作让他暂且忘却了自身的政治困局。然而,现实并未忘却他。七月

---

① 陈白尘:《云梦断忆·后记》,《陈白尘文集》第六卷,江苏文艺出版社,1997年,第 199 页。
② 同上,第 202 页。
③ 同上,第 204 页。

六日，施亚夫前来告诉陈白尘，在军级以上干部中流传的传闻，将"追查她和某几个人的政治历史"（她指的是江青），因而，对于陈白尘类有历史问题的处理则要推迟①。或许是老友施亚夫已经听到了关于陈白尘的一些传闻，特意前来报告。两天后，陈白尘从陆苇那得知了一些关于他的捕风捉影式的传闻，清代石涛有诗云"偶然有句闲文字，又怪风传到九州"，此刻的陈白尘真正体会了这种心情，待心情稍微平复，他即刻摊开纸写《新医术》，写学习小组中林逸光等人深挖"五一六"运动的遭遇。此时，陈白尘感觉有点不妙，寄给北京留守处五六月份的党费被退了回来，也不被告知具体情况。7月14日，他先写了个"代序"，"像煞有介事"地写下一段自以为悲壮的准"遗言"：

> 在我的本意，这本手稿是不打算让任何人看见的，因为它是一个"私生子"。将来我拿它怎么办——是献给我最崇敬的人呢，还是自行焚去，很难逆料。但在这之前，还有一个可能，即它也许被我的亲人所偷阅，或被某一好事之徒所获得。因此我向这位或一读者恳求：如果有可能而你又见义勇为的话，请将它献给我最崇敬的人；要不你偷看后秘而不宣。如果不能做到上述要求，便请将它付之一炬！……我这手稿才起头，而先写下这一代序者，无他，怕自然规律逼人，此稿难以终篇也……②

7月18日，陈白尘被召到中共江苏省委组织部，来自中央专案审查小组的袁某，向他宣布了政治审查结论——《对叛徒陈白尘的

---

① 陈白尘：《云梦断忆·后记》，《陈白尘文集》第六卷，江苏文艺出版社，1997年，第208页。
② 同上，第210—211页。

结论》：

> 陈白尘……出狱以后，适应国民党反动派的需要，写《石达开的末路》等反动剧本，攻击共产党和工农红军。1950年隐瞒叛变历史，通过于伶、钟敬之混入党内。解放后，受周扬、夏衍等人的包庇和重用……于反右斗争时……以反对无产阶级文艺。陈白尘是叛徒，按照党章，应清除出党……按照党的'调查从严，处理从宽'和'给出路'的政策，保留公民权，每月给予生活费120元，由江苏省委作适当安排。①

苦苦等待的落实政策却如晴天霹雳，陈白尘断不同意，悲愤填膺，但他斗志弥坚，坚决要求申诉。回到家后，金玲甚为他担心，去找施亚夫商量，施亚夫赞成陈白尘的想法，认为他要"拖"，"拖"乃上策，拖个一年、两年再解决。几天后，袁某再次找陈白尘去谈话，给他施加压力让他签字，说"即使你不签字，我们也照样可以执行！"重压之下，陈白尘只好以考虑为由作缓兵之计，"归时心情沉重，两腿如棉"。第二天，陈白尘要过"结论"文本，在上面写了"对于结论中作叛徒处理，我不同意。请求复议，容许申诉。"②。之所以如此，是因为《结论》中所述的事实，与真实情况相去甚远，错误极多，比如陈白尘1932年在淮阴被捕，被误作在镇江被捕……如此不胜枚举。迟迟未见任何新的消息，8月7日陈白尘去领工资时发现表格上的"工资"已经改为"生活费120元"，莫非已经强行执行"结论"，陈白尘既气愤又难过，第二日去见了施亚夫，施说："这阵风才起，不可能马上平反。可以先申诉，拖

---

① 陈白尘：《云梦断忆·后记》，《陈白尘文集》第六卷，江苏文艺出版社，1997年，第211页。
② 同上，第214页。

着再说。真正解决问题，尚非其时。"一回到家中，陈白尘就开始写申诉书，他感觉到了"战斗后的喜悦"。心有不甘的陈白尘通过各种渠道向上面转呈申诉书，但结果依然不容乐观，结论居然维持不变。

陈白尘自觉问心无愧，坚信冤案总会有揭开的一天，施亚夫"主张静待变化，勿争一月半月之长"，安慰道"台风终会过去"。①内心孤苦的陈白尘只能通过写作，来排遣精神上的抑郁和悲伤，他拾笔写了《丹阳王》《上海一局长》《行会的头头》等数篇笔记，愈写愈顺手，愈写愈觉得要写的东西太多，然而时间精力不够了，再想到自己的际遇，不禁感慨万千："一个作家的悲剧大都如此：等到他真正想写些对人类有益的作品时，或者由于衰老，或者由于环境，竟迫使他无法完成了！"②

从 1975 年 6 月到 12 月，陈白尘竟然陆续写出了 26 篇文字，约 10 万余字，后经编选，删去两篇，他将这些笔记命名为《听梯楼笔记》，"标我所居为听梯楼者，是因为这正是落实政策之声甚嚣尘上的时候，而我却是'只听楼梯响，未见人下来'也。再者，所居楼下两间陋室，正临楼梯之侧，楼上住的两家的小'衙内'每每俯冲而下或仰攻而上时，其声通通，令我胆战心惊，忡怔不已，也算记实。"③他留下了自己对特定年代的沉吟、思考。

眼看《听梯楼笔记》的后记就将完稿了，他接到了大女儿陈虹的来信，陈虹终于能回到南京城工作了，一家人终于可以团圆了，陈白尘颇感安慰。和许多人一样，他看到了希望，在《后记》的末尾，写道：

---

① 陈白尘：《云梦断忆·后记》，《陈白尘文集》第六卷，江苏文艺出版社，1997年，第 219 页，221 页。
② 同上，第 225 页。
③ 陈白尘：《听梯楼笔记·自序》，《陈白尘文集》第七卷，江苏文艺出版社，1997 年，第 333 页。

1975年12月27日，记于南京玄武湖畔、高云岭下、听梯楼之南窗前。时天寒岁暮，树木凋落，阴云沉沉，似有雪意，而庭中月季新芽待发，距立春不过一月矣！①

为什么要写这些呢？陈白尘说自己"只想做个自封的稗官，记下这些'闾巷风俗'"，记下牛棚中的触目惊心之事，记下儿女们听来的"奇谈怪论"，"有朝一日我最崇敬的人下临闾巷时，我将以之作为芹献。"实际上，陈白尘写《听梯楼笔记》也是偷偷在写作。当时他在南京的住所已被三分天下"去"其二了，无论谁都可以直入，每当有人探问在写什么时，陈白尘总含笑而答"思想落后，跟不上形势了，怎么写得出？"这样的回答是出于本能的防卫，"不是哄人，而是骗鬼"。有一天看到邻居家石涛的题画诗："偶然有句闲文字，又怪风传到九州。"②他深有同感，这种"风传到九州"的架势，陈白尘实在是怕了。

无论从哪个角度看，1976年都是中国当代史最重要的年份，对陈白尘而言，这也是最令他郁闷而又最"欢欣"的年份。1月8日，陈白尘最崇敬的人——周恩来总理逝世，噩耗传来，举国哀痛，陈白尘带领全家臂缠黑纱志哀，站在周总理的遗像前嚎啕大哭，他知道自己的手稿再无献处了。第二天，南京人民冲破禁令，成群结队前往梅园新村举行悼念活动，而"一些狼似的眼睛"不时在闪烁着，陈白尘明白它的意义。一月下旬，当这些眼睛"稍稍倦怠"时，他紧闭门窗，严密地封掉一切可能透光的缝隙，和妻子儿女一起，"用乞讨来的松柏"亲手扎成的花圈，用素烛和清酒，进

---

① 陈白尘：《听梯楼笔记·自序》，《陈白尘文集》第七卷，江苏文艺出版社，1997年，第334页。
② 同上，第337页。

行了家庭祭奠。陈白尘泪眼朦胧，低声朗读自己写的祭文，然后将它在烛火上点燃、焚化。与此同时，他一个人躲进里屋，不停地写《总理之丧侧记》，一连写了好多篇。从一月、二月，到三月、四月，南京城里对周恩来总理的祭奠活动络绎不绝，人们抬着花圈去雨花台祭奠，到鼓楼广场、新街口张贴大字报，登高演说，怀念人民的好总理，矛头直指"四人帮"。

陈白尘内心充满了激动。在《献》中，他这样回忆自己当时的心境："在这样的日子里，我每天都走上街头，每见一队悲壮的优秀行列，我都想跨步跟上前去；每见一处广场上有人演说，我都想挤近他们身旁！可是，我不能不压制自己的冲动，因为我从十年前起，我就是个所谓'油漆未干'的人，我不能玷污革命群众，授那群反革命分子以口实！于是，我只有悄悄地退回屋里，提起笔来再写我所不会写的诗，记下我的悲哀、痛苦、愤怒和抗议！"[①] 持续高涨的人民自发的清明节祭奠，最终被镇压下去。陈白尘感到愤怒、他内心奔涌着呼号，他要战斗，要写作，要发声。

《听梯楼笔记》下卷是一部从周恩来逝世、中经"批邓"、下至"南京事件"的较为完整的记录，第一篇写于1976年2月22日，最后一篇完成于4月6日，即天安门"四·五运动"之次日，陈白尘自谓是"当时的实录"，全然可作为野史看。

几乎是一瞬间，"追查"开始了，风声日紧。陈白尘的日记被迫中断了，他将书桌两侧抽屉理清，日记连同其他文稿一起被秘密转移到"安全地带"，他抄写《月季栽培》以自娱。他用一个夏天读书，读《资治通鉴》等史书，在历史的长河里徜徉和思考。

1976年10月，"四人帮"被粉碎，陈白尘喜不自禁，感到长久

---

① 陈白尘：《献》，《陈白尘文集》第七卷，江苏文艺出版社，1997年，第128页。

笼罩在头顶的乌云似乎在散去，新生活的脚步正在向自己走来，他决定恢复中断的日记写作。很快，没等来久盼的纠正政治结论的人，他却被"请"去揭发"四人帮"的罪行，在两位江苏省委干部和一位医生的陪同下，陈白尘赴京住进了民族饭店，公安部相关人士出面要他揭发江青、张春桥历史上的问题，主要是要证明张春桥在历史上是个"叛徒"。1935年5月，张春桥经人介绍到上海投奔陈白尘，两人一同住在西爱咸斯路二个月，但他并未听说过张春桥被捕的事。陈白尘如实反映了自己了解的情况，然而，调查者并不信任他，反复要他写材料。在转往和平宾馆后，公安部相关人士采用禁止他与家人通信等高压手段，迫使他写张春桥是个叛徒，但陈白尘没有妥协。他要对党负责，他不能编造，为此陈白尘被软禁在北京，时间长达四个多月。

第五章　笔耕不辍的晚年（1977—1994）

　　进入 1977 年，春寒料峭，69 岁的陈白尘感到内心苦闷，他看到历史书写方式的某种"似曾相识"，虽已进入了新时期，他却只能继续"难熬地沉默着"。3 月 26 日，社会传说纷纷，听闻邓小平恢复工作了，人心大快！陈玉老前来告诉陈白尘，工作组撤销后，其将"归口"去文化局，陈白尘"心中实不愿"①。政局稳定了下来，陈白尘与前来看望他的学生李天济聊起了未来的创作计划，"谈来谈去似乎只能写历史剧"，天济认为"西汉初年周勃除诸吕事可写，但'古为今用'，人家还是会类比、联想的，就怕授人以'影射史学'之柄。"② 在当时情形下，他一向想完成的《太平天国三部曲》显然更困难了。4 月中下旬，上海公安部门又一次派人来南京，在江苏省公安厅招待所和陈白尘谈话，要他写材料揭发张春桥，软缠硬磨，不写不让他回家，陈白尘交了点无关紧要的材料，才得以脱身。他的创作计划此时也日渐清晰了，他和妻子金玲谈道："除太平天国和鲁迅两个题材外，应以歌颂总理最后十年的战

---

① 陈白尘：《听梯楼日记》，《缄口日记（1966—1972，1974—1979）》，大象出版社，2005 年，第 274 页。
② 同上，第 275 页。

斗生活并衬以四人帮的迫害写一历史剧。"金玲完全赞同。陈白尘又说:"这一历史如不能在文学中获得反映,则是中国作家之耻!但此剧就怕十年内是不能上演的。"①

创作《大风歌》期间

一、宝刀未老 《大风歌》

1977年6月20日,陈白尘被安排在江苏省文化局创作组工作,"被初步'落实'到一个并未交给我任何创作任务的创作组里"②,

---

① 陈白尘:《听梯楼日记》,《缄口日记（1966—1972，1974—1979）》,大象出版社,2005年,第282页。
② 陈白尘:《为〈大风歌〉演出致首都观众》,《陈白尘文集》第八卷,江苏文艺出版社,1997年,第354页。

终于"归口"了,在沉默十一年后,压在陈白尘心底的苦闷,冲破了,爆发了,他对自己呼号着:"我要写!我要写!我要写出一首最好的诗来献呈给我最敬爱的人!"这"最敬爱的人"指的就是周恩来总理。虽然陈白尘未曾被分配创作任务,但他的创作欲望再度被点燃,他最终写出来的不是一首诗,而是一部沉甸甸的历史剧。虽然他向领导要求稿纸,要求打印剧本都无果,他还是抓紧时间读《史记》《汉书》等书籍,努力发掘史料,在7月南京一个酷热的夜晚,开始了新的创作,而且当晚就完成了第一幕第一场。两个月后,这部暂定名《吕后》的新剧初稿完成,洋洋洒洒有六万字。施亚夫也带来了干部历史问题的政策即将落实的好消息。接着,是一次又一次的修改,到11月,陈白尘共修改了四稿,作品最终定名为《大风歌》。《大风歌》写作的稿纸是朋友从出版局"偷"来的,参考的书籍是大学故友送来的,打印靠的是工厂素昧平生的小友,陈白尘带领全家人将它们装订成册,分送各级领导审阅。

或许是政治惯性,或许是因《大风歌》和现实的高度相似,创作组和文化局都没有表态。好在江苏省委负责人对《大风歌》是赞许的,正因为这样,"这个半'私生子'似的产物,才算报上了'临时户口'"①。几乎是在一瞬间,《大风歌》引发了广泛的关注:先是多年好友陈鲤庭来信说,上海电影制片厂已决定拍摄电影《大风歌》,由陈鲤庭导演。时隔不久,陈鲤庭等人就赶来南京,当面和陈白尘磋商改编事宜。在这前后,江苏省话剧团也在筹划排演话剧《大风歌》,很快,上海京剧院也来人要求将《大风歌》改编为京剧……

五月初,正当他在苏州与陈鲤庭谈《大风歌》电影改编的事情

---

① 陈白尘:《献》,《陈白尘文集》第七卷,江苏文艺出版社,1997年,第130页。

255

时，突然接到金玲的信，陈白尘心中欣喜。原来同因于苏州反省院中的难友匡亚明时任南京大学校长，他来家中访陈白尘，邀请陈白尘去南京大学任中文系主任，同行者还有党委副书记等四人。陈白尘思忖道，这应该是一份正式的聘请吧。他佩服匡校长的胆识，但头上这顶"叛徒"的帽子还没摘掉，适宜去南京大学当教授吗？他心有余悸，不知"上面"的意思，不敢马上应允，写信给夏衍、李天济、屈楚，他们都同意陈白尘去南京大学任教。5月16日，陈白尘从苏州返宁，晚间匡公与夫人及其子同来家中拜访。陈白尘有点担心："不怕别人再说你是'招降纳叛'吗？"匡公哈哈一笑："我在自己心里已经先给你们平过反了。"匡公似乎看穿了陈白尘心中的疑虑，"我认为颇有些经院习气的大学中文系，是需要吹进一点新鲜活泼的空气的。外国的不说，单就中国而论，鲁迅、茅盾、田汉、老舍、郁达夫、洪深等一大批有成就的作家，不都曾任教于各个不同的高等学府吗？"[①] 陈白尘被匡公的一席话深深感动了。

几日后，匡公告诉陈白尘，省委书记已同意聘请陈白尘去南大任教，但要研究方式。5月24日，陈瘦竹教授来访，力主陈白尘去中文系任教，对聘其为系主任更示欢迎，言语诚恳。陈玉老来访，陈白尘忍不住将受聘南大一事相告，其建议陈白尘应为"结论"一事立即去北京上访。是啊，结论"叛徒"一事随着四人帮的倒台确实也该平反了吧。

这个夏天，陈白尘可以说神清气爽。6月10日他抵达北京，遇见了曹禺、沙汀等老友，精神有些亢奋。18日晚上他和吕恩一同去拜访夏公，果然大喜，中央专案组"一办"已通知移交给中组部了。陈白尘的老友们纷纷帮忙，幸得刘郁民夫妻帮忙引见胡耀邦部

---

① 陈虹：《自有岁寒心——陈白尘纪传》，山西人民出版社，2000年，第308—309页。

长，这次拜望让陈白尘真正吃了一颗"定心丸"。胡部长握着陈白尘的手，再三叮嘱他安心写作，"多写好东西"，"一切冤案一定会平反"①，胡部长赞赏他去南京大学教书，系在陈白尘心上的石头似乎慢慢变轻了，他的结论问题亦被提到中组部日程了，就等"一小"移交了。陈白尘的笔畅快了，7月1日，他在党的生日这天开始《大风歌》电影剧本写作，只用了一个月的时间就写出了电影剧本《大风歌》，又用了半个月时间修改。在北京忙碌期间，喜讯接连传来，浙江话剧团将排《大风歌》，中央实验话剧院决定排《大风歌》，文艺渐开百花齐放之风气。当电影剧本《大风歌》座谈会举行时，包括夏衍在内的电影艺术家们给予了充分赞誉和肯定。8月30日，陈白尘回到了南京，填写了南京大学教师表格，9月3日去拜访匡校长时，被告之已正式聘请其为南京大学中文系主任及教授，果然，几日后调令来了。

9月9日，南京大学派车来接陈白尘赴中文系任教，并举行了一个欢迎会，匡校长、陈中凡先生均出席了会议。虽然陈白尘领的仍然是校方发的"生活费"（每月120元），但他决意开启人生新篇章，一边出席学校的各种会议如社会科学委员会会议，一边继续进行《大风歌》舞台定稿本的最后润饰，十天功夫，定稿本就又有了新的提升。接着，陈白尘和吴白匋等人分别讨论将《大风歌》改编成昆剧、京剧本问题，1980年3月13日，吴白匋根据《大风歌》改编而成的昆剧《吕后篡国》在南京上演。而电影剧本《大风歌》的修改，随后也紧张进行。一部《大风歌》，陈白尘精益求精，他说这是他"三十年来第一次认真的创作"，二者共写了十稿，1979年初才分别发表。

---

① 陈白尘：《听梯楼日记》，《缄口日记（1966—1972，1974—1979）》，大象出版社，2005年，第313页。

1979年，陈白尘更忙碌了，他前往杭州看浙江省话剧团演出、程维加导演的《大风歌》并参加演出座谈会……整个第二季度，他穿梭于北京和南京之间，几乎一刻不停工作着——起草悼词并参加田汉同志追悼会，为上影厂修改电影剧本《大风歌》，和中央实验话剧院《大风歌》剧组的同志们座谈，为中央实验话剧院特刊写《为〈大风歌〉演出致首都观众》，看该剧院在首都公演的《大风歌》，场场爆满的红火场景令陈白尘备感振奋。同一时间，成都市话剧团演出了《大风歌》，电视转播，媒体热评……特别是胡耀邦同志在中宣部会议上称赞《大风歌》，中国文联和中国剧协随即召开《大风歌》座谈会，座谈会由夏衍同志亲自主持，来自文艺界、史学界、新闻出版界的70多位专家和知名人士出席会议，大家从各种角度对《大风歌》的主题、艺术价值予以评析，一致认为这是一部不可多得的力作。金秋10月，陈白尘再次赴京，参加第四次全国文代会，也是在这次会议上，陈白尘当选为中国文联全国委员、中国作协理事、中国剧协副主席。

而令陈白尘最揪心的政治问题也有了新结果。1979年1月，胡部长亲自交代工作人员为陈白尘办理错案纠正，陈白尘真是喜出望外！1979年3月26日，江苏省委组织部撤销了中央专案组"一办"所作的结论，恢复了陈白尘的党籍、原工资级别，发还所扣发的工资，一场延续了十二年半的噩梦，终告结束。从省委大院回到住处，一家人围在陈白尘身边，喜极而泣，慨叹过去的那些恍若梦中的日子。陈白尘没有多说什么，只是感到心里暖暖的，一股想干事的冲动不断涌上来，他觉得自己有许多东西要写，要抒发，要表达。

大女儿陈虹曾经问陈白尘，"你这个满清的'遗民'，可是经历了数朝数代，究竟哪个时期你生活得最愉快呢？"

陈白尘不假思索地答道："当然是粉碎'四人帮'以后！"因为在这个时期，他可以自由地创作了。

70岁的陈白尘以《大风歌》作为重返剧坛的厚礼，令戏剧界、文化界的人们震惊不已，赞叹不已，他给人们的完全是"宝刀未老"的感觉。《大风歌》能引起巨大反响，其原因是多方面的：

一、因为"文革"期间，历史剧已沉寂于剧坛，《大风歌》这样的"大手笔"[①] 显得格外引人瞩目。

二、创作《大风歌》期间，正处于拨乱反正时期，陈白尘也曾在《南京大学学报》上发表文章，从文艺界拨乱反正的角度，力主"驱散林彪、'四人帮'的阴魂"。《大风歌》虽然是历史剧，所取的视角是古代历史——汉代吕雉阴谋夺权，刘氏家族奋起反夺权，然而却与现实是非常相近，剧本所描写的这场斗争在双方反复较量中共经历了十五年，以吕雉亡、诸吕失败而告终。以江青为首的"四人帮"阴谋篡权和吕后连同吕氏家族阴谋篡权如此相近，江青和吕雉在人们的脑海中可构成一种平行类似的关系，更何况江青还吹捧过吕后，因此人们很自然地会把反吕氏夺权和反"四人帮"夺权联系起来。因此，《大风歌》的思想切入点是歌颂粉碎"四人帮"的，他的着眼点是从现实出发的，可以说很好地找到了现实与历史的链接点，既写出了历史的真实，也写出了艺术的真实，写出了历史感和时代感，将历史真实和时代精神完美结合了起来。陈白尘自述道："在一部二十四史中有千千万万的故事，你为什么单单挑选了这一个呢？那必然是因为它对今天还有用。我就是认为吕后及其党羽搞阴谋搞分裂的故事对今天观众还有其借鉴作用。历史每每有惊人相似之处，但仅仅是相似，而不是相同。"[②] 更重要的是陈白尘此剧写作的缘起和周恩来有很大关系，和"1976年清明节天安门

---

① 伯荣：《对历史剧的有益探讨——记〈大风歌〉座谈会》，《剧本》，1979年10月。
② 陈白尘：《谈〈大风歌〉与历史剧》，《陈白尘文集》第八卷，江苏文艺出版社，1997年，第358页。

前的革命风暴"大有关系，故而有着强烈的现实感：

> 我没有投身于天安门革命运动的行列，便不能以空洞的热情去写那些未曾谋面的英雄。但我抑制不住对于"四人帮"——这群披着人皮的禽兽、天安门冤案的元凶们的怒火，我不能不鞭挞他们！于是我从公元前二世纪里找到一面历史的镜子，让这群野心家、阴谋家的嘴脸在他们的'祖师爷'吕雉身上得到曲折的反射。①

陈白尘的《大风歌》力图写出两者的相似处，力图"以古鉴今"，这也就是历史剧创作的"古为今用"的原则。那么，如何才能"古为今用""以古鉴今"呢？陈白尘认为，"任何历史都是教训。这教训对现代人有益，你就写；无益，就搁下。抓到一件历史，硬拉它和抗战、和现实发生关系，'强调''注入'一番，说这是有益了，那不也是'自作多情'么？现实生活并非件件都能写入戏剧，历史又何能例外？"②

由于题材正是当时观众非常感兴趣的，特殊年代特殊背景，《大风歌》的问世很快轰动了文坛，伯荣曾记载了《大风歌》座谈会的情形："中华人民共和国建立三十周年了。在经受了我国、我党历史上的一场浩劫之后，雨过天晴，陈白尘同志献出了精心创作的历史话剧《大风歌》。这个戏最近由中央实验话剧院在首都作献礼演出，引起了不同寻常的热烈反响。文联和剧协及时地举行了这次座谈会，以期进一步繁荣和推动历史剧的创作。我国文艺界的老

---

① 陈白尘：《为〈大风歌〉演出致首都观众》，《陈白尘文集》第八卷，江苏文艺出版社，1997年，第354页。
② 陈白尘：《历史与现实——〈大渡河〉代序》，《陈白尘论剧》，中国戏剧出版社，1987年版，第102页。

前辈夏衍同志亲自主持这次座谈会。会上济济一堂，来自文艺界、史学界、戏剧界及新闻出版单位的负责人、专家、知名人士和代表，约达七十人，其中有陈荒煤、王子野、孔罗荪、林甘泉、熊德基、金紫光、胡青坡、臧克家、赵寻、刘厚生、李之华、金山、吴祖光、黄宗英、夏淳、范钧宏、张定和、柳倩等，剧作家陈白尘和夫人金玲同志、《大风歌》导演舒强、耿震同志及主要演员和工作人员也出席了这次会议。这是一次盛况空前的历史剧评论会、座谈会、讨论会。"①

陈白尘和夫人金玲（1943年）

三、《大风歌》达到了"历史真实、艺术真实和现实倾向性的统一"②。在这次座谈会上，"绝大多数发言者认为，《大风歌》相

---

① 伯荣：《对历史剧的有益探讨——记〈大风歌〉座谈会》，《剧本》，1979年10月。
② 董健：《论陈白尘的戏剧观——代序》，《陈白尘论剧》，中国戏剧出版社，1987年，第10页。

当忠实于历史真实，忠实于历史本来的面貌，将历史真实和艺术真实很好地统一起来。部分同志甚至感到，《大风歌》太拘泥于历史真实，本来还可以更放开些写。由于这些意见竟出自一些历史学家之口，使在座的一些文艺工作者格外兴奋。"[1] 这不仅是对《大风歌》的创作方法的充分肯定，也是对陈白尘史剧观的肯定。

《大风歌》是陈白尘史剧观践行的顶峰之作。是他深入思索历史剧的写法，深化现实主义史剧观的有益尝试。关于陈白尘的史剧观，董健曾非常精辟地概括道：

> 第一，历史剧必须真实地描写历史。不仅重大事件和主要人物必须史有所据，所褒所贬必须符合当时历史发展的趋势，而且细节的描写（包括服装、道具的处理）也要尽量不失其真。语言尽管不可能完全恢复历史本来面貌，也要在遣词造句上给人以'历史感'。第二，在历史真实的基础上，像处理现代题材一样，也要充分发挥艺术的想象、虚构、加工、提炼，进行典型化的描写，从而创作出作品中的艺术真实。第三，历史剧不是为历史而历史，它必然有所选择、有所强调、有所褒贬，而这选择、强调和褒贬不仅来自历史本身，而且也受到剧作家在当今时代精神照耀下所产生的激情的制约。[2]

陈白尘认为，历史剧自然是要写出历史的真实，写出历史的真实，艺术的真实才有根基，他说"没有历史的真实，也就没有艺术的真

---

[1] 伯荣：《对历史剧的有益探讨——记〈大风歌〉座谈会》，《剧本》，1979年10月。
[2] 董健：《论陈白尘的戏剧观——代序》，《陈白尘论剧》，中国戏剧出版社，1987年，第10页。

实"。①《大风歌》中所写人物,有名姓的,在历史上实有其人,所叙基本情节,在历史上皆有其事,正所谓据史而作。陈白尘从汉高祖刘邦死三日吕雉秘不发丧写起,通过吕后囚戚夫人于永巷、焚毁汉高祖遗诏、杀死赵王、郁死刘盈、终于临朝称制、违背白马之盟封诸吕为王,在吕后夺权这条主要线索的背后是吕氏和刘氏两个集团之间的政治夺权斗争,以吕雉为首的诸吕与以陈平、周勃为代表的刘邦老臣在设计和破计中展开一次次交锋,最后吕雉死后诸吕散,刘氏集团终于夺回了江山。陈白尘最大限度地还原了历史真实,历史地、真实地、具体地描写过往,"它所描写的丝毫没有超出汉初历史范围,甚至还力求保留或尊重迁、固二史记录的基本史实情节,可它却又经过精心的艺术渲染,所以那么娓娓动人,直使观众如亲见其事,目击其人"②。譬如剧中所刻画的残忍狠毒的吕雉形象,吕后囚戚夫人使之被处刑为"人彘",这是历史史实,但剧中细节展开的是:吕后设计安排侯封借戚夫人爱子——赵王如意回朝传命,戚要见爱子则要挖去其双眼,戚要听爱子声音则要熏聋其双耳,戚要呼唤爱子则要哑其喉咙,戚要抚摸爱子却要断其四肢……这一笔情节刻画了三个人物形象,戚夫人的坚强与对爱子强烈的爱,让人怜悯、感动;酷吏侯封的狠毒入木三分,而吕雉为夺江山屡施狠毒手段,其阴险毒辣令人害怕,一切可谓生动传神。

四、"拟古"的语言。陈白尘从1937年创作《金田村》时,就开始思考历史剧的语言问题,所作《历史剧的语言问题》一文就思考了农民的语言和石达开等领袖的语言运用问题。而在创作《大风歌》时,他摸索出一条新的历史剧语言创作之路,即"拟古"之路,"在浅近的文言基础上,学习一些京剧道白中富有生命力的表

---

① 陈白尘:《为〈大风歌〉演出致首都观众》,《陈白尘文集》第八卷,江苏文艺出版社,1997年,第355页。
② 戴不凡:《〈大风歌〉小赞》,《文艺报》,1979年第10期。

现方法而成"①。譬如剧中陈平为陆贾送行的那一场：

  陈平 （献酒）大夫出朝，关山万里，风险处处，千万珍重！

  陆贾 （接酒）足下在朝，如陷虎口，应付周旋，更须当心！

四字一句，朗朗上口，浅近的文言使之有了历史感，但其表意又浅显易懂，这样的四字推进的节奏，同时还具有了音乐性。

当然，《大风歌》也遭遇了一些人的批评，有人批评剧作有影射之嫌，"以为《大风歌》是反'四人帮'之作"，吕后是影射了江青。②陈白尘澄清道："我不过把历史上的吕后拿出来还以本来面目而已。我要做的工作就是这点。我并没有将吕后影射江青。因为江青比吕后差远了。吕后确实还有点本领，在她篡权的过程中还没有搞得全国生产大倒退。而江青胡说八道，不学无术，比不上吕后一个指头。说我写吕后是影射江青，那是抬高了江青。"③

所以，陈白尘在《献》一文中写道："在发表本的标题下，我经过几十次的思考、斟酌，写下了两行字：'本剧根据汉代伟大历史学家司马迁所著《史记》并参考班固所著《汉书》有关章节编撰。'"④他再三强调"此剧绝无影射之处"，不要"枉费心机去做索隐派"。

---

① 陈白尘：《谈〈大风歌〉和历史剧》，《陈白尘文集》第八卷，江苏文艺出版社，1997年，第358页。
② 唐振常：《黄钟大吕奏大风——评七幕历史剧〈大风歌〉》，《剧本》，1979年5月号。
③ 陈白尘：《和中央实验话剧院〈大风歌〉剧组谈话摘要》，《陈白尘论剧》，中国戏剧出版社1987年版，第231页。
④ 陈白尘：《献》，《陈白尘文集》第七卷，江苏文艺出版社，1997年，第130页。

也有人批评说，"陈白尘同志却挥动他的如椽大笔，以'白马之盟'为准绳，把历史简单地划分出齐齐整整、旗号鲜明的两大阵营，并把自己的屁股坐到了以陈平、周勃等老臣为一方的正统'拥刘'集团一边，而置吕雉为首的吕氏集团于十恶不赦的敌方。因此，剧中的'白马之盟'就又有了一个妙用，即周勃在第五幕第十七场中所说的：'正是擒拿雌老虎的一口陷井！'不幸的是这口'陷井'同时也陷剧作者自己于封建正统观而不可自拔！"[①]"由此而演绎出了一种路线斗争论，声称刘氏和拥刘者代表什么路线，吕氏和拥吕者代表什么路线，剧本没有写出来，因而要提到路线高处去改写，而不要强调白马之盟，那只是陈平、周勃为刘家皇帝卖命而已。"[②] 上述批评使得我们不得不考虑陈平、周勃等老臣为何义无反顾地站在"拥刘"集团一边，背后的涵义究竟是什么？因此，在那次大规模的座谈会上，就有人指出，"剧本里提到的'非刘氏而王者，天下共诛之'，其实这正是一种家天下的思想"[③]。这无疑是《大风歌》的局限之处，这也导致了电影《大风歌》终未能上演，虽然上海电影制片厂已于1979年6月14日告知剧本已通过，但至1980年9月，上影厂却宣布无限期地"暂行停拍"《大风歌》。

作为一部产生于"四人帮"刚刚倒台时期的作品，《大风歌》不可避免地印上了时代的烙印，它所有的局限是历史的局限，是时代的局限，也是陈白尘自身的局限——"作者在剖析和抒发他对于这一历史时期政治风云的理解和感受时，其角度受到了一定的影响"。"还缺乏更为深刻的认识和更为深远的思索"，作品对刘氏集团为何坚定反吕氏集团的复杂性和必然性揭示得还不够深入。但另

---

① 顾小虎、曾立平：《〈大风歌〉读后》，《文学评论》1980年第6期。
② 唐振常：《黄钟大吕奏大风——评七幕历史剧〈大风歌〉》，《剧本》，1979年5月号。
③ 郁声：《历史学家谈历史剧创作——〈大风歌〉座谈会侧记》，《中国戏剧》，1979年10期。

一方面,《大风歌》实现了"历史真实、艺术真实和现实倾向性的统一",是陈白尘史剧的巅峰之作、当代中国戏剧作品中的典范之作也是无庸置疑的,《大风歌》有着它独特的时代价值,"它不仅顺应了历经十年动乱后痛定思痛的人民的最大心愿,而且也在鞭笞奸邪和宣扬正气之中给了人们以道德的洗礼和美感的享受","以古鉴今"引发了人们对于历史的反思,这"显示着中国'文艺复兴'时期到来了"[①]。

二、《阿Q正传》：最后的杰作

随着政治上的平反,陈白尘长久压抑的创作欲望一发不可收,《大风歌》创作一结束,他又开启了《阿Q正传》的电影改编。1980年春天,随着鲁迅先生诞生一百周年的临近,陈白尘也在思索如何来纪念鲁迅先生,他在想,"先生为中国青年一代做了多少工作!而作为受他哺育的青年能为他做些什么呢?"坐在书桌前的他,摊开了稿纸,想写点"感慨万千","写出至情的纪念文字来",可却觉得"万分内疚",一向行文迅速的他竟然"无从下笔"。他思绪纷纷,想起了二十一年前的遵命之作——电影《鲁迅传》。1960年,上海天马电影制片厂的陈鲤庭导演建议陈白尘写电影《鲁迅传》,以纪念次年的鲁迅先生诞生八十周年,上海电影局长张骏祥到北京为陈请了创作假,然而这剧本改到第六稿已经是"味同嚼蜡,欢喜全消",电影最终未能问世。张春桥以"摄制组腐烂了"为由,下令解散了《鲁迅传》摄制组……而今"四人帮"已被粉碎,《鲁迅传》也应该重见天日了吧,当年的鲁迅扮演者赵丹为此

[①] 陈白尘:《文艺创作的领导,不同于物质生产的领导——〈陈白尘戏剧选集〉编后记》,《文艺理论研究》,1980年第2期。

四方奔走呼吁。陈白尘感叹道,这个极有才华的艺术家被禁锢了十多年,一朝解放,却又自觉垂垂老矣,在银幕上的生命还剩下几多呢?怎能不争取时间,拍摄一两部得意之作留世呢?而且上影厂也有意旧事重提,让他改写相关剧本,另组摄影组。此刻陈白尘却犹豫了,当年的演员阵容无比强大,拟扮演李大钊的演员已经辞世,于兰、石羽、于是之、谢添等是否能重聚首?当时的导演被"四人帮"斗得几乎丧命,老友陈鲤庭又会作何感想呢?这原本不满意的剧本又该作如何的修改呢?一想到这剧本,陈白尘更思虑重重。当年接受执笔任务的时候,陈白尘自觉信心不足,鲁迅曾说,描绘一个人物首先要描绘出他的眼睛。然而,如今的他要如何去刻画鲁迅的眼神呢?当时,陈白尘是把鲁迅"当着最尊敬的人去叙述",而不是作为"笔下所创作的人物去描写",然而如今,他又能从这样的写作状态中走出来吗?他不是文学史家,也不是鲁迅研究专家,他的文字能恢复出鲁迅的本来面目……他想起了赵丹的期盼。自"四人帮"粉碎后,赵丹以书画自娱,貌似豁达乐观,但心境是苦涩的,急于重上银幕却偏偏心愿难偿,1980年春节之前,陈白尘在上海和赵丹做了一次长谈,把他的顾虑坦然相告。赵丹没有反驳,一向豁达天真的赵丹流露出<u>一丝丝凄然之色</u>,黯然嘀咕着半句话"那要什么时候……"赵丹用双手紧紧扳住陈白尘的肩膀:"我多么希望能在摄影机前拍完最后一个镜头,然后欣慰地与世长辞啊……"陈白尘被赵丹执着追求艺术的精神震惊了,他的心蓦地一沉,是啊,等到五年之后,甚至十年后,暮年的陈白尘和赵丹还能做什么呢?那次长谈最后,陈白尘和赵丹商议,"还不如拍摄他的代表作《阿Q正传》更为恰当!"赵丹听了有些兴奋,但又有些犹豫。……陈白尘想到这些,心久久不能平静,用电影《阿Q正传》来纪念鲁迅先生比那些"至情的文字"不是更有力量吗?

于是,陈白尘再去找赵丹商议,赵丹仍然不能忘怀扮演鲁迅,陈白尘问道："要纪念鲁迅先生，是拍摄他的传记片还是拍摄他的代表作《阿Q正传》更有意义？"没等赵丹回答，陈白尘又问："新中国成立三十一年了，而作为中国骄傲的这部文学名著没有搬上银幕，不是中国电影界的耻辱么？"而后，陈白尘又列举被批判过的《武训传》再问道："你扮演武训时，难道不是从阿Q身上吸取了灵感？那么你难道不是当前最符合鲁迅要求的阿Q扮演者？"

陈白尘的几番发问使得赵丹格外感动，他索性反问道："我演，你改编么？"

陈白尘一口答应道："你演，我就改编！"①

"君子一言，驷马难追！"

二人击掌为盟。于是，陈白尘和赵丹达成了君子协议，也达成了"赎罪的心愿"，一举了却当年《鲁迅传》停拍的遗憾。因为拍电影《阿Q正传》"既可了却二十年来这桩公案，也算作为一个后辈作家对鲁迅先生诞生一百周年的微薄献礼"②。其实，《阿Q正传》原本是有搬上银幕的机会的，1947年，陈白尘在上海会见了许广平，其间许广平说起香港有家电影公司想拍摄《阿Q正传》，她有点举棋不定。陈白尘"以香港电影商人和编导者能否理解原著者的'目的'为虑，并说当时国民党已重启内战，中国局势将要发生大变化，是否索性再等上它几年，让人民的中国来拍摄这部代表中国的伟大名著呢？"这个想法得到了许广平赞成，她断然拒绝了香港商人的请求。陈白尘回忆此事，"悔恨交加"，因他之言，致使《阿Q正传》耽搁了三十多年未搬上银幕。他心里清楚，当时所言并不是因为他"企图染指"，那时他并没有进入电影界。③

打定改编《阿Q正传》的主意后，陈白尘陷入了苦恼之中。他

---

① 陈白尘：《〈阿Q正传〉改编者的自白》，《陈白尘文集》第八卷，第379页。
② 同上，第379页。
③ 同上，第377页。

做案头工作时，查阅了不少论文，有论阿Q的论文，有研究鲁迅的专著……论文读得越多，他越发担心自己改编不出《阿Q正传》，反倒成为了鲁迅研究者。陈白尘放下论文，转而专心读《阿Q正传》小说，一边思考着如何去体现鲁迅的思想，一边思考如何以电影的形式去实现鲁迅的思想，越深入地思考，越觉得陷入了改编的困境。

改编名著谈何容易？愈是伟大的名著，其拍摄成电影令人失望的可能性愈大，陈白尘想到了《复活》，想到了《安娜·卡列尼娜》，一拍再拍，但仍然不能满足各国读者，因为小说中的人物形象一旦用具体演员演出来，只能符合这部分或者那部分读者的想象。陈白尘进一步想到了文字和画面的关系，小说中的文字转化成真实的画面后，还能拥有同等的感染力吗？这改编工作如临深渊、如履薄冰，让陈白尘不寒而栗，"改编文学名著，好比是一件无价的珍宝将之砸碎，然后又用它的碎片创造成另一形状的同样是无价珍宝。"这样的改编是"伟大的再创造"。[①] 而对于《阿Q正传》来说，这样的"伟大的再创造"的难处在于鲁迅先生用文字构筑了阿Q的形象，"写出一个现代的我们国人的灵魂"，而陈白尘则要用电影剧本的形式再创造出这个"灵魂"，完成文学到电影的转化。

陈白尘硬着头皮，一遍一遍地读《阿Q正传》，读了十次、二十次，他愈读愈高兴，愈读愈接近阿Q，愈读愈理解鲁迅。正是"众里寻他千百度，蓦然回首，那人却在，灯火阑珊处"。他在忽然间有了灵感，找到了"新大陆"。陈白尘认为鲁迅在1930年给王乔南的信中所说的《阿Q正传》"实无改编剧本及电影的要素"这一句话，"如果不是过分自谦，就是有意'骗人'。因为它的自身就存在着一切戏剧电影的要素，根本不需要改编！"他试图去罗列阿Q

---

① 陈白尘：《〈阿Q正传〉改编者的自白》，《陈白尘文集》第八卷，第380页。

一生的行动，发现了其故事发展的逻辑，由"优胜纪略"始，引入"恋爱悲剧"及"生计问题"，进城谋生；一度中兴后再逢绝境恰又适逢革命，由追求"革命"到"不准革命"，最终进入"大团圆"——被杀头的结局，从这条线索，他很快理清了故事轮廓。但关键是如何找到"灵魂"，陈白尘从小说形式这个角度找到了鲁迅赋予"灵魂"的方式。

陈白尘兴奋地发现："《阿Q正传》不同于鲁迅其他小说之处，在于它从'序'起全篇贯串着作者对阿Q亦即对'一个现代的我们国人的灵魂'的充满悲愤而幽默的插话，这种插话是阿Q的灵魂，也是这篇小说的灵魂，更是这篇作品的独特风格所在。如果电影中抽去它，就是抽掉它的灵魂。"因此，陈白尘所遇到的问题可以简化为如何在保持原著风格的基础上，将这些插话用电影的手法表现出来。陈白尘又陷入了苦苦思索中，突然他想到为什么小说一定要钻戏剧的框框呢，戏剧怎么不能向小说靠拢呢，瞬间，他顿悟了，找到了改编的出路。①

理清好思绪后，1980年7月，陈白尘在炎热的夏天里住进中山陵十一号招待所，写作电影剧本《阿Q正传》，短短二十来天，约在8月中旬，电影剧本初稿完成。不料当剧本由上影厂打印出来时，赵丹已经一病不起，因胰腺癌扩散在北京医院里濒于弥留状态。收到电报后，陈白尘哭了，悲痛地仰天长啸："阿丹啊，阿丹，你就不能再等一等吗？"这成为了陈白尘心中的永远的遗憾，他道，"将剧本寄到他的灵前，他如有知，或许会报以苦笑的吧？"②当年，赵丹在和陈白尘达成"君子协议"以后，非常兴奋，他立即告诉了钱千里，两人开始设想场景的安排、镜头的切割、角色的内心情感

---

① 陈白尘：《向〈阿Q正传〉再学习——纪念鲁迅诞生一百周年》，《文艺报》，1981年第19期。
② 陈白尘：《说阿Q，哀阿丹》，《上影画报》，1982年第1期。

体验以及形体动作设计，甚至两人还自编自演了几段过了把瘾。自赵丹去世后，陈白尘"对谁来演阿Q再也不关心了，就连那个剧本也好像是跟他再也没有任何关系了一样"。有一次谢添深夜拜访陈白尘，坐了良久也无告辞之意，就连他的女儿陈虹也猜出了谢添想演阿Q，但陈白尘就是不把话题往阿Q上引。虽然陈白尘在后来的文章中说，于是之、谢添、石挥、蓝马都是扮演阿Q的最佳人选，但是在他的心目中，阿Q就是赵丹，赵丹就是阿Q。

江苏省话剧团团长张辉，前来拜访陈白尘，看到电影剧本《阿Q正传》后，建议陈白尘将之改为舞台剧，作为江苏省话剧团纪念鲁迅诞生一百周年纪念演出的一部分。张辉是田汉的女婿，他一口一个"叔叔"，叫得陈白尘有点动心了，但一向爱开玩笑的他，想趁机将他一军，故意问道"谁来演阿Q？"

张辉说："你要谁演就谁演。"

陈白尘看看张辉那颇为发福的身材，笑着问："你肯演么？"言下之意很明显：你虽然是名演员，可如今胖得恐怕难以扮演阿Q了吧？

张辉严肃地说："你认为我能演，那我一定饿饭，跌下二十斤肉去。"

陈白尘听闻此言，明白任务已无法推却了，只能再喝一杯苦酒了，答应将电影剧本《阿Q正传》改编为舞台剧。后来张辉的体重果然减了十五斤，成功塑造了"阿Q"形象，其"表演延长和放大了阿Q思想感情的展现精神，对人物的剖析也很细腻，戏进行得从容而平稳"[①]。1981年2月，陈白尘春节期间完成《阿Q正传》舞台剧第一幕，27日全剧完稿，共七幕，3月1日开始修改定稿。电影剧本《阿Q正传》刊登在《电影新作》1981年第4期。话剧

[①] 徐晓钟：《风采各异的三台〈阿Q正传〉》，《人民戏剧》，1981年第11期。

《阿Q正传》刊登于《剧本》1981年4期。后者获得文化部和中国剧协1980—1981年全国话剧、戏曲、歌剧优秀剧本奖。

陈白尘所改编的《阿Q正传》问世后,让人耳目一新,也引起了文化艺术界的广泛关注。5月,江苏省电视台为《阿Q正传》演出前往陈白尘家中采访、录像。6月,江苏省话剧团在南京公演《阿Q正传》,由周特生导演、张辉主演。8月,中央实验话剧院在北京公演《阿Q正传》,导演为于村、文兴宇。9月中央电视台播放《阿Q正传》录像,同时沈阳的辽宁人民艺术剧院也上演此剧。新疆话剧团于10月在乌鲁木齐公演此剧。几个剧团按照各自的理解,按照各自所遵循的表演原则和风格,形成精彩纷呈的舞台演出。

陈白尘亦因《阿Q正传》变得十分忙碌,9月14日赴北京观看《阿Q正传》的演出,又陪省委书记看江苏省话剧团再次公演的《阿Q正传》,与改编《阿Q正传》的日本剧作家宫本研先生及阿Q饰演者北村和夫见面。11月赴沪看电影《阿Q正传》样片。1982年4月19日,陈白尘接受国际电台记者采访,谈《阿Q正传》的改编等。6月他为柯森耀日译本《阿Q正传》写序,7月写相关短文,供《阿Q正传》演出用,8月日译本舞台剧在日本出版,9月由日本话剧人社在大阪等地演出。1983年11月,陈白尘应香港市政局文化司署邀请,赴港观看香港话剧团演出的《阿Q正传》,导演为该团艺术总监杨世彭博士。

而电影《阿Q正传》也参加了法国戛纳国际电影节,《人道报》称该片是"中国电影未来的令人鼓舞的开端"。

显然,陈白尘对《阿Q正传》的改编是成功的,有人评价陈白尘是因改编忠实于原著,从而找到了走向成功之道的钥匙,并说"纪念鲁迅,学习鲁迅,就应该像改编《阿Q正传》这样,在革命现实主义的创作实践中做出一点成绩"①。但也有人对这样的改编方式嗤之以鼻，说这能算改编吗？陈白尘自己谦虚地说，"这一改编不过是开蒙学生的一次'描红'"②。在电影《阿Q正传》上映时，他说，"我的信条是尽量保持原著的精神和风格，就是尽量不去打碎这一珍贵的'文物'，而又使它电影化。所以我曾比喻说，这仅仅是一种'描红'的工作。"③ 在电影剧本中，陈白尘紧紧地抓住原著，力求忠实，按照其拎出来的人物行动逻辑线索来架构故事情节，并以电影化的形式呈现，基本还原了原著小说中的人物命运与故事情节，并且它在延续鲁迅批判精神的同时，还保留了鲁迅一贯的风格。

那么，陈白尘是怎么把原著小说中"所特有的语言风格——它是那样地热烈而又冷酷、严肃而又幽默的风格，而且是和人物创造融合在一起的，化入每个人物的对白里"的呢？他的方法是"把这些插话作为鲁迅的解说词依然夹写在阿Q的故事之中"。也就是说，他采用了夹叙夹议的形式来呈现鲁迅的风格。从叙事视角看，原小说以第一人称方式开篇叙述，具有深刻批判性的语言也由作者口吻讲述，从而让作品具有强烈的思想性，揭示出"国民性的改造"这一主题，对阿Q精神的核心——"精神胜利法"进行了淋漓尽致的展示，陈白尘以"鲁迅的解说词"从头贯穿到尾，正因为如此，在改编本中"鲁迅"是一直在场的。在电影中，"鲁迅"由李定保饰演；在江苏省话剧团的演出中，"鲁迅"在演出始末出现，在观众面前评述，在剧情发展中，则以画外音的方式评述。因此，陈白尘的《阿Q正传》改编本出现了两个时空：一是鲁迅先生的创

---

① 林涵表：《喜剧冲突中的悲剧命运——评陈白尘改编的〈阿Q正传〉》，《文艺报》，1981年第21期。
② 陈白尘：《向〈阿Q正传〉再学习——纪念鲁迅诞生一百周年》，《文艺报》，1981年第19期。
③ 陈白尘：《为〈阿Q正传〉电影上映致首都观众》，《北京晚报》6月28日。

作时空，一是小说故事的叙事时空。电影剧本在第一章《序》中这样写道：

  1921年冬。夜。

  北京八道湾11号院子里，夜色如墨，只有南屋一扇大玻璃窗里透出一盏煤油灯微弱的光。朔风拂过院中树干，枯叶落地有声。

  鲁迅先生坐在破藤椅上，面对南窗下三屉小写字台，一手挟着品海牌香烟，一手握着毛笔，在沉思中，面前是空白的直行稿纸。

  ［鲁迅的略带绍兴口音的画外音］我要给阿Q做正传，已经不止一两年了。然而要做这篇文章，才下笔，便感到万分的困难……

  鲁迅放下毛笔，站起身，吸了一口烟，在室中徘徊。

  ［画外音］第一个难处是，按照立传的通例，一开头大抵是："某人，号某某，某地人也。"而我并不知道阿Q到底姓什么……

  鲁迅又喷出一口烟。

  烟雾中出现了阿Q。他三十来岁，头戴黑毡帽，身穿破旧短棉袄，显得瘦骨伶仃。他有着农民的质朴和愚蠢，但也很沾些游手之徒的狡猾习性。这时他正懒洋洋地含着短旱烟杆，从土谷祠大门出来。看土谷祠的老头子在门口出现，向他叮嘱什么。[1]

---

[1] 陈白尘：《阿Q正传》，《陈白尘文集》第五卷，江苏文艺出版社，1997年第1版，第518—519页。

这是电影剧本《阿Q正传》的开场,颇具匠心,鲁迅亲自向观众解说阿Q的故事。在电影剧本中,鲁迅先生这一角色是一直存在的,并在之后的场景中有着很多关键性的旁白。这样的改编方式既最大程度地尊重了原作精神,又适当地将原作中很多具有思想性的文字以画面的方式恰当地展现出来。有人评论道:陈白尘出了一个"高招","鲁迅对阿Q故事的独特描写风格,始终贯串在戏剧行动之中","它诱导着观众时时保持对剧情发展的冷静思考","又诱导着观众去接近艺术形象并挖掘这出悲剧的含义"。①

如此形式也便于陈白尘将讽刺喜剧艺术融入剧本改编之中,将严肃批判与讽刺嘲弄结合。陈白尘十分清楚这种形式的好处,他说,"为了保持原著幽默的风格,我请鲁迅先生出场,并以他的画外音来弥补它"②。相对于原作对麻木愚昧的国民性的严肃批判,剧作《阿Q正传》将部分内容进一步丰富,从而更具有调侃讽刺的意味。如在《第七章:革命》中,陈白尘加重渲染了阿Q决心革命而尚未实行革命之间的一场春梦,将原著一笔带过的阿Q"精神胜利法"进行喜剧性扩充:阿Q在梦乡中进行"革命",将赵太爷、赵秀才、假洋鬼子、白举人、赵太太、秀才娘子与赵司晨等人悉数抓来,对自己在现实生活中所受到的欺负以牙还牙,在梦中飘飘然地当了一回帝王式的英雄。除了阿Q,众人在这一段戏中也充满滑稽性,如赵太老爷被剥夺姓赵的权力,吴妈因为脚太大被嫌弃,假洋鬼子被砍头,而平时欺负嘲笑阿Q的老拱、小D等人竟然成了阿Q的跟班。剧本这样的处理方式在画面上极具喜剧感,然而,这毕竟只是南柯一梦,这场戏越热闹,这种"精神胜利法"越可悲,

---

① 林涵表:《喜剧冲突中的悲剧命运——评陈白尘改编的〈阿Q正传〉》,《文艺报》,1981年第21期。
② 陈白尘:《〈阿Q正传〉剧本日译本序》,《陈白尘选集》第五卷,四川文艺出版社,1986年,第537页。

这个故事也越变成"喜剧性的悲剧",在滑稽的气氛中,在喜剧冲突中,阿Q走向了命运的悲剧,他沾沾自喜画了个很圆的圆,在最后争取他姓赵的权利,最终走向他自以为的"胜利"——"二十年后又是一条好汉"。陈白尘用笑、滑稽一步一步把阿Q推上了悲剧的结局,到了最末一段"解说词":"阿Q死了!阿Q虽然没有碰过女人,但并不像小尼姑所骂的那样断子绝孙了。据考据家们考证说,阿Q还是有后代的,而且子孙繁多,至今不绝……"这实质是在讽刺阿Q式的中国人依旧大量存在,愚昧麻木的国民性并没有改观,与原作对中国人看客心理的批判描写有着异曲同工之妙。陈白尘改编的《阿Q正传》变成了一个严肃批判与讽刺艺术交织的悲喜剧,没有像当年鲁迅所担心的"一上舞台,将只剩下滑稽"。

应当指出,陈白尘在创作中也融入了自身的思考。有些细节和原小说是有出入的。他受鲁迅《药》在瑜儿的坟墓上添了一个花环的影响,在阿Q可哀的不幸一生中,也有意增加一点"亮色",比如对看土谷祠的老头子的改写,在小说中,除了一度想赶走阿Q,让他离开土谷祠外,他是未庄唯一一个不曾鄙视或者伤害阿Q的人,陈白尘认为看土谷祠的老头子是不无情义的,因此在阿Q被捕后,他送上棉被扎成的"棉环"。

改编本《阿Q正传》是陈白尘实践中国话剧民族化的产物,冷峻地"解说",挥洒自如地处理舞台时空,为现代话剧与中国传统戏剧的融合提供了有益借鉴。

三、"化作春泥更护花"

1982年除夕,于是之给陈白尘送了一纸书联:"落红不是无情物,化作春泥更护花。"在笔者看来,"化作春泥更护花"中的"花"有两个方面的意思:既指的是学生,也指的是其所钟爱的话剧事业。

1978年，伴随思想解放、实事求是的春风，陈白尘的个人命运开始发生根本的变化。曾经患难与共的老朋友——南京大学匡亚明校长三顾茅庐邀请陈白尘出任南京大学中文系系主任，陈白尘最终决定不负老友不负党。百废待兴的南京大学文学学科，这支经受了'文革'苦难的教书育人队伍，需要一个新的领头人，而哺育青年编剧，陈白尘更是责无旁贷！

自此以后，陈白尘在南京大学一边教书育人，一边继续写作。1979年7月1日他结束了《"文革"日记》的写作，开始撰写《余生日记》。9月，陈白尘在南京大学招收三名戏剧创作硕士研究生，这在全国属首例，为重理论研究而轻创作实践的大学文学系带来了一股新鲜活泼的艺术空气，董健称之为南京大学的47号工场（因美国著名戏剧家贝克教授曾在哈佛大学主持"47 shop"专门培养剧作家，影响广泛）。首次招生，应考者云集。陈白尘亲自审阅剧本，亲自复试考生，"他立志造就与时代、与人民血肉相连的有思想的人民剧作家，而决不去训练那种避开生活的暴风雨，单纯追求雕虫小技的'编剧匠'"。陈白尘选拔人才的标准是："宁稚嫩而不俗，勿老成而平庸。"他不以编剧技巧高低去衡量考生，也不以应考剧本的成熟度去评价剧本水平高低。他绝非轻视编剧艺术技巧，而是认为编剧技巧只有在"表现作者对生活的独特发现和对真理的热烈追求时，才是有意义的"。在当年应考的剧本中，有些剧本在编剧技巧上颇有水准，但在主题和人物的塑造上却缺乏新意；有些剧本虽然技巧尚幼稚，但文字之间"跳动着一颗热烈探求生活底蕴、顽强表现人民意愿的心，于粗疏质朴之中透出一丝独特的'闪光'"。[①] 陈白尘毫不犹豫会选择后者。譬如姚远。其时姚远是高淳

---

① 董健：《陈白尘和南京大学的"47号工场"》，《戏剧报》，1983年第2期。

的青年编剧,其应试之作是多幕剧《大树下》,离发表或演出距离不小,但陈白尘认为姚远落笔不俗,情真意切,有着时代的气息,有着生活的气息,焕发着三中全会以后思想解放的精神。陈白尘毫不犹豫录取了姚远。这次招考还流传着一段佳话。黑龙江大学中文系的青年学生李龙云因话剧《有这样一个小院》在北京公演引起了一场论争,而错过了南京大学中文系戏剧创作与戏剧理论研究生的招生,当他得知指导教师是陈白尘时为错过良机而特别失望,抱着试试看的态度,李龙云给陈白尘写了一封短信,并附上了油印的《小院》剧本。不料陈白尘读了李龙云的剧本,感动得几次落泪,他写信给匡校长,情真意切强调,作品虽有这样那样的稚嫩与不足,但丝毫不能掩饰作者成为一个作家的希望,稍加雕琢就能成为又一个老舍,希望能请示教育部允许南大破例为李龙云补办研究生招考手续。8月1日,李龙云前来南大补考,如愿成了陈白尘的第一届硕士研究生。1980年11月,南京大学戏剧研究室成立,陈白尘任室主任。

陈白尘变得更加忙碌了,他一边勤奋写作,一边为培养戏剧新人付出着心血。他立志高深,一再对研究室的研究生们说,"招生的初衷是培养有理论的剧作家,不是为了学位钻理论而放了创作,研究室的研究生一定要会写剧本"[①]。他尤其希望和学生们一起探讨中国话剧该如何创新,讨论话剧民族化——中国话剧吸收中国戏曲优秀传统的问题,希望能造就走中国艺术道路的话剧创作人才。至于中国80年代兴起的"现代派"艺术,他认为可以借鉴其艺术手法,但不能徒作技巧的炫耀,而以花样翻新掩盖生活底子的不足。

陈白尘对学生存宽厚之心,不以成败论人,鼓励学生探索试

---

① 李晓:《深切悼念陈白尘老师》,《上海艺术家》,1994年第3期。

验，他不以自己的艺术风格框定学生的艺术道路，真心支持学生去学习别的剧作家的艺术经验，他强调借鉴必须建立在创造的基础上。他严格以求，学生们从作品主题的把握到题材选择、情节提炼、语言运用等一系列艺术创造，他都严格"把关"，不允许粗制滥造，不允许教条地模仿。陈白尘多次和李龙云说："中国古语讲，不作人间第二手。你不要去作老舍第二、某某人第二。你就是你，就是你自己。要有这种志气。"他希望李龙云在写作中形成自己独特的风格。1980年秋天，勤奋好学的李龙云交给陈白尘一份多幕话剧《小井胡同》的提纲，并详细讲述了剧中几十个人的小传。《小井胡同》有着李龙云强烈的自传色彩，他们一家生活在北京南城那不足一米宽的小胡同里，作品讲述的是解放前夕到八十年代北京市民的生活变迁和心理历程，这使他不能不学习老舍的戏剧风格。陈白尘很快写了封长信给李龙云，"几点想法，再作强调：（一）你所设想的这种结构，很难。纵跨30年，人物有四五十之众，所有主要人物命运又都贯穿始终，而交给你的时空又仅仅是3个小时，一个舞台……但唯其难，才可能有突破，才有希望成为'这一个'，你不要动摇。（二）你说你在北大荒写过十来个独幕剧，很好。《小井》结构要求你有独幕剧功底。（三）还是那句话：凡老舍先生用过的手法，建议最好别用。中国古语讲，不作人间第二手……"①

李龙云想道："这要求太'残酷'了，但它是正确的！"

一个多月后，李龙云完成了初稿写作。12月9日陈白尘读完剧本后，心里十分高兴，为学生的进步、为学生的作品感到兴奋，他写信给李龙云说道："……人们首先注意到的可能是它的思想倾向，而后才是它的艺术追求。同样，人们首先看到的将是它从《茶馆》

---

① 李云龙：《化作春泥更护花——怀念我的老师陈白尘》，《中国戏剧》，2003年第2期。

哪里继承来的东西，然后才会看到它的区别，才会看到你的探索……剧本读完了，我很兴奋……"他认为，《小井胡同》从构思到人物形象都有了别于《茶馆》的特色，既是风俗画，也是历史画，用零碎的事件烘托出一个特定时代的风貌，许多人物像雕塑般屹立在纸面上。李龙云说，在《小井胡同》这个剧本中熔铸了陈白尘的大量心血。[①] 1981 年 1 月，陈白尘率领他的研究生赴京参加《剧本》月刊组织的剧本讨论会，会上重点讨论了《小井胡同》。

陈白尘自谓是"在黑暗中摸索"着学写作，是"自学式的写剧人"，他用那如炬的目光为学生把关选材，使学生少走弯路。姚远入学带来的《大树下》在陈白尘的指导下，八易其稿，虽得到一些好评，但这个接近于成功的作品因种种原因最后"搁浅"了，姚远十分苦恼。陈白尘为姚远打气，安慰道："文章千古事，有出息的剧作家决不去计较一个剧目的得失。"姚远不气馁，构思了第二个剧本，陈白尘再三斟酌，觉得这个本子题材含量不够大，姚远对其中的生活缺乏独到的体验和见解，劝姚远暂时放弃。不久，绝处逢生的姚远在陈白尘循循善诱启发下，挖出了一个表现县剧团在十年动乱中的生活和斗争的题材，一谈构思，陈白尘就欣然同意。这就是后来的《下里巴人》。事后，陈白尘对董健说："听姚远谈到马大年投考剧团一节时，笑过之后流下了眼泪。"[②] 陈白尘一语中的指明了这个剧的独特风格和效果。当《下里巴人》完稿后，陈白尘给出了严格的修改意见，说："不要心疼，回去试着砍掉一万字，砍掉六千字，再砍掉……最终就能懂得什么叫凝炼，什么叫'一石三鸟'了！"

1981 年年底，陈白尘所指导的硕士研究生李龙云、姚远、郭

---

① 李龙云：《化作春泥更护花——怀念我的老师陈白尘》，《中国戏剧》，2003 年第 2 期。
② 董健：《陈白尘和南京大学的"47 号工场"》，《戏剧报》，1983 年 02 期。

顺毕业。毕业答辩前几天,陈白尘就因扭伤了腰在床上躺着,但到了毕业答辩这天,他急切地要起床,在同事董健搀扶下,他艰难地爬上了中文系的小楼,十分激动。参加答辩会的有专家,有教授,有剧作家,剧作家于伶、李天济也寄来了书面意见。三位学生有些紧张,陈白尘以他喜剧家独有的幽默说道:"丑媳妇总要见公婆的,你们不必拘谨!"在一片笑声中,现场气氛活跃了起来。而这场答辩会进行了一天半,"这里没有经院式的纯理论的空谈,每一个戏剧理论问题的质疑与答辩,都紧紧结合着艺术创作实践,牢牢扣住具体作品的剖析与评价。"三位研究生顺利通过,被授予硕士学位。李龙云以全优通过。

其时,大家纷纷向新获得硕士学位的三位青年剧作家祝贺,也向陈白尘祝贺。为人师者的陈白尘抑制不住内心的喜悦,说:"匡亚明校长对我说:'你培养的学生应该超过你,如果超不过你,那就是你的失败!'你们说,我失败了吗?我没有失败,他们在不少方面已经超过我了,如李龙云在人物刻画上,就颇有其独到之处。"①

陈白尘好似一支燃烧着的蜡烛,以他自身的光亮,照亮青年剧作家前行的道路;以他自身的生命之火,点燃年轻剧作家的创作火花,使得中国话剧界五彩斑斓、焕发光彩。

《小井胡同》发表在《剧本》月刊1981年5月号上,获得了评论界的好评,有人誉之为《茶馆》的续篇,北京人民艺术剧院于1985年首演。《下里巴人》发表于《剧本》月刊1982年6月号,由江苏省话剧团公演,得到了好评。

送走了第一届研究生,1982年秋天,陈白尘招收的第二届研究生到校了。他用幽默的口吻说:"我即使是一块药渣,也还要再

---

① 董健:《陈白尘和南京大学的"47号工厂"》,《戏剧报》,1983年02期。

挤出点药来!"这一届学生中有位学生叫赵耀民。当赵耀民还是上海戏剧学院学生的时候,他通过李天济将三个习作《寻死觅活》《红马》和《变奏》送给陈白尘看,独具慧眼的陈白尘发现了赵耀民"有写喜剧的素质",而录取了他。陈白尘希望能为中国喜剧的继承和发展培养人才,故着力发掘赵耀民身上潜在的喜剧才能。1983年,赵耀民创作了风俗喜剧《街头小夜曲》,1984年创作了毕业答辩作品——荒诞喜剧《天才与疯子》。1986年上海青年话剧团演出《天才与疯子》超百场。该剧夸张、变形的表演形式,突破了传统舞台艺术的框架,引起社会和青年观众极大反响。《天才与疯子》写的是一个80年代大学生的"灰色浪漫史"。剧中雅号"灰老鼠"的大学生任渺是兼有"天才"和"疯子"双重性格的人物,如无头苍蝇一样乱飞乱撞,激情与追求目标的无着落形成了反比,个性的骚动不安与因循的社会环境格格不入地碰撞。这是赵耀民第一部"荒诞喜剧"的尝试,他的灵感来自北京一位大学生跳楼自杀事件,他想以喜剧形式、技巧和手段书写八十年代人们的精神危机,将抽象的"荒诞"具象为"痛苦的滑稽"。赵耀民在系统学习戏剧理论之后,在陈白尘指导下,在喜剧和悲剧之间寻到了平衡,形成了"荒诞喜剧"观。

  在南京大学任教期间,陈白尘始终没有忘记他对匡校长的承诺,董健曾这样评价陈白尘对当代大学的贡献:"重续了文学与大学的因缘,对重振'大学之魂'功不可没。"说陈白尘"重建了南大的戏剧学科,培养了优秀人才"。因为在"五四"时期,现代文学与现代大学有着密切联系,但"建国之后,在极左政治路线下,大学、文学均被改造为政治工具,大学失去独立研究学术的自由空间,文学则在'工农兵方向'下,背离现代启蒙主义精神"[①]。

[①] 董健:《我的老师陈白尘》,《炎黄春秋》,2009年第3期。

陈白尘的贡献不仅体现在前文所说到的培养青年剧作家上，还体现在治学精神上。南大研究生入学考试科目有一门必试课就是《中国戏剧史》，陈白尘也为研究生开设了《中国戏剧史》课程，作为中国话剧运动事业的亲历者，他深知话剧这种舶来品在中国落地生根、发展的艰难历程，回顾中国话剧历程势在必行，75岁的陈白尘于1983年4月着手组织编写大学教材《中国现代戏剧史》，并在南京召开讨论会。1984年4月20—29日，陈白尘在苏州主持《中国现代戏剧史》讨论会，夏衍、于伶、柯灵、赵铭彝、葛一虹、石凌鹤应邀到会，讨论该书《绪论》初稿及全书提纲，确定编写原则。亦师亦友的董健回忆道，"这是一次典型的大学与文学结盟的学术会议"。它的背景是：1983年周扬发表了《关于马克思主义的几个理论问题的探讨》，重提重视"人的尊严、人的价值"，但却遭到理论界"权威"胡乔木的武断否定和批判，胡乔木的文章《关于人道主义和异化问题》被教育主管部门写入大学教材中。夏衍在会上"对胡文违背马克思主义之处分析十分深刻，指出周文虽有不足之处，但在'人学'问题上是符合马克思主义的"。陈白尘和夏衍所持观点大致相同，他强调要"依靠大学的学术优势，认真研究马克思主义'人学'，坚持学术的独立和自由，拒绝接受政治偏见和行政命令"①，这些观念为编写《中国现代戏剧史稿》确立了学术方向，使得这本教材没有因紧跟政治而"短命"，成为一部经典的戏剧史著作，有着里程碑的意义。

1984年，76岁的陈白尘身体不大如前，时时感到力不从心。但他依然关心中国话剧该何去何从这一问题，他是如此地热爱话剧事业，对其时话剧界的现状忧心忡忡，他发现自十一届三中全会以来，文学艺术主要是繁盛的，但戏剧文学却是"偏枯"的，小说新

---

① 董健：《我的老师陈白尘》，《炎黄春秋》，2009年第3期。

作者"以千百计",但剧作者却只"以十百数",且坚持写作大有成绩者,"恐怕不过十数人"。"君不见话剧舞台上是以外国名著和五四以来旧作在撑门面?君不见戏曲舞台上是以传统戏和历史剧为主么?"他不禁"为青年剧作家呼吁",戏剧的"阵地"远远不如以前,三十年代的文学刊物都有一块戏剧园地,即便是在抗战时期纸张奇缺的年代,重庆的上海公司、生活书店、作家书屋、群益出版社等都出版了大量剧本,"现今国家的出版社,除却外国戏剧名著,国内权威作家的全集包括剧本者外,几时印行过剧本?"而剧作刊物更是"可怜","《剧本》每年只能刊出三四十个剧本,话剧、戏曲既要并重,而且还要照顾各个剧种"。地方刊物要"带电作业",顾及电影、电视,剧本只能"点缀一二",招徕读者靠封面美女。说到剧作者的处境更是可悲,在剧团他们成为"多余的人",剧团的情况不容乐观——"落实政策回来一批老的,退休顶替进来一批小的,后门塞来一批惹不起的,上头压下一批推不了的"。剧作者常常是处处碰壁,"埋头三年,苦炼成篇,导演点头,演员称善,该开排了吧,但剧团说,剧本尚未发表,怕不保险;刊物又说,剧本尚未公演,恐有争议。万一走运碰到一个独具慧眼的领导,又开始"研究研究""讨论讨论""一改再改""百炼成钢"。即便有幸进入彩排,层层领导"看了再看",有关单位"提提意见"……真是"过五关,斩六将"后也不定"保险",万一有个嫉妒贤能之辈暗地打个小报告,这戏说不定就"寿终正寝"了。剧作家们只能另谋门路,转写影视剧,或者写小说……他借为《李龙云戏剧集》写序时,"哭凄惶","今之青年剧作者的凄惶又何尝不当一哭?"①

1985年初春,陈白尘写信祝贺《小井胡同》被停演数月后恢

---

① 陈白尘:《为青年剧作者呼吁——〈李龙云戏剧集〉序》,《陈白尘论剧》,中国戏剧出版社,1987年,第386—390页。

复公演，他亲自前往北京观看演出。3月，陈白尘所指导的第一届"戏剧历史与理论"博士研究生也到校了。

在忙于各种事务的同时，陈白尘一直在思考苦难重重的中国话剧如何突围，"如何开拓前进之路"。1984年在中国作协召开的大会上，陈白尘高呼："我们这一代剧作家，人还活着，话剧却濒临灭亡，我死也不甘心！"有人宣称"话剧危机"不过是"危言耸听"，不过是故作"惊人之笔"；还有人说"话剧危亡"论调是"别有用心"；甚至有人说这是在"哗众取宠"！而陈白尘挺身而出，说真话，讲实情，直面话剧严峻的形势。他在作协四大分组会上发言谈话剧危机，刊于1月的《人民政协报》；又写了短论《再谈抢救话剧》，刊于《群言》创刊号；又作《戏剧危机》刊于4月15日《人民日报》；再作《危机、开拓、繁荣》一文刊于《文艺研究》1985年第6期。10月陈白尘赴重庆参加"雾季艺术节"，在会上做了《中国话剧的过去、现在和未来》的报告。陈白尘认为，谈话剧的过去，得从文明新戏谈起，他将中国现代话剧史分为四个时期：文明新戏时期（中国话剧的萌芽期）、五四时期（中国话剧的发展期）、"左联"时期（中国话剧的成熟期）、抗战时期（中国话剧的黄金时代）。说到当代戏剧，他谈到了东北三省话剧观众骤降，江苏有一出好戏只演了三场；有的省话剧院团的排练厅改为舞厅……陈白尘剖析出六大客观原因：电影电视发展、观众层变化、剧场向话剧闭门、剧团入不敷出、评论不当、领导过分"重视"。两大主观原因则是：剧团机构臃肿、人浮于事，话剧工作者人心离散、胸无斗志。所有这些归根到底是政治与艺术的关系问题。看到问题，陈白尘并没有悲观、消沉，他期待并相信戏剧的繁荣为期不远了："一九八五年初，中国作协四次代表大会上，胡启立代表党中央祝词中，如石破天惊呼喊出三十六年来第一声：文艺界要反'左'！要给作家以创作自由！"四月间，中国剧协的四次代表大会上，习仲勋同志再次重申文艺界要反'左',要给作家以创作自由!"陈白尘明白,"戏剧危机行将过去,戏剧的复兴有望了!"他希望话剧能再度繁荣,希望话剧早日实现现代化、希望中国话剧实现民族化。陈白尘的发言获得大家经久不息的掌声,可谓道出了戏剧界的心声。这篇讲话稿经过补充修改后,发表在《南京大学学报》哲学社会科学版1986年第1期上。从重庆回到南京后,陈白尘因头晕住院,出院后他接受了中国新闻社分社记者的采访,谈话剧现状及前途。1986年他写了《从话剧的危机谈到它的出路》一文,刊于《文艺争鸣》1986年1期。

陈白尘为话剧危机四处呐喊、振臂高呼,呼应者却不多,内心不禁生出英雄迟暮般的悲凉。有一天,他自嘲般对学生说的"我发现自己变得很滑稽,一天到晚举着拳头,可是没有人理会,没有人理会啊!"陈白尘的身体日渐衰落,毕竟他78岁了!1986年1月,陈白尘因心脏病入江苏省人民医院治疗,入院期间其头昏不止,后发现腹主动脉上有血瘤。但陈白尘却毫不在意,他把所有的精力都投入在工作上,继续写《少年行》,接受《新剧本》记者采访,五月一出院就去看川剧《潘金莲》,参加《中国现代戏剧史稿》审稿会……他争取一切能工作的时间,与衰老和死亡作斗争。他觉得他还有很多事情要做,有很多文章要写。1986年12月,当得知学生赵耀民的作品《天才与疯子》演出百场时,陈白尘非常高兴,写信祝贺,他坚信,"在下一代的剧作者们中间一定会出现关汉卿,一定会出现王实甫"①。1988年3月1日,陈白尘迎来了八十岁的生日,江苏省作协的艾煊、董健以及他的研究生、中青年剧作家前来祝贺。后辈们商议给他过生日,提前到"大三元酒家"订了一个大蛋糕,五六个人用车把直径二尺、高三层的大蛋糕推到陈白尘的住

---

① 陈虹:《自有岁寒心——陈白尘纪传》,山西人民出版社,2000年,第314页。

处。陈白尘欣喜得手忙脚乱。到插蜡烛的时候，青年剧作家蒋晓勤问："陈老八十岁，是不是该插八十支蜡烛？"陈白尘像个孩子般直笑，摇着头。最后有人提议，把所有的蜡烛都点上，表示寿无止境。陈白尘在大家张罗下郑重而又激动地吹蜡烛、切蛋糕——脸上洋溢着的是幸福，房间里洋溢着的是温馨。小女儿陈晶拿起照相机，为这幸福时刻定格。①

1988年5月7日，南京大学、中国戏剧家协会、江苏省文联等六家单位假座中美文化中心联合举办"祝贺陈白尘教授从事文学和戏剧活动六十周年暨八十华诞座谈会"，省委副书记孙家正、省委组织部部长顾浩、省委宣传部副部长潘震宙、南大名誉校长匡亚明等政界、学界、戏剧界名流共一百余人参加了座谈会。座谈会由董健、吴新雷教授主持，当晚南京大学中文系影剧社在南大礼堂演出了陈白尘的《升官图》，苏州大学东吴剧社演出其独幕剧《等因奉此》。5月8日，傅厚岗礼堂放映了陈白尘执笔之电影《乌鸦与麻雀》。同时南京大学图书馆举办《陈白尘从事文学和戏剧活动六十周年资料展览》，展览直到五月底才结束。当南京大学影剧社演《升官图》时，台下时不时地爆发出一阵阵的掌声和笑声，观众绝大部分是大学生，他们当中百分之八十是第一次欣赏话剧。结束后，观众向陈白尘献上了鲜花。陈白尘的心情有些复杂，他说："我多么希望这出戏能永远过时了。但是它在今天受到在座诸位的欢迎，这是我始料未及的。这恐怕不能算是作者的一种幸福吧！"陈白尘的幽默之语充满了悲剧的意味，他为作品中强烈的现实性仍未过时而感到痛心。《升官图》连演一周后，又对外公演两场。

陈白尘对时间、对身体的老去产生了焦虑，他总是说，"留给

---

① 方洪友：《永远的烛光——纪念陈白尘老师逝世十周年》，《中国戏剧》，2004年第5期。

我的时间不多了。我有许许多多的文章要写，只有写作，才能延长我的生命。"但无法遏制的衰老已经逼近了他，他握笔时手会不自觉地抖。有一天，陈白尘突然很焦虑，向来下笔如有神的他，向来以快出名的他，写了一个上午，未写满一千字，一生中最痛苦的莫过于此时此刻了，这是生不如死的痛苦，那天，他放下捏了一辈子的笔。有人建议陈白尘用口述的方式来代替写作，请别人帮忙整理。他摇摇头说："那绝不是我的作品。"因为别人是写不出陈白尘的风格的。

每逢学生来看他，他总要问东问西，国事家事事事关心，但最为关心的还是话剧。每次姚远去看他，他总要问一问："怎么样？你在写什么？最近话剧怎么样？"

姚远说："我感觉……话剧是在收缩阵地……"

陈白尘说："不是收缩，是萎缩！"[1] 他一直在思考话剧事业，他用思考这种方式来度过他这一生中最为寂寞的时光，他不能用文字来表达他的思考，也时常听不清别人说的话，但他的内心里装着的仍然是话剧事业！他对话剧的爱至死不渝！

有一天，陈白尘突然对他的大女儿陈虹说："我死后，墓碑上不要别的称呼，仅'教授'二字即可。"因为"只有身为教师者，才能够使心中的理想之火久久延续，代代相传——他是那么割舍不下他毕生的事业与毕生的追求啊！"[2]

四、"执笔到白头"——暮年的散文创作

暮年陈白尘，除了创作《大风歌》《阿Q正传》之外，将更多

---

[1] 姚远：《寂寞的别离：悼白尘恩师》，《文艺报》，1994年第16期。
[2] 陈虹：《父亲的故事》，淮阴市政协文史资料委员会：《征鸿远矞——陈白尘纪念专辑》（淮阴文史资料第14辑），江苏农垦机关印刷厂，1998年版，第324页。

心血与精力放在了教书育人与回忆录等写作上。德国作家叔马赫曾经对陈白尘说:"我希望你在生命结束的时候,是倒在你的写字桌前,而不是在病床上。"陈白尘一直将之视为生命格言,以写作作为自己生命存在的方式,他把能挤出来的时间都放在写字台前,哪怕是在病床上,他也要坚持写作。1982年《人民日报》向他约稿,要他谈谈如何对待体育。他谈起他的"怪论",说:"我已经年满七十四岁,可以说是垂暮之年了。虽然我还能吃能睡,也没什么严重的病,但是能工作的时日不多了。我要争取时间,争取能工作的时间。……如果我每天以一小时至二小时来进行锻炼的话,则我只能减少工作时间,也就是缩短了生命!"①

陈白尘暮年的写作最值得关注的,是回忆录,72岁的陈白尘开始回忆往事和故人,他以散文的形式表达自己的感受。陈白尘的散文写作十分特别,他是在一种特别的情境下,或者说在特别的心态下进行的。这有前文所说的生命衰老、"时不可待"等因素,也有陈白尘内心"江郎才尽"式的痛。

虽然陈白尘最为热爱的是戏剧,但他自改编完《阿Q正传》后,一直为写不出新作品而苦恼。1983年2月,陈白尘给李龙云写了一封信,他在信中这么写道:"回国一个月,只在前天写成一篇2500字的散文,而且是写了3天!今年我能写出什么?实在悲观。凤子'将'我的'军',说不写现代题材不行。但志大才疏,面对着庞大而复杂的现实,有无从下口之叹,如果再写不出像样的东西,大概我只能成为于是之所写的'落红'了。"② 这封信的字里行间,陈白尘都流露出作为作家和艺术家的惆怅……陈白尘看了年初一"花甲合唱团"在电视上的演出,"在欢笑声中感到几分凄苦

---

① 陈白尘:《我的"怪论"——答读者问》,《人民日报》,1982年1月7日。
② 李龙云:《化作春泥更护花——怀念我的老师陈白尘》,《中国戏剧》,2003年第2期。

惆怅：这一代的好演员都要告别舞台了……"他也想到了自己的"舞台"生命……

陈白尘曾有一部未写出来的剧本，名为《鬼趣图》，它和原来的《岁寒图》《升官图》合成"三图"，组成"三部曲"。该剧以一位优缺点并存的干部为主角，他在梦境中入了地狱，反省自己一生的功过。其实，多年过去，陈白尘写回忆录时，内心深处并没有放下《鬼趣图》。1984年11月18日，他在日记中写道："今晚忽得奇思，又意动。"1984年11月20日，他又写道："翻阅鲁迅《朝花夕拾·后记》插图，并查寻十殿阎王名称及有关地狱记载的书籍，仅有《法苑珠林》一书，收入《四部丛刊》。拟借阅，一究'鬼学'，为剧觅一表现形式也。"① 但到了12月，他又放下了写剧的念头，继续写其时正在写的回忆录《少年行》。然而，到1985年1月，他又开始读《劝善金科》十册及《玉历宝钞》《目莲记》等等。1985年5月，他在南京接待日本著名戏剧家尾崎宏次访问时，说："我可是一个死死抱着话剧不低头的人！"但他的新剧最终没有"动笔"。从这些材料来看，《鬼趣图》如果写成，应该仍然是陈白尘喜欢的喜剧形式，"鬼学"应该是为这剧觅一个幽默的表现形式。

1983年8月23日，一个"凄风苦雨之晨"，陈白尘像往常那样拿起笔开始写作，坦然面对自己的写作现实："出于偶然，也可说是出于必然。从一九七九年起，除了改编一本《阿Q正传》外，再也写不出剧本来了，于是应朋友或编辑之约，写点短文应景以糊口。……我起初学写小说，后来学写戏剧，又后来还一度学写电影剧本，但还没有丢开戏剧。这种一再改变，我曾美其名曰：'是革命的需要'。但现在写写散文之类，又怎么说呢？一位朋友安慰我：

---

① 摘自未发表的《余生日记》，转自陈虹：《陈白尘评传》，重庆出版社出版，1998年，第332页。

'伟大作家到晚年都是写散文和回忆录之类的。'这自然很好听。但在伟大作家则可：他们已完成巨著之后，写些珍贵的回忆，对后学者也是极其有益的。我何人斯？既没写下辉煌之作，却喋喋不休大谈其自己过去，如果不是有意自炫，便得承认自己是'江郎自尽'！我得自承：我之所以写写散文之类，是因为写不出剧本来了。并不是为了什么'革命的需要'。"①

陈白尘的短文有些是回忆故人故事的，所追怀的人已长眠，所追怀的事已融入历史的长河之中，他行文时字里行间迸发出来的感情是那么真挚、热烈，力透纸背，其悲剧力量每每令读者动容。在追忆故人时，陈白尘常以戏剧手法去剪裁散文里主人公最有价值的东西，像电影镜头般一一扫过，特写画面给人们留下深刻印象，这些作品主人公的际遇有时让人觉得愤恨。譬如1979年他悲痛地写了《哭田汉同志》，陈白尘是在田汉的言传身教下，跟着他走向了戏剧创作之路，跟着他走向了革命之路，跟着他学习做人、走向人生之路，所以他向来尊称田汉为"田先生""寿昌师"。"'四人帮'被粉碎以后，多少光辉的姓名恢复了名誉。而他，在十四年后的今天，千古奇冤一旦昭雪，我不能不痛哭良师，亦不能不万分尊敬地称他一声：'田汉同志！'"陈白尘以寥寥数语写出田汉的悲剧人生，"就是这样一位连国民党反动派极想杀害而又不敢杀害的'好汉'，林彪、'四人帮'及其'顾问'之流，却对他肆意污蔑，经过两年多的难以形诸笔墨的折磨，终于坚贞不屈，瘐死狱中！"他用文天祥的诗评曰："人生自古谁无死，留取丹心照汗青。"陈白尘把压抑了十来年的悲痛井喷式地宣泄出来，与其说这是一篇回忆性散文，不如说这是一篇祭文。

---

① 陈白尘：《〈散文选〉编后》，《陈白尘选集》第五卷，四川文艺出版社，1988年，第546—547页。

陈白尘怀人怀事的写作一发不可收，《"影人"入川记》刊于1980年《戏剧与电影》第8期；《哭翔鹤》一文刊于《新文学史料》1980年，第4期；《未造成的梦——电影〈断笛余音〉拍摄断忆》刊于《电影艺术》1980年第11期；《记〈华西晚报〉的副刊》刊于《人民日报·战地》1980年增刊第6期；《上海艺大的"戏剧系"》，收入《五十年集》；《阳翰老与中华剧艺社》刊于《戏剧论丛》第2期；《青年时代的田汉》刊登在《剧本》1984年第1期；《田老轶事三则——纪念田汉同志八十五诞辰》，刊在《文化史料》第8辑；《追怀云卫兄》刊于《戏剧报》1984年第10期；《闻鼙鼓而思将帅——纪念洪深同志九十诞辰》刊于《文艺报》1985年第6期；《别矣，进彩巷！》《李更生校长》刊于《淮海报》1985年7月、10月；《陈翔鹤小说散文选集》序言《一个真正的人》刊于《新文学史料》1987年第3期；《追求革命的坎坷经历》一文刊登于《新文学史料》1988年第1期……

这其中，陈白尘所作的《哭翔鹤》一文最为动人。他以平和的心态、客观的角度甚至略带苦涩的幽默笔触写他和陈翔鹤在动乱时期的见面，他俩以乱世中才有的方式惺惺相惜，读来让人感动之余，又觉得惊心动魄，真是掩书万千无奈一声叹 。他如是写道："1966年春，我离开首都之前，曾去建国门外他的寓所告别。他好像就这么安详地和我相对着坐了许久，这正是'山雨欲来风满楼'的时候。……倒要感谢'文化大革命'，它使我半年以后又见到一次翔老。那是9月13日或14日，在一次批斗大会上，我俩都以陪斗的身份出席，并且被逐一点名上台去'自报家门'，应该都互相看见了对方。但那时谁也不能打招呼、说话，连交换一下眼色的机会都没有……批斗大会结束，我们这批'牛鬼蛇神'各自归回'黑窝'。在走出青年艺术剧院剧场大门以后，我瞥见一个熟悉的背影在二三十步之外低头急走。单凭他那上身前倾仿佛用头颅拖住脚步行走的姿态，断定就是翔老。而且在他身后，并不像我那样，跟着位'崇公道'。我于是暗暗加快，想赶上他，只图让他看见我，互相点点头，笑一笑，或者只交换一下眼色，也就心满意足了！年初分别时，还不知相见何日的，不图我又被'揪'回首都，而且相逢在这种场合，不也算是天缘么？可是翔老的步子很快，我既不敢叫喊，又不能跑步，只好加紧步子追。追到东单十字路口，离他还有几步远，他却抢步向前穿过马路，而我再追，那南来北往的车辆像洪流般突然截断我的去路。我睁大眼睛，力图从纷乱的车流夹缝中追寻他的背影，他已消失在暮色之中。我眼前模糊了，从此，永远也见不到他了！[①] 这篇文章，很难寻到陈白尘拿手的幽默笔法，总结陈翔鹤一生，陈白尘称"他是位忠诚的作家"，"有的作家一生是用笔写作的，有的作家却是用生命在写作"。陈翔鹤就是用生命在写作的，为了"忠诚"，他以生命的"牺牲为代价"。这或许就是陈白尘和陈翔鹤的共通之处，这段话用来概括陈白尘一生的写作追求也是十分恰当的。

　　散文写作对陈白尘来说无疑是无奈的选择，是生命写作的插曲，但平心而论，陈白尘的散文创作是有成就的，尤其是他的《云梦断忆》，与杨绛的《干校六记》一起被认为是新时期初期叙写"五七"干校生活的"双璧"。

　　《云梦断忆》是1982年陈白尘受美国爱荷华大学聂华苓夫妇主持之"国际写作计划"邀请，于9月至12月在爱荷华陆续写成的。作品于12月17日在爱荷华五月花公寓定稿，后刊登在《收获》1983年第3期上，1983年12月香港三联书店出版海外版，1984年1月北京三联书店出版国内版，1987年第2次印刷，在国内外产生

[①] 陈白尘：《哭翔鹤》，《陈白尘文集》第七卷，江苏文艺出版社，1997年，第138—139页。

陈白尘和夫人金玲访问美国（1982年）

了不小的影响。

陈白尘原本想抓住到美国的机会排除一切干扰，写一部话剧完成对《剧本》月刊主编凤子的承诺，但因事务太忙，来不及准备好题材。临行前他改变主意，打算改写石达开的故事，因为《石达开的末路》在"文革"中被判定为"反共"之作，改写它也算一次自我"平反"。但后来陈白尘发现携带大批资料赴美，不太可能，只好作罢。去了美国之后，他改变了计划，打算写点回忆录之类的东西。

"说到回忆录，我又犯难。北京出版的《新文学史料》，原是本好刊物，我起初很爱它，比如茅盾同志的回忆，单作为史料来读，就获益匪浅！但是近来写的人多起来了，鱼龙混杂，也有不少弊病，这从每期都有许多'更正'可知。但还有许多无法更正的，就难办了。比如，有人借名人以自重，说郭老、茅公对他如何如何，或说周总理生前多次召见他，或说几次看过他的戏等等，都是死无对证的事。又有人自称与'左联'的关系如何如何，或称对地下党干过什么什么，也都无从查对；有些深知内情者，又不愿公开揭露，以伤和气。这就使'史料'成为某种宣传品，害人不浅！自然，我并不是指《新文学史料》而言，目前各地刊物也大量网罗此类稿件，编者不明真相，又无从查对，往往受骗。至于记忆不清，把时间、地点、人物都搞错的，就更无法一一去加以更正了。因此，对这一类回忆录，我可未敢趋时。最后，只好缩小范围、缩短时间，想写点十年动乱中的见闻。"①

这可以说是陈白尘第一次自觉地进行散文创作。一是出于对历史的责任，希望这些"断忆"能为"未来出现的伟大作品提供一砖一瓦的素材，于愿足矣"。② 二是因为他要找个新的写作形式去延续他的生命。一个七十四岁的老人，坐在书桌前，回忆起那段时间所遇见的各式各样的灵魂和乱象，尝尽了人世间的沧桑、阴谋、背叛和悲凉，心中的苍凉可想而知。而在《云梦断忆》中，陈白尘以他一贯的幽默与讽刺方式，直面十年浩劫中令人窒息的沉重的历史，所触摸的历史往事是沉重的、荒谬的甚至是恐怖的，然而，陈白尘的行文走笔却又十分轻巧，举重若轻，寓沉重的悲剧于幽默诙谐之中，这一手法的运用达到炉火纯青的地步。陈虹说，《云梦断忆》一书"于嬉笑之中痛斥丑恶，于诙谐之下鞭挞罪孽"③。

《云梦断忆》共分为八个章节《忆云梦泽》《忆房东》《忆茅舍》《忆'甲骨文'》《忆眸子》《忆鸭群（上）》《忆鸭群（下）》《忆探亲》。这里，笔者着重谈一下几乎占全书四分之一篇幅的"鸭子"和陈白尘式"油滑"形式。十年间，求荣卖友、为"苟全性命于乱世"卖友、"大义灭亲"血口喷人、制造大型冤案等令人发指的事情颇多……陈白尘对自己被批斗，并不以控诉方式去描写，却以接

---

① 陈白尘：《云梦断忆·后记》，《陈白尘文集》第六卷，江苏文艺出版社，1997年，第77—78页。
② 同上，第79页。
③ 陈虹：《父亲的故事（代序）》，《对人世的告别》，北京：生活·读书·新知三联书店，1997年，第14页。

近漫画式手段勾画其情其景，这或许就是他自谓的"油滑"吧，他不认为他所作的是"伤痕"文学。譬如，1966—1967年对"反革命集团"和"反革命分子"的追查，一些原来张牙舞爪的"革命分子"一夜之间变成了"反革命分子"中的"骨干分子"。陈白尘用"以其人之道还治其人之身"的笔触写道，"'甲骨文'这样不为众人所重视的人物，居然是它的骨干分子，也可见其隐藏之深嘛！"其后又以"讽刺""幽默"的语调来描述追查"反革命集团"运动的扩大：

> 但作壁上观的人到底客观一些，运动一步步深入，也就是说这种'反革命分子'越揪越多，却有所怀疑了。不是说'不能搞扩大化么'？如此越揪越多，难道是正常现象？疑窦一生，不免醒了：过去每次运动，为了达到、乃至超过指标，每每造成冤狱；而超指标者不又每每受重罚么？如今前来领导这一运动的可敬的同志们，是否也像可爱而又可怜的阿Q一样，看到王胡身上虱子多而愤愤然，竟把任何小虫都当成虱子来咬了？[①]

对于批斗会现场，陈白尘并没有以愤怒的言语去痛骂，他的笔下竟充满了漫不经心的诙谐，譬如他被揪往中国作协批斗张天翼的会场，名义上是陪斗，其实是批他，因为1962年以前他才是《人民文学》杂志的实际责任人，但他却是这样回忆的：

> 这次大会的会场在东方红剧院，偌大一个剧场，演戏时灯火辉煌，这天却故意做作，只燃一盏工作灯，一进场便觉昏暗，犹如黑夜。台口一排斗大的黄纸黑字，标明批判对象是

[①] 陈白尘：《忆"甲骨文"》，《陈白尘文集》第六卷，江苏文艺出版社，1997年，第32页。

谁,当时惯例,'黑帮'姓名上要以朱笔打××的,这三种颜色组合,配以昏暗的场地,实有人间地狱之感。而此公独踞舞台上公案正中,张眉怒目,高呼把被斗人某某带上堂来,其威风之大,确实超过封建时代的县太爷。我们何曾见过县太爷审案时会有上千人肃然恭听的?此时我忽然想到中宣部的别号——'阎王殿',便觉此公颇有项羽和刘邦造反前说的两句名言:'大丈夫当如是也','彼可取而代也'的气概,他果然取代了中宣部的大权,而且名副其实地把会场布置成一个阴森可怖的阎王殿了。想到这里,我在心中不觉莞尔而笑了。但恰在此时,一声怒吼,吆喝我去陪斗了。①

陈白尘巧妙地以"诙谐"手法解构了审判者的正统性,触摸到那个时代的"荒诞"本质,这难道不正是陈白尘的高明之处吗?

陈白尘所作《忆鸭群》是《云梦断忆》中最为趣味横生的,十分的别致。他在干校期间,曾有一段时间在云梦泽畔放鸭,自诩为"鸭倌"、三百只鸭子的"司令官"。他写道:"三年半干校生活中,是谁和我相处最久而又感情最深?如果朋友们不见怪,我要回答:是鸭子。……在兽性大发作的年代里,有些'人',是远不及我的鸭群和平温良,而且颇富于'人'情的——它们从来没骂过我。"他用饶有趣味的笔描写了鸭群曾经的一次"反革命事件",鸭群必经之路上突然有"革命群众"在打场,必须绕道而行,他和另一位鸭倌赶忙赶起鸭子想来个"曲线救国",不料鸭子对他俩"大声鼓噪,不肯绕道",它们在指挥棒下"勇敢直前,绝不回头",向着场地"冲锋"。他俩横起两根指挥棒拦截,又以竹竿横栏,鸭群"坚

---

① 陈白尘:《忆眸子》,《陈白尘文集》第六卷,江苏文艺出版社,1997年,第42页。

持真理",由纵队变为横队,从左右两翼突围……这两个鸭倌"彻底失败了",并"受顿申斥了事"。此后碰到诸如此类的事件,他们再也不敢"横加干涉"了,"因为真理确在它们一边,而我们也确实犯了'路线'错误也"。①

陈白尘用那个时代特有的革命语汇、宏大叙述来描摹鸭子的一个"反革命事件",读来让人忍俊不禁,掩卷一笑之余又觉得荒诞,而这样的故事书中随处可见。陈白尘用"拟人"的手法写鸭,把鸭比作人置之于那个荒诞的年代,他从鸭子的角度来看那个时代,看人与人的关系,一切就变得格外有意味了。譬如谈到鸭子的歌唱,陈白尘说"它的歌唱是朴质的感情表现","绝无'为艺术而艺术'的'艺术家'们矫揉造作之态"。如有次鸭子们跳进湖里流连忘返,眼见夕阳西下,他们动之以情,用"怀柔"政策——"高声呼唤:'呷,呷,呷……!'我们坚信,自己的声音异常柔美,不亚于慈母之唤娇儿。"又如说鸭子都是"集体主义者",但有时也不免会有"自由主义倾向"。在一次狂风暴雨之后,"鸭群似乎特别听话,和人也特别亲热,它们预感到我们是共过患难了吧?"当鸭子们被宰时,他不敢请命杀鸭,只好去拔鸭子茸毛,联想到自己的命运,他猜想:"那些声称把我打倒在地并且还要踏上一只脚的人,那些对我横眉竖目,跟着高喊口号的人,那些对我昂首而过,不屑一顾的人……更不用说那恶声相骂、其实在卫护我的人,他们之中除了极少数是真心一饱'口腹'之欲的外,难道真个都想吃掉我的么?是否也像我一样,是在领导的命令之下,不得不来拔剔我的茸毛呢?……"他反省道,这不过是"恕"道,而"恕道""不过是弱者的武器!"②

---

① 陈白尘:《忆鸭群(上)》,《陈白尘文集》第六卷,江苏文艺出版社,1997年,第49—50页。
② 陈白尘:《忆鸭群(下)》,《陈白尘文集》第六卷,江苏文艺出版社,1997年,第66—67页。

1984年1月陈白尘奋笔疾书，写作《寂寞的童年》，不到两个月时间，就顺利完成了三章。7月他在钟山疗养院写完《寂寞的童年》最后一章。渐渐地，陈白尘对系列的生活回忆性散文写作产生了浓厚兴趣。1984年9月23日，他给北京三联书店的总编范用写了一封信：

  我有个计划：如果《童年》可读，则拟续写《少年行》，写初中读书到1928年离开学校止，再后写青年、中年以及老年时代，亦即三年流浪、三年狱中生活、上海亭子间、抗战前后、解放后十七年等等生活。以后接上《断忆》《听楼梯》，共七八册，形成系列的生活回忆（但我避免叫'回忆录'这一名称）性的散文，算作我对人世的告别。（话剧，我是没精力写了！）但这秘密，从未告诉别人，因为是否写得成，是否能出版（如写十七年等），均不可知也……①

陈白尘不辞辛苦，在旅美途中、在疗养院中、在讲学路上、在各种会议之余、在医院的病房里，但凡有点时间，就努力写作，所作的文论、回忆式散文竟然达到上百万字。《寂寞的童年》顺利完工后，陈白尘果然开始写《少年行》，中因《鬼趣图》意动，放下了散文写作，而至1984年12月又断了写剧念头，继续写《少年行》。1986年1月陈白尘因心脏病进江苏省人民医院治疗，眩晕不止，后发现腹主动脉上有血瘤，但他在医院里坚持写《少年行》，他请求主治医生陈德才拿来一张重病号的小餐桌，医生一走，他高兴地一骨碌从床上坐起来，"我这下子可有了一张写作桌了！"

  陈医生发现他的意图，有点生气："陈老，您把病房当书房，我们怎么给您治疗啊？"

---

① 范用：《一个小学生的怀念——白尘师周年祭》，《新华文摘》，1995年7期。

陈白尘像犯了错误的小孩子，认真地解释道："我这头晕症看来吃什么药都没用，只有写作——写作头就不晕了！"[1]

陈白尘确实没有说谎，他确实是在用生命写作，他生命存在的方式也是文学写作。随着年岁的增大，陈白尘入医院治疗的次数也越来越多，伴随着时间的流逝，陈白尘争分夺秒写作，和时间进行赛跑，《少年行》基本上就是在这种情况下完成的。1986年6月《少年行》完稿，全书近十万来字。病刚好一点，陈白尘又投身于改写《听梯楼笔记》中，1986年9月《听梯楼笔记》完稿，共七万余字。九十月间，陈白尘的眩晕病连续发作了二次，一旦好一点，他又开始抱病工作：看话剧《九十九间半》彩排、看昆剧《还魂记》，会见芝加哥大学李欧梵教授、美籍华人陈幼石教授。他想尽办法挤出时间写作。1986年11月陈白尘回忆录第三部《漂泊年年》动笔，他为日译本《云梦断忆》作的序也写成了。1987年6月，《漂泊年年》全稿写完，当年12月陈白尘开始写回忆录第四部《剧影生涯》。《剧影生涯》计划从1936年从事中国话剧运动写起，直到1949年全国解放。原打算写二十个单篇，待完成后就写回忆十七年的《沉思录》。然而，陈白尘最为辉煌的"剧影生涯"时期，却没有能够写成，1988年1月12日，陈白尘突然觉得整个屋顶都在旋转，一下子栽进了洗脸池里。其时，他刚刚完成四个单篇，宏大的撰著构思只是开了一个头。他仍然不想放下写作之笔，在当天的日记中，陈白尘写道"俟病愈后再提笔……"[2] 但他已没有任何力量提笔续写《剧影生涯》了。

陈白尘在写作散文的同时，除了前文所说的在南京大学教书育人、为话剧事业呼吁，还参加了大量社会活动，用他的话来说，尽

---

[1] 陈虹：《自有岁寒心——陈白尘纪传》，山西人民出版社，2000年，第323页。
[2] 同上，第331页。

力挤出药汁来。查《陈白尘年谱》，1981年3月，他应邀在大百科全书《戏曲卷》编委会上讲话，为电影家协会江苏分会举行的讲习班作报告，在南京市委宣传部召集的文艺工作者学习会上讲话。4月，他在欢迎日本话剧团访华演出宴会上与十九年未见面的代团长杉村春子见面，并观看该团演出。6月，应邀去南京艺术学院讲话，应邀去南京市文联文学讲习所讲话。9月，出席江苏省暨南京市鲁迅诞生一百周年纪念大会，作《学习鲁迅的彻底革命精神》的报告。11月，参加江苏省滑稽戏协会成立大会，被推为名誉主席……月月如此，老人十分忙碌。又如1985年，77岁的陈白尘忙得简直无法挤出时间来写书。1月14日出席江苏省电影电视评论学会成立大会，被推选为名誉会长。2月，赴京参加中国剧协常务理事会，筹备召开第四届剧代会，并与郭汉城、张庚、吴祖光、李超起草大会报告，8日，去北京医院探望周扬，心情沉重。3月6日，应作协广东分会的邀请，偕金玲赴羊城，观看话剧演出，并与中青年作者座谈。3月下旬，赴京参加政协第六届全国委员会第三次会议，其间还参加了中国现代文学馆开幕式和茅盾故居揭幕仪式，在会议中召开话剧界政协委员联组会，联名上书中央，反映话剧界困难情况。4月，出席中国剧协四次代表大会，参加大会党组，三次主持大会，并继续当选副主席。27日参加洪深同志九十诞辰纪念大会并发言。5月1日参加南京军区前线话剧团建团三十周年纪念大会并致辞；3日参加国际文化交流中心江苏分会筹备会；侯宝林来访，谈相声衰落情况；接待以尾崎宏次为团长的日本话剧人社代表团；美国科罗拉多大学教授、前香港话剧团艺术总监杨世彭应陈白尘等邀请来南京访问、讲学，陈白尘主持接待事宜。6月接待日本话剧人社组织狂言公演访华团。7月赴京参加全国剧协主席工作会议，应《文艺研究》编辑部邀请，赴哈尔滨参加戏剧理论研讨会。8月应剧协吉林分会邀请，与吉林省戏剧界人士交流，出席白城地区戏剧工作者及文化处干部报告会。10月在家宴请苏联汉学家艾德林……

1983年5月20日,陈白尘给李龙云的信中写道:"你如此拼命写作,难道是病魔作祟,使你想到人近垂暮之年,索性把蜡烛两头都点燃吗?"① 这句话其实正是陈白尘自身的写照,他是生命蜡烛分成几段都点燃,他是一个用生命写作的人。

但这位执着的艺术老人"终于感到了自己身体上的无奈——先是头晕,继是手抖,再后来心脏则必须依靠起搏器相助了。他给上海的范泉先生写信:'一个作家到了不能执笔,是比死还痛苦的!'他答应过凤子同志,却没能把那反映现代题材的剧本写出来;他答应过范用先生,也没能把已经写到抗战初年的回忆录续写下去……父亲对自己的病体烦躁不安,对自己的'江郎才尽'更痛苦不堪"。自1988年停笔以后,他感受着"比死还痛苦"的折磨,感受着"无所事事,不知何以终日"的痛苦,当学生向他祝寿时,他以苦笑作答"长寿就是活受!"②

1991年2月,他给范用写了一封信:

> 我自己从两年前生病,即已心灰意冷,搁下笔来了。自问非名人,没有人等着看它,何必自作多情?再说卧病以来,头脑终日昏沉、除少数朋友通信外,几不能执笔矣!写信也只能每日一封,多则头脑发昏不已,盖两年来耳袭(聋)眼花,腿硬如木,垂垂老矣!③

---

① 李龙云:《化作春泥更护花——怀念我的老师陈白尘》,《中国戏剧》,2003年第2期。
② 陈虹:《父亲的故事(代序)》,《对人世的告别》,北京:生活·读书·新知三联书店,1997年,第18页。
③ 范用:《一个小学生的怀念——白尘师周年祭》,《新华文摘》,1995年7期。

"垂垂老矣""几不能执笔矣",陈白尘的内心该是多么地痛苦。他和金玲相守在四号大院,开始在过去的岁月里度日,沉浸在往日的快乐里,他一遍一遍地给金玲讲着童年时上私塾时如何逃学;他背出成志中学同班同学的名字,描述他们的性格、相貌特征;他又深情地谈起在南国社演戏的经过……金玲坐在旁边,一遍又一遍地听着。他也和女儿陈虹讲述逝去的往事,讲述"当年怎样在日本飞机的轰炸下写《秋收》;怎样在特务的追踪下写《升官图》;还有怎样为逃脱敌人的搜索,将《乌鸦与麻雀》的剧本藏在了摄影棚的棚顶上;又怎样为避开造反派的监视,将日记本的封面写上'学习笔记'……"[1] 陈白尘就是这样,在漫长的时光流逝中,在历史回忆中度过着自己枯燥的最后岁月。

1994年4月13日,女儿陈虹陪着陈白尘去江苏省人民医院检查,发现主动脉瘤已经长大了许多,陈白尘看了一眼报告,很平静地对女儿笑了笑,说:"走,回家吧!"5月28日,陈白尘平静地走完了他八十六年的人生道路。那天,他默默地在伴随了几十年的红木书桌前坐了很久,和金玲说起了几十年前的故事,说了很久,仿佛永远也说不够。他执意和自己的家人相守到生命的终点。

陈白尘的墓志铭是由南京大学程千帆教授亲笔撰写,他写道:"盖其赋性刚烈,惟真理之是从,不曲学以阿世,自弱及耄,终身以之。"[2] 这是对陈白尘性格和精神的中肯概括!剧人阿甲书写了一副挽联:"坎坷踏尘世,执笔到白头。"这是对陈白尘一生和生命写作的精辟描述!

---

[1] 陈虹:《父亲的故事(代序)》,《对人世的告别》,北京:生活·读书·新知三联书店,1997年,第19页。
[2] 程千帆:《墓志铭》,淮阴市政协文史资料委员会:《征鸿远鹜——陈白尘纪念专辑》(淮阴文史资料第14辑),江苏农垦机关印刷厂,1998年版,第413页。

陈白尘创作年表

1924 年

模仿《尝试集》创作新诗,刊载于《江北日报》。

1925 年

短篇小说《另一世界》,刊载于《小说世界》(1925 年 3 月第 9 卷第 12 期)。

创作一篇三万余言小说,自称"反战文学",因上海梁溪图书馆火灾烧毁,未能出版。

编导哑剧《小偷》。

1927 年

编印文学刊物《萍》,出版二期。

短篇小说《汽车里的眼睛》,《萍》(1927 年)。

短篇小说《林间》,刊载于《小说世界》(1927 年 9 月第 16 卷第 13 期)。

1928 年

诗歌《他的归宿》，刊载于《萍》(1928 年)。

创办个人杂志《萍》，新月书店代售。

短篇小说《吴二鬼子》，据作者回忆，未发表。

短篇小说《微笑》，刊载于《小说世界》(1928 年 6 月第 17 卷第 2 期)。

长篇小说《漩涡》，上海金屋书店 (1928 年 10 月出版)。

书跋《〈漩涡〉后叙》，《漩涡》，上海金屋书店 (1928 年 10 月出版)。

1929 年

中篇小说《一个狂浪的女子》，上海芳草书店 (1929 年 1 月出版)。

中篇小说《歧路》，上海芳草书店 (1929 年 5 月出版)。

中篇小说《睡莲》(代笔)，上海芳草书店，不详。

中篇小说《罪恶的花》，上海芳草书店 (1929 年 4 月出版)。

短篇小说集《风雨之夜》，收入《默》《报仇》《援救》《一夜》《真的自杀》《风雨之夜》《孤寂的楼上》七篇小说，上海大东书局 (1929 年初版，1933 年五版)。

序《〈风雨之夜〉自记》，上海大东书局 (1929 年初版)。

中篇小说《归来》，上海泰东图书局 (1929 年 11 月出版)。

独幕剧《墙头马上》，刊载于《前锋》(期数不详)。

1930 年

为大东书局以现代剧的格式、新式标点编《元曲十种》，并写《元曲概论》作序言，未出版。

1931 年

短篇小说《重逢之夜》，刊载于《小说月报》(1931 年 3 月第 22 卷第 3 号)。

独幕剧《汾河湾》，刊载于《小说月报》(1931 年 4 月第 22 卷第 4 号)。

305

1933 年

独幕剧《虞姬》，刊载于《文学》(1933 年 9 月第 1 卷第 3 号)。

独幕剧《癸字号》，刊载于《中华月报》(1933 年 10 月第 1 卷第 8 期)。

独幕剧《马嵬坡》，刊载于《华蒂》(1933 年，期数不详)。

论文《中国民众戏剧运动之前路》，刊载于《山东民众教育月刊》(1933 年 10 月第 4 卷第 8 期)。

长篇小说《戏》(稿子遗失)。

1934 年

独幕剧《大风雨之夜》，刊载于《文学》(1934 年 2 月第 2 卷第 2 号)。

短篇小说《马鹏湾》，刊载于《文学》(1934 年 2 月第 2 卷第 2 号)。

独幕剧《街头夜景》，刊载于《现代》(1934 年 3 月第 4 卷第 5 期)。

三场短剧《两个孩子》，刊载于《矛盾》(1934 年 4 月第 3 卷第 2 期)。

独幕剧《贴报处的早晨》，《当代文学》(1934 年 7 月第 1 卷第 1 期)。

后记《〈贴报处的早晨〉附记》，《当代文学》(1934 年 7 月第 1 卷第 1 期)。

三幕剧《除夕》，刊载于《文学》(1934 年 7 月第 3 卷第 1 号)。

短篇小说《夜》，刊载于《文学》(1934 年 7 月第 3 卷第 1 号)。

短篇小说《春》，刊载于《文学季刊》(1934 年 7 月第 1 卷第 3 期)。

短篇小说《父子俩》，刊载于《文学季刊》(1934 年 12 月第 1 卷第 4 期)。

1935 年

散文《还乡杂记》，刊载于《文学》(1935 年 5 月第 4 卷第 5 号)。

散文《肉》，刊载于《太白》(1935 年 5 月第 2 卷第 5 期)。

独幕剧《父子兄弟》(《沈阳之夜》)，刊载于《文学》(1935 年 7 月

第5卷第1号）。

短篇小说《炸弹》，刊载于《文学》(1935年7月第5卷第1号）。

独幕剧《征婚》，刊载于《创作》(1935年7月第1卷第1期）。

独幕剧《二楼上》，刊载于《创作》(1935年8月第1卷第2期）。

短篇小说《茶叶棒子》，刊载于《文学》(1935年8月第5卷第2号）。

短篇小说《起旱》，刊载于《创作》(1935年9月第1卷第3期）。

散文《打递解》，刊载于《太白》(1935年8月第2卷第11期）。

短篇小说《跷跷板》，刊载于《申报》(1935年9月1—11日连载）。

短篇小说《解决》，刊载于《文学季刊》(1935年9月第2卷第3期）。

短篇小说《暮》，刊载于《文学》(1935年12月第5卷第6号）。

1936年

独幕剧《中秋月》，刊载于《文学丛报》(1936年3月第3期）。

短篇小说《小风波》，刊载于《文学》(1936年3月第6卷第3号）。

短篇小说《街头人》，刊载于《大公报》副刊《文艺》第136期(1936年4月29日）。

短篇小说《鬼门关》，刊载于《文学》(1936年6月第6卷第6号）。

散文《四姨奶奶——家乡人物追记之一》，刊载于《大公报》副刊《文艺》166期(1936年6月21日）。

四幕喜剧《恭喜发财》，刊载于《文学》(1936年7—8月第7卷第1—2号连载）。

短篇小说《最后的晚餐》，刊载于《作家》(1936年7—8月第1卷第4—5号连载）。

独幕剧《演不出的戏》，刊载于《大公报》副刊《文艺》198期(1936年8月16日）。

短篇小说《蠢动》，刊载于《文季月刊》(1936年8月第1卷第3期）。

散文《乡居散记》，刊载于《中流》(1936年9月第1卷第2期）。

短篇小说《李大扣子上学》，刊载于《作家》(1936年10月第2卷第 1 号）。

短篇小说集《曼陀罗集》，上海文化生活出版社（1936 年 10 月出版）。

序《〈曼陀罗集〉题记》，上海文化生活出版社（1936 年 10 月出版）。

短篇小说《打靶》，刊载于《好文章》（1936 年 10 月第 1 卷第 1 期）。

中篇小说《泥腿子》，海良友图书印刷公司（1936 年 10 月出版）。

短篇小说《小魏的江山》，刊载于《文季月刊》（1936 年 11 月第 1 卷第 6 期）。

散文《战士的葬仪》，刊载于《作家》（1936 年 11 月第 2 卷第 2 号）。

四幕历史剧《石达开的末路》，文学出版社（1936 年 6 月出版）。

散文《〈赛金花〉给我们的教训》，刊载于《时事新报》（1936 年 11 月 20 日）。

1937 年

短篇小说《母子》，刊载于《大公报》副刊《文艺》292 期（1937 年 1 月 29 日）。

短篇小说集《茶叶棒子》，上海开明书店（1937 年 4 月出版）。

序《给我的小读者——〈一个孩子的梦〉代序》，收入《一个孩子的梦》，上海读书生活出版社（1937 年 4 月出版）。

三场儿童剧《一个孩子的梦》，上海读书生活出版社（1937 年 4 月出版）。

七幕历史剧《金田村》，（《太平天国》三部曲第一部），刊载于《文学》（1937 年 3—5 月第 8 卷第 3—5 号连载）。

论文《漫谈历史剧》，刊载于《新演剧》（1937 年 6 月创刊号）。

序《关于〈太平天国〉的写作——〈金田村〉序》，刊载于《文学》（1937 年 8 卷 2 号）。

序《〈太平天国〉改订本序》，刊载于《太平天国》单行本，上海生活书店（1937年6月出版）。

历史剧《太平天国》，上海生活书店（1937年6月出版）。

短篇小说集《小魏的江山》，上海文化生活出版社（1937年7月出版）。

短篇小说《何法官》，刊载于《文学》（1937年8月第9卷第2号）。

散文《老鼠般的命运》，刊载于《中流》（1937年8月第2卷第10期）。

论文《历史剧的语言问题》，刊载于《语文》（1937年8月2卷2期）。

独幕街头报告剧《扫射》，刊载于《世界知识》《妇女生活》《中华公论》《国民周刊》《战时联合旬刊》等。

三幕剧《芦沟桥之战》，刊载于《文学》（1937年第9卷第3期）等刊物。

散文《没出息的想头》，刊载于《抗战半月刊》（1937年第1、2期合刊）。

散文《以行动来纪念鲁迅先生》，刊载于川大《金箭》（1937年11月1日）。

散文《告别重庆》，刊载于《春云》（1937年第2卷第6期）。

1938年

四幕剧《汉奸》，连载于《抗战文艺》（1938年1—2月第1卷第6—8期）。

短论《为什么要演〈民族万岁〉》，刊载于《新蜀报》（1938年2月7日）。

五幕剧《民族万岁》（宋之的、陈白尘合著），上海杂志公司（1938年4月汉口出版）。

散文《全线总进攻》，刊载于《救亡日报》（1938年4月12—21日连载）。

独幕剧《火焰》，刊载于《新演剧》（1938年新第1卷第2期）。

散文《防空有感》，刊载于《春云》（1938年3卷3期）。

序《〈汉奸〉题记》，戏剧集《汉奸》，汉口华中图书公司（1938年6月）。

戏剧集《汉奸》，汉口华中图书公司（1938年6月）。

短篇小说《慰劳》，刊载于《抗战文艺》(1938年6月第1卷第7期）。

四幕剧《魔窟》，连载于《文艺阵地》（1938年7月第6、7期）。注：演出时改名《群魔乱舞》，1946年再版时改名《新官上任》。

后记《〈魔窟〉附记》，刊载于《文艺阵地》（1938年7月7期）。

散文《下江水在重庆》，刊载于《文艺后防》（1938年8月30日）

论文《纪念鲁迅先生与枪毙阿Q》，刊载于《文艺后防》（1938年10月19日）。

散文《抗战与地瓜》，刊载于《国民公报·星期增刊》（1938年12月11日）。

1939年

论文《抗战戏剧创作方法论》，刊载于《抗战艺术》（1939年第3期）。

论文《写剧时几个技术问题》，刊载于《抗战艺术》（1939年第4期）。

短篇小说《日记招领》，刊载于《中苏文化杂志》（1939年第3卷第8、9期合刊）。

三幕喜剧《乱世男女》，上海杂志公司（1939年5月出版）。

序《我的欢喜——〈乱世男女〉自序》，上海杂志公司（1939年5月出版）。

独幕哑剧《游击队过关》，刊载于《抗战文艺》（1939年10月第4卷第5、6期合刊）。

1940年

著作《戏剧创作讲话》，重庆上海杂志公司（1940年2月出版）。

七场街头活报喜剧《汪精卫现行记》，重庆中国戏曲编刊社，（1940年5月出版）。

独幕喜剧《未婚夫妻》，刊载于《文学月报》(1940年第1卷第5期)。

独幕剧《罗国富》，刊载于《新演剧》(1940年10月复刊特大号)。

散文《作家简书》，刊载于《小剧场》(1940年第1期)。

1941年

论文《民族形式问题在剧作中》，刊载于《戏剧岗位》(1941年1月第2卷第2、3期合刊)。

独幕剧《封锁线上》，收入独幕剧集《后方小喜剧》，重庆生活书店(1941年2月出版)。

独幕剧《禁止小便》(1949年第一次文代会上演出改名为《等因奉此》)，收入独幕剧集《后方小喜剧》，重庆生活书店(1941年2月出版)。

独幕剧《罗国富》，收入独幕剧集《后方小喜剧》，重庆生活书店(1941年2月出版)。

独幕剧《火焰》，收入独幕剧集《后方小喜剧》，重庆生活书店(1941年2月出版)。

独幕剧集《后方小喜剧》，重庆生活书店(1941年2月出版)。

三幕剧《秋收》，重庆上海杂志公司(1941年2月出版)。

序《"暴露"和"悲观"——〈秋收〉序》，重庆上海杂志公司(1941年2月出版)。

序《〈大地回春〉代序——给巴人》，刊载于《戏剧岗位》(1941年第3、4期合刊)。

五幕剧《大地回春》，桂林文化供应社(1941年7月出版)。

1942年

论文《话剧的路》，刊载于《时事新报》副刊《春光》(1942年1月27日)。

散文《不是为了纪念》，刊载于《文坛》(1942年第1卷第1期)。

短论《新"抗战无关论"》，刊载于《新华日报》(1942年7月7日)。

散文《读书随笔——文学的衰亡》，刊载于《文艺先锋》（1942年第1卷第6期）。

五幕悲喜剧《结婚进行曲》，重庆作家书屋（1942年3月出版）。

1943年

散文《新年试笔》，刊载于《新华日报》（1943年1月1日）。

论文《人物是怎样来到你笔下的——剧本习作随笔之一》，刊载于《戏剧月报》（1943年1月创刊号）。

创作谈《我所认识的石达开》，刊载于《新民报》（1943年3月26日）。

创作谈《〈结婚进行曲〉外序》，刊载于《文学创作》（1943年4月1卷6期）。

创作谈《历史与现实——史剧〈石达开〉代序》，刊载于《戏剧月报》（1943年4月4期）。

童话《猫的悲哀》，刊载于《华西晚报》（1943年7月25日—8月5日）。

散文《哭硕甫》，刊载于重庆《新民报》晚刊（1943年4月16日）

散文《朝花夕拾》，刊载于《华西晚报》（1943年12月4日）。

三幕剧《胜利号》（陈白尘、吴祖光、周彦、杨村彬合著），胜利出版社（1943年11月出版）。

1944年

散文《"文艺"的抗辩》，刊载于《华西日报》（1944年1月9日）。

论文《"需要"与"接受"——关于〈大地黄金〉在重庆》，刊载于《天下文章》（1944年第1期）。

散文《尊重这个日子》，刊载于《戏剧时代》（1944年1卷3期）。

三幕剧《大地黄金》（原名《秋收》），重庆上海杂志公司（1944年3月出版）。

短论《消灭的罪恶的日子——纪念本报创刊三周年》，刊载于《华西晚报》（1944年4月20日）。

论文《论大后方戏剧运动的危机》,刊载于《戏剧月报》(1944年第1卷第5期)。

散文《朝花夕拾》,刊载于《天下文章》(1944年第2卷第4期)。

文论集《习剧随笔》,重庆当今出版社(1944年4月出版)。

散文《祭硕甫》,刊载于《华西晚报》(1944年4月4日)。

散文《悼两个戏剧界的朋友》,刊载于《华西晚报》(1944年4月11日)。

散文《祝福老舍先生》,刊载于《华西晚报》(1944年4月17日)。

散文《消灭罪恶的日子——纪念本报创刊三周年》,刊载于《华西晚报》(1944年4月20日)。

散文《中国画的新生——为张振铎先生画展作》,刊载于《华西晚报》(1944年4月25日)。

散文《哭江村》,刊载于《华西晚报》(1944年5月24日)。

独幕剧《艺术部队》,刊载于《青年文艺(桂林)》(1944年第1卷第3期)。

散文《正名·辨伪》,刊载于《戏剧电影》(1944年11月第3期)。

短论《道德的测验》,刊载于《华西晚报》(1944年8月6日)。

散文《一年》,刊载于《华西晚报》(1944年12月1日)。

论文《岁暮怀朱凡——〈岁寒图〉代序》,刊载于《华西日报》(1944年12月3日)。

1945年

散文《新年预言》,刊载于《华西晚报》(1945年1月1日)。

散文《神话》,刊载于《华西晚报》(1945年1月13日)。

散文《感谢》,刊载于《华西晚报》(1945年1月21日)。

三幕剧《岁寒图》,重庆群益出版社(1945年2月出版)。

散文《错了》,刊载于《华西晚报》(1945年2月28日)。

散文《写在晓邦舞蹈会之前》,刊载于《华西晚报》(1945年3月2日)。

散文《介绍王云阶先生音乐作品欣赏会》，刊载于《华西晚报》（1945年3月2日）。

散文《找寻理由的演出与剧作——读〈贫乏与混乱〉书后》，刊载于《华西晚报》（1945年3月23日）。

杂文《修脚匠》，刊载于《华西晚报》（1945年4月15日）。

杂文《黄钟毁弃》，刊载于《华西晚报》（1945年4月18日）。

杂文《外交辞令》，刊载于《华西晚报》（1945年4月28日）。

杂文《假招牌》，刊载于《华西晚报》（1945年5月7日）。

杂文《跳舞庆祝》，刊载于《华西晚报》（1945年5月10日）。

杂文《拾杂》，刊载于《华西晚报》（1945年5月22日）。

杂文《"骂得好"》，刊载于《华西晚报》（1945年5月28日）。

散文《寄向不可知的世界——给贺孟斧之灵》，刊载于《华西晚报》（1945年6月1日）。

散文《茅盾先生印象记》，刊载于《华西晚报》（1945年6月24日）。

散文《霍乱乱感》，刊载于《华西晚报》（1945年7月21日）。

散文《朝花夕拾》，刊载于《华西晚报》（1945年8月1日）。

散文《悼束衣人先生》，刊载于《华西晚报》（1945年8月3日）。

散文《去思碑》，刊载于《自由画报》（1945年创刊号）。

散文《扑空》，刊载于《自由导报》（1945年革新号）。

三幕喜剧《升官图》，刊载于《华西晚报·艺坛》（1945年11月连载），后来群益出版社等出版社多次出版。

1946年

阳翰笙、夏衍、洪深、曹禺、陈白尘等五十余人，发表《致政治协商会议各委员意见书》。

散文《我要沉默了——也算是元旦试笔》，刊载于《新华日报》（1946年1月2日）。

散文《每周座谈》，刊载于《新民报》（1946年1月3日）。

短论《影剧杂感——"国产"》，刊载于《新民报》（1946年1月17日）。

杂文《不分畛域》，刊载于《自由导报》第7期（1946年1月）。

短论《影评杂感——"鸡汤白菜论"》，刊载于《新民报》（1946年1月24日）。

长诗《我是较场口的土地》，刊载于《新民报》（1946年2月13日）。

论文《序〈升官图〉的演出》，刊载于《新民报》（1946年2月18日）。

散文《"岂能让人"》，刊载于《文萃》18期（1946年2月）。

独幕时事剧《新群魔乱舞》（与冼群合作），刊载于《新华日报》（1946年3月27日—31日连载）。

散文《哀词》（与郑君里合写），刊载于《新华日报》（1946年4月19日）。

散文《一个时代的开始》，刊载于《中原》《文艺杂志》《希望》《文哨》联合特刊（1946年4月第1卷第4期）。

五幕历史剧《大渡河》，上海群益出版社（1946年5月出版）。

散文《举起笔来》，刊载于《新华日报》（1946年5月4日）。

论文《关于〈大地回春〉》，刊载于《文汇报》（1946年5月21日）。

散文《寄向沙锅窑——贺孟斧周年祭》，刊载于《清明》（1946年6月2日号）。

创作谈《为〈升官图〉演出作》，上海群益出版社（1946年6月）。

三幕喜剧《升官图》》，上海群益出版社（1946年6月）。

散文《山居随笔》，刊载于《文萃》第40期（1946年7月）。

杂文《五四的僵尸》，刊载于《华西晚报》（1946年7月19日）。

论文《〈大渡河〉校后记》，刊载于《文汇报》（1946年8月30日）。

短论《致美国有儿女的人们》，刊载于《文萃》第50期（1946年10月）。

论文《一个问题——略论目前戏剧创作的形式》，刊载于《华西晚报》（1946年10月31日、11月2、3日连载）。

论文《奔向现实主义的道路》，刊载于上海《新闻报》（1946年11

月 11 日)。

论文《抢救话剧的两点意见》,刊载于上海《新闻报》(1946 年 11 月 18 日)。

创作谈《岁寒絮语》,刊载于上海《学生报》(1946 年 11 月 29 日)。

1947 年

论文《检讨(剧人在戏剧节谈戏剧)》,刊载于《文艺先锋》(1947 年 1 月第 10 卷第 2 期)。

散文《文艺节怀旧》,刊载于《文汇报》(1947 年 5 月 4 日)。

散文《疚》,刊载于《文艺春秋》(1947 年 10 月第 5 卷第 4 期)。

电影剧本《幸福狂想曲》(1947 年 11 月中央电影摄影场上海二厂摄制)。

电影剧本《天官赐福》(又名《天外飞来》,国民党政府禁止拍摄,当时未发表,后刊于《当代电影》1993 年第 2 期)。

三幕剧《悬崖之恋》(又名《卖油郎》),上海群益出版社(1947 年 8 月出版)。

三幕剧《清流万里》(又名《文化春秋》),系于伶、田汉、吴天、徐昌霖、陈白尘、阳翰笙、潘子农、顾仲彝合著,上海新群出版社(1947 年 10 月出版)。

1948 年

论文《五四谈电影》,刊载于《文讯》(1948 年第 8 卷第 5 期)。

短论《关于"编剧"之类》,刊载于《影剧丛刊》(1948 年第 2 辑)。

电影剧本《乌鸦与麻雀》(由陈白尘执笔,参加集体创作者有沈浮、郑君里、赵丹、徐韬、王林谷等)(昆仑影业公司于 1949 年由摄制完成)。

1949 年

讲话《在剧影协会欢迎返沪文代会代表会上的讲话》,刊载于《文汇报》（1949年8月22日）。

1950 年

短论《门外谈戏曲》，刊载于《戏曲报》（1950年第1卷第1期）。

短论《关于新爱国主义——以苏联电影为例》，刊载于《文艺新地》（1950年1期）。

短论《〈红旗歌〉与上海剧运》，刊载于《解放日报》（1950年7月9日）。

短论《艺术·政策·真理》，刊载于《文汇报》（1950年7月11日）。

短论《"不是蝉"与工人文艺斗争》，刊载于《解放日报》（1950年8月13日）。

短论《习剧随笔——主题与题材的分裂》，刊载于《人民戏剧》（1950年第1卷第5期）。

散文《守株待兔》，刊载于《上影通讯》（1950年）。

1951 年

杂文《从武训到〈武训传〉及其他》（上），刊载于《文艺新地》（1951年第5期）。

杂文《从武训到〈武训传〉及其他》（下），刊载于《文艺新地》（1951年第6期）。

1952 年

短论《〈巡按〉在中国》，刊载于《人民日报》（1952年3月4日）。

调查报告《农民革命英雄宋景诗及其黑旗军——〈宋景诗历史调查报告〉摘要》，连载于《人民日报》（1952年11月1—2日）。

1953 年

电影剧本《宋景诗》（与贾霁合著），连载于《人民文学》（1953年第 9—11 期)。

1954 年

创作谈《关于宋景诗的外貌和外号》(与贾霁合著),刊载于《大众电影》(1954 年第 4 期)。

电影剧本《宋景诗》(与贾霁合著),艺术出版社(1954 年)。

1955 年

短论《××集团反革命罪行的"链子"》,刊载于《文艺报》(1955 年 6 月 12 期)。

1956 年

发言《在中国作协第二次理事会上的发言》,刊载于《中国作协第二次理事会扩大会议文集》(1956 年出版)。

剧本集《岁寒集》,人民文学出版社(1956 年 3 月出版)。

创作谈《〈岁寒集〉后记》,收入《岁寒集》,人民文学出版社(1956 年 3 月出版)。

1957 年

散文《无声的旅行》,刊载于《人民文学》(1957 年第 2 期)。

散文《稿酬·出版·发行——给〈文汇报〉记者的一封信》,刊载于《文汇报》(1957 年 5 月 4 日。)

儿童读物《黑旗军宋景诗》,上海少年儿童出版社(1957 年 2 月)。

论文《话剧运动要求领导》,《戏剧报》(1957 年 5 月 10 期)。

创作谈《感谢与祝福——为〈宋景诗〉上映作》,《天津日报》(1957 年 6 月 23 日)。

论文《谈所谓"自由组合"与党的领导——兼答话剧界若干同志》,《戏剧报》(1957 年 8 月 15 期)。

杂文《请吴祖光自己回答吧》，刊载于《剧本》（1957年第9期）。

创作谈《关于〈宋景诗〉的自白》，刊载于《大众电影》（1957年第10期）。

散文《谈"逆来顺受"之类》，刊载于《文艺报》（1957年第21期）。

杂文《洋奴政客萧乾的嘴脸》，刊载于《文艺报》（1957年第22期）。

短论《川剧杂感》，刊载于《戏剧报》（1957年11月，21期）。

历史调查《宋景诗历史调查记》，人民出版社（1957年5月出版）。

1958年

短论《从〈乌鸦与麻雀〉重映说起》，刊载于《人民日报》（1958年1月11日）。

短论《关于老舍的〈茶馆〉》，刊载于《文艺报》（1958年1月1期）。

短论《反对八股腔，文风要解放》，刊载于《文艺报》（1958年2月第4期）。

短论《在广泛展开群众性的文学活动基础上大跃进》，刊载于《人民日报》（1958年3月19日）。

独幕喜剧《哎呀呀！美国小月亮》（与王命夫、刘沧浪、黄悌合著），刊载于《人民文学》（1958年第1期）。

独幕讽刺剧《哎呀呀！美国小月亮》，中国戏剧出版社（1958年1月）。

戏剧集《美国奇谭》（内含三个独幕喜剧《愚人节的喜剧》《两兄弟》《相信美国》，与米谷、江有生、汪巩合著，刊载于《人民文学》1958年第5期）。

短论《关于集体创作》，刊载于《文艺报》（1958年5月第9期）。

散文《放声歌唱吧》，刊载于《诗刊》（1958年第5期）。

四幕喜剧《东风纸虎记》，刊载于《收获》（1958年第6期）。

短论《相声与讽刺剧》，刊载于《北京日报》（1958年7月5日）。

散文《杜勒斯听着》，刊载于《文艺报》（1958年第17期）。

短论《淮剧杂谈》，刊载于《戏剧报》（1958年第22期）。

1959 年

论文《舞台上的理想人物及其他——关于革命现实主义与革命浪漫主义相结合的讨论》，刊载于《文艺报》（1959 年 1 月第 1 期）。

论文《戏剧座谈会讨论话剧发展》（田汉、欧阳予倩、阳翰笙、陈白尘合著），刊载于《戏剧报》（1959 年第 1 期）。

发言《在创作工作者座谈会上的发言》，刊载于《作家通讯》（1959 年 4 月 4 期）。

论文《为义和团恢复名誉的两本书》，刊载于《民间文学》（1959 年 4 月 4 期）。

回忆录《从鱼龙会到南国艺术学院》，刊载于《中国话剧运动五十年史料集》（二辑）（1959 年 4 月）。

论文《布谷鸟为什么要歌唱——评〈布谷鸟又叫了〉》，刊载于《剧本》（1959 年 6 月第 6 期）。

发言《互相协作，共同提高——在中国戏剧家协会讨论话剧发展座谈会上的发言》，刊载于《戏剧报》（1959 年 6 期）。

发言《互相学习，彼此影响——在中国电影工作者联谊会与中国戏剧家协会举行的戏剧电影座谈会上的发言》，刊载于《中国电影》（1959 年 6 期）。

论文《话剧舞台上的新成就》，刊载于《戏剧报》（1959 年第 14 期）。

论文《谈电影〈风暴〉的改编》，刊载于《人民日报》（1959 年 11 月 3 日）。

后记《〈纸老虎现形记〉新版后记》，收入《纸老虎现形记》，人民文学出版社（1959 年 11 月出版）。

四幕喜剧《纸老虎现形记》，作家出版社（1959 年 1 月出版）、人民文学出版社（1959 年 11 月出版），此为《东风纸老虎》的修改版。

1960 年

五幕剧《结婚进行曲（修改本）》，中国戏剧出版社（1960 年出版）。

论文《座谈美术电影》，刊载于《电影艺术》（1960 年第 2 期）。

1961 年

电影剧本《鲁迅传（上集）》（陈白尘执笔，参与集体创作者有叶以群、唐弢、柯灵、杜宣、陈鲤庭），刊载于《人民文学》（1961 年第 1—2 期合刊）。

短论《〈革命家庭〉的风格及其他》，刊载于《光明日报》（1961 年 3 月 10 日）。

电影剧本《鲁迅传（上集）》（第五稿），（陈白尘执笔，参与集体创作者有叶以群、唐弢、柯灵、杜宣、陈鲤庭），刊载于《电影创作》（1961 年第 6 期）。

1962 年

短论《生活底子要厚实》，刊载于《文汇报》（1962 年 1 月 2 日）。

论文《喜剧杂谈——在全国话剧、歌剧、儿童剧创作座谈会上的发言》，刊载于《剧本》（1962 年 5 月号）。

1963 年

散文《团结、斗争、前进中的日本新剧界——东游散记之一》，连载于《戏剧报》（1963 年第 2、3 期）。

散文《春夜漫笔》，刊载于《人民文学》（1963 年第 3 号）。

后记《〈结婚进行曲〉修订本校后记》，收入《结婚进行曲》，中国戏剧出版社（1963 年 2 月出版）。

五幕剧《结婚进行曲》（修订本），中国戏剧出版社（1963 年 2 月出版）。

后记《〈鲁迅〉（上集）校后记》，收入《鲁迅》（上集），上海文艺出版社（1963 年 3 月出版）。

电影剧本《鲁迅》（上集），上海文艺出版社（1963年3月出版）。

短论《作家与生活》，刊载于《广西文艺》（1963年4月号）。

发言《独幕剧创作座谈会发言》，刊载于《剧本》（1963年10月、11月号）。

散文《忘却了的纪念》，刊载于《人民文学》（1963年第11号）。

散文《紫荆山中》，刊载于《新港》（1963年12月号）。

创作独幕剧《队长回来了》，（未发表，油印本）。

1964年

散文《在苦难中成长的艺术——东游散记之二》，刊载于《收获》（1964年第1期）。

散文《吹唢呐的人——阎洪元家史》，刊载于《人民文学》（1964年2月号）。

论文《话剧的"话"》，刊载于《语文学习讲座》（1964年）。

1965年

三幕话剧《第二个回合》，（未发表，据作者回忆）。

1978年

散文《驱散林彪、"四人帮"的阴魂》，刊载于《南京大学学报·哲学社会科学版》（1978年第4期）。

散文《回忆〈词六首〉的发表——纪念伟大领袖和导师毛主席诞辰八十五周年》，刊载于《新华日报》（1978年12月24日）。

1979年

七幕历史剧《大风歌》，刊载于《剧本》（1979年1月号）、四川人民出版社（1979年9月出版）。

电影文学剧本《大风歌》，刊载于《收获》（1979年1月第1期）、中国电影出版社（1979年4月）。

论文《〈大风歌〉首演献辞》，刊载于《浙江日报》（1979年3月28日）。

散文《献——纪念敬爱的周总理诞辰八十一周年》，刊载于《群众》（1979年第2期）。

创作谈《谈〈大风歌〉》，刊载于《浙江图片新闻》（1979年第4期）。

散文《哭田汉同志》，刊载于《文艺报》（1979年第5期）。

散文《自传》，刊载于《中国现代作家传略》第三册（徐州师范学院编印，1979年6月）

论文《为〈大风歌〉演出致首都观众》，刊载于《人民日报》（1979年8月22日）。

创作谈《陈白尘同志谈〈大风歌〉和历史剧——和中央实验话剧院〈大风歌〉剧组谈话摘要》，刊载于《剧本》（1979年第9期）。

论文《戏剧空谈》，刊载于《群众论丛》（1979年9月创刊号）。

散文《祝〈青春〉永葆青春》，刊载于《青春》（1979年10月创刊号）。

创作谈《〈大风歌〉献礼演出赘言》，刊载于献礼演出《会刊》（1979年第24期）。

论文《应该怎样领导戏剧创作》，刊载于《第四次文代会简报》150期。

1980年

论文《拿出越来越多，越来越好的作品来》，刊载于《雨花》（1980年第1期）。

论文《文艺创作的领导，不同于物质生产的领导——〈陈白尘戏剧选集〉编后记》，刊载于《文艺理论研究》（1980年第2期）。

散文《回顾"左联"展望未来》，刊载于《上海文学》（1980年第3期）。

论文《"讳疾忌医"与讲究"疗效"》，刊载于《文艺研究》（1980年第2期）。

杂文《谈悼词及其他》，刊载于《文汇》（1980年4月增刊4期）

散文《给本刊的信》，刊载于《文教资料简报》（1980年4期）。

论文《社会效果与责任感及其它》，刊载于《青春》（1980年第6期）。

散文《关于周恩来同志"九岁迁袁浦"一事的补充》，刊载于《革命文物》（1980年第5期）。

散文《记〈华西晚报〉的副刊》，刊载于《人民日报·战地》（1980年第6期）。

论文《献给人民的笑——〈何迟相声集〉序》，刊载于《文艺报》（1980年第8期）。

散文《影人入川记》，刊载于《戏剧与电影》（1980年第8期）。

散文《未造成的梦——电影〈断笛余音〉拍摄断忆》，刊载于《电影艺术》（1980年第11期）。

散文《〈主任外传〉代序——给王少燕的一封信》，刊载于《剧本》（1980年11月号）。

散文《哭翔鹤》，刊载于《新文学史料》（1980年第4期）。

电影剧本《大风歌》（中国电影出版社1980年出版）。

1981年

散文《开场锣鼓》，刊载于《戏剧通讯》（1981年第1期）。

论文《难关与希望　创新与继承》，刊载于《剧本》（1981年3月号）。

发言《祝贺与求疵——在江苏省1980年戏曲观摩演出大会上的讲话》，刊载于《江苏戏剧》（1981年3期）。

七幕剧《阿Q正传》，刊载于《剧本》（1981年4月号）、中国戏剧出版社（1981年8月出版）。

电影剧本《阿Q正传》，刊载于《电影新作》（1981年第4期）、中国电影出版社（1981年8月出版）。

论文《从我怎样开始写戏说起——答〈小剧本〉读者问》，刊载于《小剧本》（1981年第4期）。

创作谈《〈阿Q正传〉改编者的自白》，刊载于《群众论丛》（1981

年 5 期)。

论文《一次未完成的纪念》,刊载于《鲁迅研究》(1981 年第 5 期)。

散文《有所为有所不为——〈带血的谷子〉序》,刊载于《人民戏剧》(1981 年 5 期)。

散文《中国作家的导师——敬悼茅盾同志》,《青春》(1981 年 5 期)。

回忆录《南国与西湖》,《文化娱乐》(1981 年 7 月号)。

创作谈《〈阿 Q 正传〉改编杂记》,刊载于《戏剧论丛》(1981 年 3 期)。

论文《向〈阿 Q 正传〉再学习——纪念鲁迅诞生一百周年》,刊载于《文艺报》(1981 年第 19 期)。

论文《改编者的祝愿——写在新疆话剧团上演〈阿 Q 正传〉之前》,刊载于《新疆日报》(1981 年 9 月 20 日)。

论文《中国剧坛的骄傲——序〈田汉话剧选〉》,刊载于《戏剧论丛》(1981 年第 4 辑)。

散文《见到鸭群我想起了你——纪念侯金镜同志》,《散文》(1981 年 11 期)。

散文《哀盛亚——〈刘盛亚选集〉代序》,《红岩》(1981 年 11 月 4 期)。

剧本集《陈白尘剧作选》(四川人民出版社 1981 年 5 月出版)。

1982 年

散文《初游燕子矶》,刊载于《周末》(1982 年 1 月 2 日)。

散文《说阿 Q,哀阿丹》,刊载于《上影画报》(1982 年第 1 期)。

散文《迎新》,刊载于《剧本》(1982 年 1 月号)。

散文《我的怪论》,刊载于《人民日报》(1982 年 1 月 7 日)。

散文《新春寄语》,刊载于《戏剧通讯》(1982 年第 2 期)。

散文《卖瓜者言——为〈阿 Q 正传〉上映作》,刊载于《文汇报》(1982 年 2 月 25 日)。

论文《关于"我的第一本书"》,刊载于《书讯报》(1982 年 3 月 25 日)。

论文《关于戏剧创作问题的通信——〈李杰剧作选〉代序》,刊载于《吉林日报》（1982年4月27日）。

论文《为〈阿Q正传〉电影上映致首都观众》，刊载于《北京晚报》（1982年6月28日）。

散文《阳翰老与中华剧艺社》，刊载于《戏剧论丛》（1982年第2辑）。

论文《从〈大风歌〉演出本谈起——兼答南昌江野芹同志》，刊载于《星火》（1982年第7期）。

论文《从影纪略——〈陈白尘电影剧选〉后记》，刊载于《读书》（1982年第7期）。

电影剧本《幸福狂想曲》（创作于1947年），刊载于《当代》（1982年第6期）。

散文《上海艺大的"戏剧系"》，收入《五十年集》（江苏人民出版社1982年8月）。

讲话《学习鲁迅的彻底革命精神——在江苏省纪念鲁迅诞生一百周年大会上的讲话》，收入《五十年集》（江苏人民出版社1982年8月）。

序《〈五十年集〉前言》，《五十年集》，江苏人民出版社（1982年8月）。

散文集《五十年集》，江苏人民出版社（1982年8月）。

散文《〈劫收日记〉序》，收入秦瘦鸥《劫收日记》，花城出版社（1982年11月出版）。

1983年

长篇散文《云梦断忆》，刊载于《收获》（1983年第3期）、香港三联书店（1983年12月出版）。

序《〈现代戏剧家熊佛西〉序》，刊载于《读书》（1983年第7期）。

散文《说神》，刊载于《新民晚报》（1983年8月4日）。

散文《话鬼》，刊载于《新民晚报》（1983年8月10日）。

散文《谈人》，刊载于《新民晚报》（1983年8月12日）。

散文《论鬼神之战与人》，刊载于《新民晚报》（1983年8月26日）。

散文《"五世同堂"怀旧》，刊载于《人民政协报》（1983年8月10日）。

论文《抗战文艺与抗战戏剧》，刊载于《抗战文艺研究》（1983年第4期）。

散文《"人才难得"论》，刊载于《新民晚报》（1983年9月4日）。

散文《"悄悄的革命"》，刊载于《新民晚报》（1983年9月18日）。

散文《忆丁易》，刊载于《读书》（1983年第9期）。

散文《路家花园》，刊载于《淮海报》（1983年10月20日）。

序《一个追求春天的人——〈崔德志剧作选〉序》，收入《崔德志剧作选》，春风文艺出版社（1983年11月）。

散文《湖边风雨忆故人——〈蒋牧良选集〉代序》，刊载于《人民日报》（1983年12月26日）。

1984年

论文《从〈阿Q正传〉改编经过谈到香港演出》，刊载于《香港文艺》（1984年第1期）。

散文《青年时代的田汉》，刊载于《剧本》（1984年1月号）。

散文《新年祝愿》，刊载于《戏剧通讯》（1984年1期）。

散文《祝青春文学院成立》，《文艺学习》（1984年创刊号）。

散文《我的故乡》，刊载于《淮海报》（1984年2月20日）。

论文《重读〈小井胡同〉》，刊载于《钟山》（1984年第2期）。

散文《风筝之恋》，刊载于《淮海报》（1984年6月4日）。

散文《田老轶事三则——纪念田汉同志八十五诞辰》，刊载于《文化史料》（1984年第8期）。

散文《压不扁的玫瑰——杨逵先生印象记》，刊载于《文汇月刊》（1984年第8期）。

散文《追怀云卫兄》，刊载于《戏剧报》（1984年第10期）。

论文《为青年剧作者呼吁——〈李龙云戏剧集〉代序》，刊载于《读书》（1984年第12期）。

散文《寂寞的童年》，刊载于《雨花》（1984年第9—11期连载）。

散文集《云梦断忆》，三联书店（1984年1月出版）。

后记《〈云梦断忆〉后记》，三联书店（1984 年 1 月出版）。

1985 年

论文《抢救话剧》，刊载于《人民政协报》（1985 年 1 月 11 日）。

论文《关于〈小井胡同〉的通信》，刊载于《剧本》（1985 年 1 月号）。

散文《作文与作人》，刊载于《全国中学生优秀作文选》（1985 年第 1 期）。

散文《祝〈剧艺百家〉创刊》，刊载于《剧艺百家》（1985 年创刊号）。

散文《影剧界卓越的无声战士——悼念蓝馥心同志》，刊载于《电影艺术》（1985 年第 2 期）。

散文《哭夏仲芳同志——迟到的悼念》，刊载于《新华日报》（1985 年 3 月 14 日）。

论文《再谈抢救话剧》，刊载于《群言》（1985 年创刊号）。

论文《戏剧危言》，刊载于《人民日报》（1985 年 4 月 15 日）。

论文《关于戏剧创作及其他——答〈江苏戏剧〉记者问》，刊载于《江苏戏剧》（1985 年第 4 期）。

散文《忠于人民的艺术家——为〈庞薰琹教授遗作展〉作》，刊载于《新华日报》1985 年 5 月 22 日）。

散文《闻鼙鼓而思将帅——纪念洪深同志 90 诞辰》，刊载于《文艺报》（1985 年第 6 期）。

论文《编剧与导演——序〈二度创作〉》，刊载于《江苏戏剧》（1985 年第 6 期）。

散文《别矣，进彩巷！》，刊载于《淮海报》（1985 年 7 月 14 日）。

文论《关于〈人生不等式〉的通信》，刊载于《文艺报》（1985 年 8 月 17 日）。

散文《李更生校长》，刊载于《淮海报》（1985 年 10 月 10 日）。

文论《送〈毛脚媳妇〉进京》，刊载于《北京日报》（1985 年 11 月 2 日）。

散文《天翼同志在病中》，刊载于《人民文学》（1985 年第 10 期）。

论文《危机 开拓 繁荣》，刊载于《文艺研究》（1985 年第 6 期）。

散文集《寂寞的童年》，三联书店（1985年11月出版）。

1986年

论文《从话剧的危机谈到它的出路》，刊载于《文艺争鸣》（1986年第1期）。

论文《中国话剧的过去、现在和未来》，刊载于《南京大学学报》（1986年第1期）。

散文《少年行》，刊载于《人间》（1986年第2—5期）。

散文《读〈演讲学〉有感》，收入季世昌著《演讲学》，江苏教育出版社（1986年10月出版）。

论文集《陈白尘写作生涯》，百花文艺出版社（1986年5月出版）。

小说卷《陈白尘选集》第1卷，四川文艺出版社（1986年3月出版）。

后记《〈小说选〉编后记》，《陈白尘选集》第1卷，四川文艺出版社（1986年3月出版）。

1987年

散文《谈作家的手稿》，刊载于《文艺报》（1987年1月17日）。

散文《一个真正的人——〈陈翔鹤小说散文选集〉序》，刊载于《新文学史料》（1987年第3期）。

散文《为〈收获〉三十周年题辞》，刊载于《收获》（1987年第6期）。

文论《电视剧呼唤文学——答〈人民日报〉记者问》，刊载于《人民日报》（1987年12月19日）。

散文《潘公展骂街记》，刊载于《群言》（1987年第12期）。

论文集《陈白尘论剧》，中国戏剧出版社（1987年3月出版）。

1988年

散文《漂泊年年》，刊载于《钟山》（1988年第1—3期连载）。

散文《我站在那腊梅树下》，刊载于《崛起》（1988年第2期）。

散文《哭天佐》，刊载于《创作评谭》(1988 年第 2 期)。

散文《追求革命的坎坷经历》，刊载于《新文化史料》(1988 年第 1 期)。

散文《追怀叶圣老》，刊载于《新文学史料》(1988 年第 3 期)。

论文《悼乙苇——纪念朱凡同志逝世一周年》，刊载于《湖南文学》(1988 年第 3 期)。

散文《他这样走过来》，刊载于《光明日报》(1988 年 4 月 30 日)。

序跋《历史题材与章回体——〈陈圆圆〉代序》，刊载于《文艺报》(1988 年 5 月 4 日)。

序跋《〈中国现代喜剧流派论〉序》，刊载于《戏剧报》(1988 年第 6 期)。

散文《"何以解忧"》，刊载于《人民政协报》(1988 年 8 月 23 日)。

论文《重演〈升官图〉有感》，刊载于《剧影月报》(1988 年第 11 期)。

散文《〈新文艺〉周刊回忆》，刊载于《〈文汇报〉五十年专刊(1938—1988)》。

论文《〈阿Q正传〉剧本日译本序》，收入《陈白尘选集》第 5 卷，四川文艺出版社（1988 年出版）。

散文集《少年行》，三联书店（1988 年 3 月出版）。

论文《〈散文选〉编后记》，收于《陈白尘选集》第 5 卷（四川文艺出版社 1988 年 7 月出版）。

作品集《陈白尘选集》第 2 卷（话剧卷）、第 3 卷（话剧卷）、第 4 卷（电影剧本卷）、第 5 卷（散文卷），四川文艺出版社（1988 年 7 月出版）。

1989 年

后记《〈云梦断忆〉后记》，刊载于《散文世界》(1989 年第 1 期)。

著作《中国现代戏剧史稿》（与董健合编），中国戏剧出版社（1989 年出版）。

1993 年

电影剧本《天官赐福》，刊载于《当代电影》(1993 年第 2 期)。

1995 年

散文集《牛棚日记》，三联书店（1995 年 5 月出版）。

1997 年

散文《剧影生涯》（写于 1987—1988 年），收入《对人世的告别》，三联书店（1997 年出版）。

散文集《对人世的告别》，三联书店（1997 年出版）。

序《〈听梯楼笔记〉自序》，收入《陈白尘文集》第 7 卷，江苏文艺出版社（1997 年出版）。

散文集《听梯楼笔记》，收入《陈白尘文集》第 7 卷，江苏文艺出版社（1997 年 12 月出版）。

著作《陈白尘文集》共八卷，江苏文艺出版社（1997 年 12 月出版）。

1999 年

散文《牛棚日记》，刊载于《湖北文史资料》（1999 年第 2 期）。

散文集《路漫漫》，黑龙江人民出版社（1999 年出版）。

2001 年

散文集《听楼梯日记》，（香港）语丝出版社（2001 年 6 月出版）。

2008 年

散文集《我这样走过来……》，江苏美术出版社（2008 年 6 月出版）。

后　记

《陈白尘评传》终于完成了，我长长呼出了一口气。

江苏省作家协会去年就筹划出一套"江苏当代作家评传丛书"，主编是丁帆教授。这套书中有一本《陈白尘评传》，原先是由一位著名文学研究者撰写的，由于其工作实在太忙，无法如期完成，省作协书记处书记张王飞同志找到我，希望我能接手来撰写这部书稿。我知道我其实不是这部书最合适的作者。原因是：一方面，我对白尘先生虽然敬仰，但并不熟悉，仅仅有一两次目睹其风采而已；另一方面，董健教授三十多年前撰写的《陈白尘创作历程论》、陈白尘先生女儿陈虹女士撰写的相关传记早已深入通透地阐发了戏剧家陈白尘先生不平凡的一生，其无论见解还是资料都有很高水准，我接着做，难免有"狗尾续貂"之嫌，所以我当即婉言谢绝了。然而，整套丛书是系列的规划，其他几本已差不多交稿了，而《陈白尘评传》尚未确认和动工，总计划眼看就要受到影响。此时丁帆教授找到我，从学术角度希望我"挺身而出"，我也就再也不好意思拒绝了，毕竟辜负一位学长和我所在的中国新文学中心领导的信任是不明智的。我长期在南京大学戏剧影视专业教书，弘扬学科先辈波澜壮阔的戏剧艺术追求，是我无法推卸的责任，而且有了这次潜心撰著的历练，很好地积累了传记写作经验，今后再撰写其他先辈例如我恩师《陈瘦竹传》也会更得心应手，由此我慨然应承了这一挑战。

这部评传写得很艰难。进入民国历史现场，走近陈白尘先生的一生并不难，翻阅了陈白尘的所有著述和大部分研究论文，我心里其实已经有数了。但天不遂人愿。正在这时，我家人生了重病，忽然之间，我就面对一个极其困难的境地，从每天跑医院、请教专家到直接住进医院，一连数月守候在床前伺候家人，查资料和写作于我成为一件很奢侈的事情。我只能每天写几百字，有时写好了不满意又删除，更多的时候是一连好多天奔走、购药、送检……竟然一个字也没法写出。这样断断续续地持续着，从秋天到严冬又到春天，其间，张王飞书记关切的电话使我很温暖，也使我感受到使命在身的巨大压力。

好在《陈白尘评传》最终要付梓了。在这部评传中，我用心审视并且力图准确描述戏剧家陈白尘充满了理想主义，而又不断奋斗、坎坷艰难的一生，把握其文学艺术追求的整个过程，勾画在大历史中一位卓越的戏剧艺术家的独特风采。当然，作为作者，笔者的主观意图究竟做到了多少，只能留待他人评说了。在《陈白尘评传》出版之际，我感谢新文学，感谢戏剧，感谢南京大学，感谢对本书写作提供了精神引领和"物质"帮助的各位前辈和后辈学人。首先是著名学者董健教授和他的陈白尘研究，他高屋建瓴的视界和独特严谨的分析，厘清了我对陈白尘戏剧创作的诸多模糊认识，我在陈白尘创作的分期上，就采用了董健教授的五阶段划分法。其次，陈虹女士的大量成果令我钦佩，她不仅是陈白尘的女儿，更是一位出色的陈白尘研究家，她所撰写的《自有岁寒心——陈白尘纪传》《陈白尘年谱》等著述资料详实，使我的传记写作从中收益甚多，特别是陈虹女士百忙之中阅读初稿，对我给予了鼓励和帮助，令人感动，我们长达一两个钟头的通话，每每意犹未尽，可以说深化了我对白尘先生的认识。在本书写作中，多年跟随我攻读戏剧学博士学位的向阳博士，以其深厚的近现代戏剧史料积累和文献钩沉功力，对全部相关历史资料进行甄别、梳理，以科学态度对书稿予以细致校阅和审定，在我忙于家事时补正部分章节，让我再次看到一个曾被日本早稻田大学戏剧专家高度评价的青年戏剧专家的出色才华。我的博士生苗芳、赵晓、宗伟刚参与了本书的资料搜集和文献整理工作，刚入门的戏剧专业硕士李思锐参与了部分书稿的校对。如此而言，从某种意义上说，这部《陈白尘评传》也可以说是"集体智慧"的结晶。由于作为丛书之一种的字数的严格限制，书中原有的一些注释被拿掉，这是要特别说明的。

我长期沉浸于亚洲新电影、电影与传媒理论研究，2018年又获得国家社科基金重大投标项目《中国现代电影文学资料发掘、整理与资源库建设》，接续了民国电影文学的系统探索和思考。依此我似乎是戏剧"游子"。但实际上戏剧是我真正的"本行"、"形状"、"纹身"，也是我永远无法割舍的情怀，多年来我写戏剧文章，带戏剧学博士。我始终记着业师——著名戏剧家陈瘦竹先生的谆谆教诲，那就是敬畏思想、敬畏学术、敬畏艺术，一代代戏剧人携手并肩，薪火相传，不断开拓戏剧天地，我们将获得对美好和良善更清晰、更透彻的认知。这是我不揣冒昧，以这本《陈白尘评传》奉献于社会的赤诚"初心"。

最后，我向主编丁帆教授致意，向江苏省作家协会致意！

周安华

2019年3月于东方天郡寓所